Corporate Management Business law

企業経営の ための 経営法学 第2版

井原　宏

大学教育出版

第2版　はしがき

　初版刊行以来3年が経過し、法令等の改正や社会経済情勢の変化が生じてきたので、第2版を刊行することにした、またこの機会に、経営法学をよりよく理解するための工夫を導入している。

　まず、法令等の改正であるが、「第9章公正取引」における製造物責任に関して製造物責任法の改正、「第10章人材管理」におけるセクシュアルハラスメントに関して男女雇用機会均等法の改正および有期労働契約に関して労働契約法の改正が行われた。「第6章事業戦略3」に関して独占禁止法の運用に関する指針が改正された。

　経営法学をよりよく理解するためのに以下のような工夫を行っている。

　「第2章コンプライアンス経営」においてコンプライアンスに関する事例、「第4章事業戦略1」において事業提携・ジョイントベンチャーに関する多くの事例および「第5章事業戦略2」において買収に関する多くの事例を紹介し、「第10票グループ子会社の管理」に関する事例を紹介している。

　「第3章コーポレートガバナンス」において、グローバル企業のガバナンス・システムに関する図と「第4章事業戦略1」において、提携関係への典型的な強化・発展への道に関する図を紹介している、

　これらの法令等の改正や経営法学をよりよく理解するための工夫の導入が、企業の法務部門・企画部門・事業部門・営業部門等の実務家、ビジネススクール・経営学部・商学部や法学部の学生、大学等の法学部・経営学部・商学部の研究者、さらには企業の経営幹部や経営者の方々が経営法学を理解する上でお役に立つことを願っている。

　最後に本書の刊行に際し、今回も大学教育出版の佐藤　守社長には本書の意義を理解していただき大変お世話になった。心から感謝申し上げたい。

2024年3月

井原　宏

はしがき

　現代の企業が事業活動を展開するに際し、企業活動にかかわるさまざまな法律問題に直面することになる。そのような法律問題あるいは法律問題のベースとなる関係法律の理解なくして、企業を取り巻く環境の下で事業活動を推進することは不可能といえる。どのような業種の企業であっても、数多くの関係法律による規制を受けながら、あるいはそれらの関係法律が定めるルールに従って事業活動を行わなければならない。

　しかしながら、現代の企業経営にかかわる法律問題は多岐にわたり、かつ複雑であることから、その全容を把握し理解することは容易なことではない。企業経営にかかわる法律問題をいわば体系的に整理し、その基本原則を理解しつつ、実際の企業経営に活かすことは可能であろうか。

　本書『企業経営のための経営法学』は、そのような試みを実現するべく、「法と経営」という観点から企業経営にかかわる法律問題および関係法律を論理的に整理したものである。

　本書執筆の動機は、筆者が慶應ビジネス・スクール（KBS）において、長年、「経営法学」という科目を担当した経験から、経営法学の概説書が必要であるとの認識を深めたことに由来している。

　本書は、企業経営にかかわる法律問題についての多様な視点を整理して、12の章から構成されている。第1章は「企業形態」である。とくに株式会社以外の企業形態として、合同会社および有限責任事業組合を取り上げている。株式会社については、監査役会設置会社、指名委員会等設置会社および監査等委員会設置会社の類型とともに、上場会社に関して、コーポレートガバナンス・コードを紹介している。

　第2章は「コンプライアンス経営」である。コンプライアンス経営を実現するためにコンプライアンス・システムをどのように企業内に定着させるべきかを検討する。特に経営トップが暴走した場合、コンプライアンス・システムが有効に機能するかが問題である。

　第3章は「企業統治」である。アメリカ型コーポレートガバナンスに比して、

日本型コーポレートガバナンスの特徴を把握する。特に非財務情報の積極的開示の必要性および社外取締役の活用を検討する。

　第4章および第5章は、「事業戦略」としての事業提携・合弁および合併・買収である。それぞれの事業戦略の有用性と機能を理解しつつ、企業が具体的な事業戦略を推進するに際して、当該事業戦略の目的、相手方企業との関係や事業環境を勘案して、それぞれの事業戦略をどのように使い分けるべきかを検討する。さらに、これらの企業結合が競争秩序に大きな影響を及ぼすことから、競争法による規制を検討することは重要であり、これらの企業結合に対するわが国の独占禁止法の規制の考え方を紹介する。

　第7章は「取引管理」である。わが国の企業は物品の販売・購入を海外市場に大きく依存している。国際物品売買に関する国連条約を取り上げ、国際取引のルールとしての基本原則を解説し、その活用を図ることを検討する。

　第8章は「知的財産管理」である。企業にとって、営業秘密はきわめて重要な知的財産である。営業秘密の要件やその保護体制について、どのような規制がなされているか、また、不正競争防止法が、営業上の利益の侵害行為による不正競争の防止を図るためにどのように規制しているかを紹介する。

　第9章は「公正競争」である。アメリカの製造物責任法およびわが国の製造物責任法の基本原則を解説し、製造物責任対策を検討する。また、消費者契約法がどのように消費者を保護する措置を講じているかを紹介する。さらに、公正な競争を確保するために、わが国の独占禁止法が事業者による競争の実質的制限や不公正な取引方法に関してどのような規制を定めているかを解説する。

　第10章は「人材管理」である。セクシュアルハラスメントやパワーハラスメントの禁止のために、男女雇用機会均等法や労働施策総合推進法が、事業主が講ずべき措置をどのように規制しているか検討する。また、労働者を保護するために、労働契約法がどのような基本原則を定めているか紹介する。さらに、働き方改革関連法の一環として、パートタイム・有期雇用労働法が短時間労働者の保護のためにどのような基本原則を定めているかを紹介する。

　第11章は「グループ子会社管理」である。親会社はグループ子会社の事業活動をコントロールしている限り、子会社の不法行為に対して責任を負うことになるという法理論を解説するとともに、親会社は子会社の内部統制システムおよび

コンプライアンス・システムの構築に積極的に関与する必要性を検討する。

第12章は「紛争管理」である。企業の事業活動にかかわる紛争が、当事者間の交渉によって解決できなければ、最後の手段は訴訟による決着である。国際訴訟の基本原則とルールを解説するとともに、国内および海外における訴訟の対策を検討する。

本書『企業経営のための経営法学』が、企業経営にかかわる法律問題や「法と経営」に関心をもつ、企業の法務部門・企画部門・事業部門等の実務家、ビジネススクール・経営学部や法学部の学生、大学等の法学や経営学の研究者、さらには企業の経営幹部や経営者の方々が経営法学を理解する上でお役に立つことを願っている。

最後に本書の刊行に際して、大学教育出版の佐藤　守社長には本書の意義を理解していただき、大変お世話になった。心から感謝申し上げたい。

2021年1月

井原　宏

企業経営のための経営法学　第2版

目　次

第2版 はしがき ·· i

はしがき ·· ii

第1章 企業形態 ··· 3

1 株式会社　*3*
 (1) 監査役会設置会社　*3*
 (2) 指名委員会等設置会社　*4*
 (3) 監査等委員会設置会社　*5*
2 上場会社　*6*
 (1) コードの目的　*7*
 (2) 適切な情報開示と透明性の確保　*7*
 (3) 女性の活躍促進を含む社内の多様性の確保　*7*
 (4) 内部通報　*7*
 (5) 情報開示の充実　*8*
 (6) 独立社外取締役　*8*
3 合同会社　*10*
 (1) 合同会社の特徴　*10*
 (2) 合同会社の運営　*10*
4 有限責任事業組合　*12*
 (1) 有限責任事業組合の特徴　*12*
 (2) 有限責任事業組合の運営　*13*

第2章 コンプライアンス経営 ··································· 15

1 コンプライアンス経営の目的　*15*
2 コンプライアンス・プログラム　*16*
 (1) コンプライアンス・プログラムの目的　*17*
 (2) コンプライアンス・プログラムの内容　*17*
 (3) プログラムの実施　*19*
3 内部通報制度　*21*

　4　コンプライアンス・システムの整備・強化　*24*

　　(1)　経営ポリシーとコンプライアンス　*24*

　　(2)　コンプライアンスの実効性　*24*

　　(3)　内部双方向監視システム　*25*

　　(4)　法務・コンプライアンス部門の機能　*26*

第**3**章　　コーポレートガバナンス $\cdots\cdots\cdots\cdots\cdots\cdots\cdots\cdots$ *30*

　1　アメリカ型コーポレートガバナンス　*30*

　2　日本型コーポレートガバナンス　*34*

　3　社外取締役　*36*

　4　コーポレートガバナンス形態の強化　*39*

　　(1)　社外取締役の活用　*39*

　　(2)　取締役会会長と CEO の分離　*40*

　　(3)　内部監査・検査部門の機能　*40*

　5　企業情報の開示規制　*41*

　　(1)　OECD のコーポレートガバナンス原則　*41*

　　(2)　サーベンス・オクスレー法　*42*

　6　情報開示によるコーポレートガバナンス　*44*

　　(1)　情報開示のインセンティブと抑制要因　*44*

　　(2)　情報開示の機能　*46*

　　(3)　開示されるべき企業情報　*49*

　7　マネジメントの説明責任　*55*

　8　グローバル企業のガバナンス・システム　*57*

第**4**章　　事業戦略**1** $\cdots\cdots\cdots\cdots\cdots\cdots\cdots\cdots\cdots\cdots$ *63*

　1　事業提携の形態　*63*

　　(1)　事業活動の段階における提携の形態　*63*

　　(2)　事業提携の法的関係による形態　*66*

　　(3)　事業形態の選択　*73*

　2　合弁契約　*76*

　　(1)　合弁会社の目的　*76*

　　(2) 新会社の設立　*76*

　　(3) 株式譲渡制限　*79*

　　(4) 経営管理機構　*81*

　　(5) 経理ポリシー　*82*

　　(6) 雇用ポリシー　*83*

　　(7) 共同事業者の援助義務　*83*

　3　合弁会社の経営と支配　*86*

　　(1) 合弁会社の経営管理機構　*86*

　　(2) 合弁会社におけるデッドロック　*90*

　4　合弁関係の解消　*93*

　5　提携関係の発展　*96*

　　(1) 新しいパートナーの参加　*96*

　　(2) 一方のパートナーの撤退と新しいパートナーの参加　*96*

　　(3) 相手方パートナーの全持株買い取りによる子会社化　*97*

第5章　事業戦略2 ……………………………………………… *99*

　1　買収の形態　*99*

　　(1) 合併　*100*

　　(2) 株式譲渡　*100*

　　(3) 事業譲渡　*101*

　　(4) 株式交換・株式移転　*102*

　　(5) 会社分割　*102*

　2　買収のプロセス　*103*

　　(1) 交渉による買収と敵対的買収　*103*

　　(2) 買収の一般的プロセス　*104*

　　(3) 投資銀行　*105*

　　(4) 秘密保持契約　*107*

　3　買収契約　*108*

　　(1) 買収契約の基本構造　*108*

　　(2) 買収におけるデューディリジェンスの重要性　*118*

　　(3) 買収防衛策　*125*

　4　買収後の統合　*128*

　　(1) 統合の基本的プロセス　*128*

　　(2) 機能統合プロセス　*129*

　4　事業売却　*129*

第6章　事業戦略3 ································*134*

　1　企業結合審査の対象　　*134*

　　(1) 株式保有　*135*

　　(2) 合併　*137*

　　(3) 分割　*137*

　　(4) 共同株式移転　*138*

　　(5) 事業譲受け等　*139*

　2　一定の取引分野　　*140*

　　(1) 一定の取引分野の画定の基本的考え方　*141*

　　(2) 商品の範囲　*142*

　　(3) 地理的範囲　*144*

　　(4) その他　*146*

　3　競争を実質的に制限することとなる場合　　*146*

　　(1)「競争を実質的に制限することとなる」の解釈　*146*

　　(2) 企業結合の形態と競争の実質的制限　*147*

　4　水平型企業結合による競争の実質的制限　　*148*

　　(1) 基本的考え方等　*148*

　　(2) 単独行動による競争の実質的制限についての判断要素　*151*

　　(3) 協調的行動による競争の実質的制限についての判断要素　*164*

　5　垂直型企業結合による競争の実質的制限　　*168*

　　(1) 基本的考え方等　*168*

　　(2) 単独行動による競争の実質的制限　*169*

　　(3) 協調的行動による競争の実質的制限　*171*

　6　混合型企業結合による競争の実質的制限　　*172*

　　(1) 基本的考え方等　*172*

　　(2) 単独行動による競争の実質的制限　*172*

　　(3) 協調的行動による競争の実質的制限　*175*

　7　競争の実質的制限を解消する措置　　*175*

(1) 基本的考え方　*175*

(2) 問題解消措置の類型　*176*

第7章　知的財産管理 ···*180*

1　営業秘密保護　*180*

(1) 秘密管理性　*180*

(2) 有用性　*186*

(3) 非公知性　*187*

2　不正競争防止法　*188*

(1) 不正競争　*188*

(2) 差止請求権　*197*

(3) 損害賠償請求権　*197*

(4) 損害の額の推定等　*198*

(5) 信用回復の措置　*199*

第8章　取引管理 ···*202*

1　契約の総則　*202*

(1) 対象範囲　*203*

(2) 当事者間の基本的契約関係　*204*

(3) 契約の解釈　*206*

2　契約の成立　*206*

(1) 契約の申込　*206*

(2) 申込の承諾　*208*

3　契約の内容　*213*

(1) 履行の質など　*213*

(2) 価格　*215*

(3) その他の当事者の義務　*215*

4　契約の履行・不履行　*217*

(1) 履行期と履行地　*217*

(2) 契約の不履行一般　*217*

(2) 履行請求権　*221*

5　契約の解除　*223*

（1）契約を解除する権利　*223*

（2）解除の一般的効果と原状回復　*225*

6　損害賠償　*227*

（1）損害賠償請求権　*227*

（2）損害賠償請求の要件と証明　*228*

（3）被害当事者の損害軽減義務　*229*

第9章　公正取引⋯⋯⋯⋯⋯⋯⋯⋯⋯⋯⋯⋯⋯⋯⋯⋯⋯⋯⋯⋯⋯⋯⋯*231*

1　製造物責任　*231*

（1）製造物責任の国際的拡大と影響　*231*

（2）アメリカ法における製造物責任　*232*

（3）わが国における製造物責任　*236*

（4）製造物責任予防対策　*241*

（5）製造物責任訴訟対策　*243*

2　消費者契約法　*244*

（1）消費者契約の申込みまたはその承諾の意思表示の取消し　*244*

（2）消費者契約の条項の無効　*250*

（3）差止請求権　*253*

（4）適格消費者団体の認定（13条）　*255*

3　独占禁止法違反　*258*

（1）カルテル・入札談合　*258*

（2）排除措置命令　*259*

（3）課徴金制度等の見直し　*259*

（4）課徴金納付命令　*259*

（5）リニエンシー（課徴金減免）制度　*260*

（6）不公正な取引方法　*260*

第10章　人材管理⋯⋯⋯⋯⋯⋯⋯⋯⋯⋯⋯⋯⋯⋯⋯⋯⋯⋯⋯⋯⋯⋯⋯*265*

1　ハラスメントの禁止　*265*

（1）セクシュアルハラスメント　*265*

（2）パワーハラスメント　*267*

2　労働契約法　*271*

⑴ 労働契約の成立　*271*

⑵ 労働条件の変更　*274*

⑶ 法令および労働協約と就業規則との関係　*276*

⑷ 労働契約の継続　*276*

⑸ 労働契約の終了　*276*

3　パートタイム・有期雇用労働法　*278*

第11章　グループ子会社の管理 ……………………………………*281*

1　コントロールする親会社の不法行為責任を拡大する法理論　*281*

2　グループ子会社のコントロールと親会社の責任　*286*

3　グループ子会社の内部統制システムとコンプライアンス・システム　*288*

⑴　グループ子会社の内部統制システム　*288*

⑵　グループ子会社のコンプライアンス・システム　*289*

第12章　紛争管理 ………………………………………………………*291*

1　クレーム処理　*291*

⑴　クレームの発生と内容　*291*

⑵　クレームの性質と原因　*292*

⑶　クレームに対する処理判断基準　*293*

⑷　企業側の主張と交渉　*294*

⑸　紛争の内容　*294*

⑹　紛争の処理方法　*295*

2　国際訴訟　*296*

⑴　準拠法の選択　*296*

⑵　国際裁判管轄　*300*

⑶　外国判決の承認と執行　*303*

⑷　訴訟対策　*304*

法令索引 ………………………………………………………………………*306*

判例索引 ………………………………………………………………………*307*

事項索引 ………………………………………………………………………*307*

企業経営のための経営法学　第２版

第1章 企業形態

1 株式会社

　すべての株式会社は、株主総会とともに取締役を1名以上設置しなければならない（会社法326条1項）。しかしその他の機関（取締役会、監査役、監査役会、会計監査人、会計参与、監査等委員会、指名委員会等）については、会社の業態や規模などに応じて選択することができる（326条2項）が、327条および328条で一定の規制がなされている。

(1) 監査役会設置会社

　監査役会設置会社は、取締役会および監査役会で構成され、さらに大会社に該当する場合には会計監査人も設置する必要がある。なお、取締役、監査役はともに3名以上が必要である。取締役会は、取締役全員により構成され、会社の重要な業務執行を決定するとともに、取締役の業務執行を監督する（362条2項）。また、取締役の中から代表取締役1名以上を選定するほか、役付取締役（社長、副社長、専務・常務など）、支配人など重要な使用人を選任する。

　代表取締役は、会社の営業に関する一切の裁判上または裁判外の行為ができる会社の代表機関で、使用人を雇用して日常業務を執行する。監査役は、社外監査役が半数以上、常勤監査役が1名以上必要である。監査役は、業務監査、会計監査を独任制で行うが、監査役会を構成して監査方針などを定め、監査報告の作成を行う。

(2) 指名委員会等設置会社

取締役会と会計監査人に加え、指名・監査・報酬の各委員会と執行役を機関として設置することに大きな特徴がある。当該制度の目的は、取締役の人選、業務執行の監査および取締役・執行役の報酬を、過半数が社外取締役からなる委員会で決定することにより、取締役の職務執行に対する監督機能を強化する点にある。各委員会の委員は、取締役の中から、取締役会の決議によって選任され、各委員会は、取締役3名以上で、その過半数が社外取締役である者により構成される。なお、指名委員会等設置会社の取締役は、会社の支配人その他の使用人を兼ねることはできず（331条4項）、また、監査委員は、会社もしくはその子会社の執行役もしくは業務執行役または子会社の会計参与もしくは支配人その他の使用人を兼務することはできない（400条4項）。

指名委員会では株主総会に提案する取締役の選任議案の内容を、報酬委員会では取締役・執行役の個人別報酬の内容をそれぞれ決定し、また、監査委員会では取締役・執行役の職務執行の監査（妥当性監査を含む）を行うとともに、会計監査人の選任決議案の内容を決定する（404条）。

取締役会では、各委員会の委員の選定、解職および執行役の選任、解職、代表執行役の選任、解職を行う他は、経営の基本方針、監査委員会の職務執行に必要な事項、執行役の職務の分掌その他会社の基本的な事項の決定、執行役の職務執行の監督を行うにとどまり、その業務決定権限は執行役に大幅に委譲される。

指名委員会等設置会社では、取締役が業務執行を行うことはできず、執行役が業務執行を行う。執行役は、取締役会で選任され、任期は1年（選任後1年以内に終了する事業年度のうち最終のものに関する定時株主総会の終結後最初に招集される取締役会の終結の時まで）である。会社を代表する代表執行役も取締役会で選任されるが、執行役1名の場合には、当然に代表執行役となる。執行役は、取締役会から委任された事項を決定し、会社の業務を執行する。

このため、執行役は、3か月に1回以上、取締役会に執行状況を報告し、取締役会の要請があれば説明もしなければならない。また、取締役会のように、他の執行役を監視する義務はないものの、職務の執行につき当然善管注意義務を負う。したがって、任務懈怠によって会社に生じた損害や、過失によって第三者に生じた損害を賠償しなければならない。

(3) 監査等委員会設置会社

　監査役会設置会社と指名委員会等設置会社の中間的な制度として、監査等委員会設置会社が 2014 年改正会社法で導入された。この新制度では、監査等委員会を設置すれば足り、指名委員会および報酬委員会を設置することは要せず、各社が自社の経営方針に沿って柔軟な体制を構築することを可能としている。なお、監査等委員会設置会社では、執行役も選任されず、代表取締役等が業務を執行する。

　監査等委員の独立性を確保するため、監査等委員会設置会社についても監査役会制度と類似のルールを採用している。つまり、監査等委員となる取締役はその他の取締役とは区別して（329 条 2 項）株主総会で選任され、その報酬も定款または株主総会にて定めるものと規定されている（361 条 3 項）。また、監査等委員は株主総会の特別決議で解任される。監査等委員会は、監査等委員の選任・解任・辞任等について株主総会で意見を述べることができ（342 条の 2、1 項）、監査等委員である取締役の選任に関する議案を株主総会に提出するには、監査等委員会の同意を得なければならない（344 条の 2、1 項）。

　監査等委員会は、3 人以上の監査等委員で構成され、その過半数は社外取締役でなければならない。監査等委員には、監査役と同様の権限が付与されているが、監査等委員は、独任制を採用しておらず、委員会が選定する監査等委員が監査等委員会を代表して権利を行使する。なお、監査等委員である取締役は、会社もしくはその子会社の業務執行取締役もしくは支配人その他の使用人または当該子会社の会計参与もしくは執行役を兼ねることはできない（331 条 3 項）。

　当該制度では、指名委員会等設置会社の指名委員会・報酬委員会の機能の一部を監査等委員会に担わせており、監査役会設置会社に比べ、監督機能を強化している。すなわち、監査等委員は、監査等委員でない取締役の選任・解任・辞任等について、株主総会で監査等委員会の意見を述べることができる（342 条の 2、4 項）。

　監査等委員会設置会社でも、重要な業務執行の決定を取締役に委任することはできないが、取締役会の過半数を社外取締役とするか、あるいは定款に定めを置けば、指名委員会等設置会社が執行役に委任できるのと実質的に同一の範囲で、取締役に権限を委任することが可能である（399 条の 13、5 項、6 項）。

　なお、監査等委員以外の取締役と会社との利益相反取引について、監査等委員会の承認があったときは、利益相反における任務懈怠は推定されない（423 条 4 項）。

2　上場会社

　上場した株式会社は、証券取引所の規則等により規制されることになる。東京証券取引所は 2021 年 6 月に改正コーポレートガバナンス・コード（以下「コード」という）を公表した。

　本コードにおいて示される規範は、基本原則、原則、補充原則から構成されているが、それらの履行の態様は、たとえば、会社の業種、規模、事業特性、機関設計、会社を取り巻く環境等によってさまざまに異なりうる。本コード 2 に定める各原則の適用の仕方は、それぞれの会社が自らの置かれた状況に応じて工夫すべきものとされている。

　本コードは、法令とは異なり法的拘束力を有する規範ではなく、その実施に当たっては、いわゆる「コンプライ・オア・エクスプレイン」（原則を実施するか、実施しない場合には、その理由を説明するか）の手法を採用している。すなわち、本コードの各原則（基本原則・原則・補充原則）の中に、自らの個別事情に照らして実施することが適切でないと考える原則があれば、それを「実施しない理由」を十分説明することにより、一部の原則を実施しないことも想定している。

　本コードの基本原則・原則・補充原則の中から、第 2 章以下のテーマに関連して、コードがどのような原則を取り上げているかを検討する。

　なお、東京証券取引所は、市場区分の見直しに向けた検討を進め、2022 年 4 月 4 日に、プライム市場・スタンダード市場・グロース市場の 3 つの市場区分がスタートした。

　プライム市場は、グローバルな投資家との建設的な対話を中心に据えた企業向けの市場である。スタンダード市場は、公開された市場における投資対象として十分な流動性とガバナンス水準を備えた企業向けの市場である。グロース市場は、高い成長可能性を有する企業向けの市場である。

(1) コードの目的

　本コードは、実効的なコーポレートガバナンスの実現に資する主要な原則を取りまとめたものであり、これらが適切に実践されることは、それぞれの会社において持続的な成長と中長期的な企業価値の向上のための自律的な対応が図られることを通じて、会社、投資家、ひいては経済全体の発展にも寄与することとなるものと考えられる。

(2) 適切な情報開示と透明性の確保

　上場会社は、会社の財政状態・経営成績等の財務情報や、経営戦略・経営課題、リスクやガバナンスに係る情報等の非財務情報について、法令に基づく開示を適切に行うとともに、法令に基づく開示以外の情報提供にも積極的に取り組むべきである。その際、取締役会は、開示・提供される情報が株主との間で建設的な対話を行う上での基礎となることも踏まえ、そうした情報（とりわけ非財務情報）が、正確で利用者にとって分かりやすく、情報として有用性の高いものとなるようにすべきである（基本原則3）。

(3) 女性の活躍促進を含む社内の多様性の確保

　上場会社は、社内に異なる経験・技能・属性を反映した多様な視点や価値観が存在することは、会社の持続的な成長を確保する上での強みとなりうる、との認識に立ち、社内における女性の活躍促進を含む多様性の確保を推進すべきである（原則 2-4）。

(4) 内部通報

　上場会社は、その従業員が、不利益を被る危険を懸念することなく、違法または不適切な行為・情報開示に関する情報や真摯な疑念を伝えることができるよう、また、伝えられた情報や疑念が客観的に検証され適切に活用されるよう、内部通報に係る適切な体制整備を行うべきである。取締役会は、こうした体制整備を実現する責務を負うとともに、その運用状況を監督すべきである（原則 2-5）。

　上場会社は、内部通報に係る体制整備の一環として、経営陣から独立した窓口の設置（たとえば、社外取締役と監査役による合議体を窓口とする等）を行う

べきであり、また、情報提供者の秘匿と不利益取扱の禁止に関する規律を整備すべきである（補充原則 2-1 ①）。

(5) 情報開示の充実

上場会社は、法令に基づく開示を適切に行うことに加え、会社の意思決定の透明性・公正性を確保し、実効的なコーポレートガバナンスを実現するとの観点から、（本コードの各原則において開示を求めている事項の他）以下の事項について開示し、主体的な情報発信を行うべきである（原則 3-1）。

(i) 会社の目指すところ（経営理念等）や経営戦略、経営計画

(ii) 本コードのそれぞれの原則を踏まえた、コーポレートガバナンスに関する基本的な考え方と基本方針

(iii) 取締役会が経営陣幹部・取締役の報酬を決定するに当たっての方針と手続

(iv) 取締役会が経営陣幹部の選解任と取締役・監査役候補の指名を行うに当たっての方針と手続

(v) 取締役会が上記（iv）を踏まえて経営陣幹部の選解任と取締役・監査役候補者の指名を行う際の、個々の選解任・指名についての説明

上記の情報の開示（法令に基づく開示を含む）に当たって、取締役会は、ひな型的な記述や具体性を欠く記述を避け、利用者にとって付加価値の高い記載となるようにすべきである（補充原則 3-1 ①）。

(6) 独立社外取締役

(a) 独立社外取締役の役割・責務

上場会社は、独立社外取締役には、以下の役割・責務を果たすことが期待されることに留意しつつ、その有効な活用を図るべきである（原則 4-7）。

(i) 経営の方針や経営改善について、自らの知見に基づき、会社の持続的な成長を促し中長期的な企業価値の向上を図る、との観点からの助言を行うこと

(ii) 経営陣幹部の選解任その他の取締役会の重要な意思決定を通じ、経営の監督を行うこと

(iii) 会社と経営陣・支配株主等との間の利益相反を監督すること

(iv) 経営陣・支配株主から独立した立場で、少数株主をはじめとするステークホルダーの意見を取締役会に適切に反映させること

(b) 独立社外取締役の有効な活用

独立社外取締役は会社の持続的な成長と中長期的な企業価値の向上に寄与するように役割・責務を果たすべきであり、上場会社はそのような資質を十分に備えた独立社外取締役をすくなくとも 2 名以上選任すべきである。

また、業種・規模・事業特性・機関設計・会社をとり巻く環境等を総合的に勘案して、すくなくとも 3 分の 1 以上の独立社外取締役を選任することが必要と考える上場会社は、上記にかかわらず、十分な人数の独立社外取締役を選任すべきである（原則 4-8）。

なお、独立社外取締役の人数として取締役の 3 分の 1 以上を要求する改定案が検討されている。

独立社外取締役は、取締役会における議論に積極的に貢献するとの観点から、たとえば、独立社外者のみを構成員とする会合を定期的に開催するなど、独立した客観的な立場に基づく情報交換・認識共有を図るべきである（補充原則 4-8①）。

独立社外取締役は、たとえば、互選により「筆頭独立社外取締役」を決定するなどにより、経営陣との連絡・調整や監査役または監査役会との連携に係る体制整備を図るべきである（補充原則 4-8②）。

(c) 独立社外取締役の独立性判断基準および資質

取締役会は、金融商品取引所が定める独立性基準を踏まえ、独立社外取締役となる者の独立性をその実質面において担保することに主眼を置いた独立性判断基準を策定・開示すべきである。また、取締役会は、取締役会における率直・活発で建設的な会社への貢献が期待できる人物を独立社外取締役の候補者として選定するよう努めるべきである（原則 4-9）。

3　合同会社

(1)　合同会社の特徴

　合同会社は、改正会社法（2005年7月施行）により、アメリカの有限責任会社（Limited Liability Company, LLC）に準拠したあらたな会社類型として導入された。持分会社の1つに位置づけられる合同会社は、法人格を有しつつも内部的には組合で外部的には有限責任という特徴を有している。

(a)　有限責任

　出資者は、出資の範囲内で直接、連帯して責任を負うのが原則である。ただし、定款に基づき例外的に一定の範囲の限定が可能である。

(b)　法人格性

　合同会社は法人格を有する。

(c)　組合的規律

　原則として全員一致で定款変更その他の会社のあり方が決定され、社員自らが会社の業務執行に当たる。

(2)　合同会社の運営

(a)　持分の譲渡

　合同会社においては、社員間の人的なつながりが強く、社員の個性に他の社員は重大な利害関係を有する。したがって、持分の譲渡については、原則として他の社員全員の承諾が要求されている（会社法585条1項）。

　なお、業務を執行しない有限責任社員が、その持分の全部または一部を譲渡する場合には、業務執行社員全員の承諾があればよく（会社法585条2項）、業務を執行しない有限責任社員の持分の譲渡に伴い定款の変更を生じるときは、当該持分の譲渡による定款の変更は、業務執行社員の全員の同意によって可能である（会社法585条3項）。この持分の譲渡に関する他の社員の同意については、定款で別段の定めをすることが可能である（会社法585条4項）。

(b)　定款自治の原則

　合同会社は、社員の個性を重視する人的会社であることから、誰が社員であるかが重要であり、社員の総意により、原則として内部関係は決定することができる。具体的には、意思決定の方法や、業務執行者の裁量の範囲、利益分配のルール等を定款により定めることが可能である。

　定款の絶対的記載事項は、①目的、②商号、③本店の所在地、④社員の氏名または名称および住所、⑤社員の全部が有限責任社員であること、⑥社員の出資の目的およびその価額または評価の標準、である（会社法576条1項、4項）。絶対的記載事項の他に、記載しなくとも定款の効力に影響がないが、定款に記載しなければ法律上その効力を生じない事項（相対的記載事項）や、法律の規定に違反しない事項を記載または記録することが可能である（会社法577条）。

(c)　合同会社の業務執行機関

　合同会社は社員間の人的関係を重視した会社であり、会社内部機関については、社員の総意によって定款ですべてを定めることができる。意思決定の方法、業務執行社員の裁量の範囲など、法律上の強行法規はなく、特定の社員に意思決定権限を集中させることも可能である。会社法では、業務執行機関についての原則的な定めを置きつつ広範囲にわたって定款自治を認めている。

　合同会社は、人的関係の強い形態であり、人的信頼関係を前提として組合に近い組織形態が予定されている。内部的には所有と経営の一致が原則であり、社員（全員）が業務執行社員として経営を行うのが原則である。しかし、社員全員が合意して定める定款において、あらかじめ特定の業務執行社員を定めることも、業務執行を行わない社員を定めることも可能である（会社法590条1項）。

　なお、合同会社においては、法人も社員となりうる。法人を業務執行社員とする場合には、当該法人は業務執行社員の職務を行うべき者を選任して、その者の氏名および住所を他の社員に通知しなければならない（会社法598条1項）。このような職務を行うべき者（自然人）は、業務を執行する社員に課せられる義務を負う（会社法598条2項）。

　合同会社の社員が業務執行を行う場合で、かつ社員が2人以上いる場合には、合同会社の業務は、社員の過半数によって決定する（会社法590条2項）。しかし、このような決定要件を定款で変更することは自由である。

　また、業務執行社員を定款で特別に定めた場合で、当該業務を執行する社員が2人以上いる場合には、合同会社の業務は、定款で別段の定めをしない限りは、原則として当該業務を執行する社員の過半数でもって決定する（会社法591条1項）。

　なお、株式会社の株主総会のような社員総会を開催することは会社法上要求されていない。したがって、社員による総会を開くかどうか、社員総会の決議事項についても定款で自由に定めることができる。

(d) 合同会社の代表

　業務を執行する社員が選任された場合は、その者が合同会社を代表するのが原則である。しかし、業務執行社員以外の者を代表する社員として定めることができる、あるいは社員以外の者を代表する者として定めることもできる（会社法599条1項）。

　もっとも、業務を執行する社員が2人以上ある場合には、業務を執行する社員は、各自、合同会社を代表する（共同代表権、会社法599条2項）。

　また、合同会社は、定款または定款の定めに基づく社員の互選によって、業務を執行する社員の中から合同会社を代表する社員を定めることができる（会社法599条3項）。

　合同会社を代表する社員は、合同会社の業務に関する一切の裁判上または裁判外の行為をする権限を有する（会社法599条4項）。そして、このような権限に加えた制限は、取引の安全を保護するために、善意の第三者には対抗することができない（会社法599条5項）。

4　有限責任事業組合

(1) 有限責任事業組合の特徴

　有限責任事業組合（Limited Liability Partnership、以下「LLP」という）は、有限責任事業組合に関する法律（2005年8月施行、以下「LLP法」という）によりあらたな事業体として誕生し、以下のような特徴を有している。

（a）有限責任

LLPに対する出資者は有限責任である。民法上の組合の無限責任制を改め、LLPの出資者は出資額までしか債権者に対して責任を負わない。

（b）内部自治

LLPは、内部自治が原則であり、出資者の間の意思決定の方法や利益や損失が出たときの配分方法などは自由に決めることができる。LLPは、出資者が自ら経営を担うところに特徴がある。所有（者）と経営（者）が一致しているとか、出資者兼経営者の人的個性が全面に出るので人的組織ともいわれる。取締役や監査役などを置くかどうかも自由に決めることができる。

（c）構成員課税

LLPに法人格はなく、まさに出資者の集合体である。このため、LLP自体は導管で、そこで生まれた利益や損失はLLPをパススルーして構成員（出資者）に直接帰属することになる。このため、税金の取扱いも、LLPに法人税が課されるのではなく、出資者に直接課税される。逆に、LLPで損失が出れば、それは出資者の損失となり、出資者の他の所得と通算ができ、この結果税負担を軽くすることができる。

(2)　有限責任事業組合の運営

（a）有限責任事業組合契約

有限責任事業組合契約は、LLPの運営の基礎となることを定める。組合員は、LLP法で定められた契約書に必ず記載しなければならない事項（絶対的記載事項）や組合員が相互のルールとして任意に定める事項（任意的記載事項）等を契約書に記載し、全員が署名または記名押印する。絶対的記載事項は、以下の通りである（LLP法4条）。①組合の事業、②組合の名称、③組合の事務所の所在地、④組合員の氏名または名称（法人の場合）および住所、⑤組合契約の効力が発生する年月日、⑥組合の存続期間、⑦組合員の出資の目的とその価額、⑧組合の事業年度。

（b）LLPの意思決定

LLPは、取締役会や社員総会などの機関を置く必要はなく、LLPの業務執行に関する意思決定は、原則として組合員の全員一致で行う。LLP契約において

意思決定の方法を全員一致以外の方法で定めることも可能であるが、①重要な財産の処分および譲受け、②多額の借財については、全員一致または組合員の3分の2以上の同意で決定することが必要である（LLP法12条）。

(c) LLPの業務執行

LLPの組合員は、全員が業務を執行する権利を有し、義務を負う（LLC法13条）。すなわち、組合員はなんらかの形で、業務執行を行うことが必要である。業務執行に関して、マーケティング担当、財務担当など、分担することは可能であるが、業務執行の全部を他の組合員に委任することはできない。

(d) 損益分配

組合員の損益分配の割合は、総組合員の同意により別段の定めをした場合を除き、各組合員が履行した出資の価額に応じて定める（LLC法33条）。このような出資比率と異なる損益分配を行う場合には、①総組合員の同意により、②書面で分配の割合の定めを行い、③その書面に当該分配割合を定めた理由について記載する、ことが必要である（有限責任事業組合契約に関する法律施行規則36条）。

第2章 コンプライアンス経営

1　コンプライアンス経営の目的

　コンプライアンスとは、法令や自主行動基準等の遵守およびそのための企業内における体制の整備といわれる[1]。わが国においては、1990年代におけるさまざまな企業不祥事の発生を契機として、法令遵守、企業倫理憲章、自主行動基準など、企業の自主的規律によって不祥事を未然に防ごうとする動きがなされてきたが、最近ではコンプライアンスまたはコンプライアンス経営という名の下であらためてその再認識および強化の必要性がうたわれている。その背景には次のような状況があると考えられる。

　第1に、日本の経済社会が行政による事前規制から司法による事後規制へ、いわゆる法化社会へと移行している。第2に、企業のグローバルな事業展開、そして企業間のグローバルな競争の激化の中で生き残るためには、企業価値を高め、競争力を強化する必要がある。第3に、企業が自主的行動基準を通じて社会的責任を果たすことを求める国際的な動きがある。第4に、2010年代の後半においても、相変わらず企業不祥事が発生した。

　ところで、コンプライアンス経営のメリットは次のようにいわれる。

　企業経営の透明性を図り、対外的にも明確な説明ができる。たとえば、法令等に違反する行為を行ったことを理由に取締役が株主代表訴訟によって責任を追及されるのを回避する上で重要な手段となりうる。また、日本市場においてもコンプライアンス経営を重要な投資基準とする動きが海外投資家を中心にみられる[2]。さらに、コンプライアンスは、単なる法令遵守ではなく、競争力をもった最適な仕組みづくりの戦略的手法である。企業をめぐる多様なリスクに対処できるシステムの有無が企業の資本市場での価値にも影響を与え、企業の格付けにも

影響を与える可能性がある[3]。

　これらの議論を整理すると、コンプライアンス経営のメリットは、第1に、法令違反等のトラブルを未然に防止することにより、人材、資金、エネルギー等の経営資源の浪費を回避すること、第2に、コンプライアンス・システムの確立によって企業の競争力を強化する仕組みを設けること、第3に、社会貢献のニーズに応えることによって企業価値を高めることが可能であるということができる。

　一方で、コンプライアンス経営の問題点は、自主行動基準の遵守という自主的規制がもっとも陥りがちなところである、不十分な、あるいは「有効でない」システムにとどまる可能性があるということである。理念のみが空回りして、実効的なコンプライアンスが実施されない場合には、かえって、企業は世の信頼を失うというおそれが生じる。企業は、一度コンプライアンス経営を声明し、その実施に踏み出した以上、後戻りすることはできないのである。

2　コンプライアンス・プログラム

　コンプライアンス・プログラムは、企業のマネジメント・システムの一環であって、トップマネジメントが企業内外に声明するコンプライアンスの経営方針と目的に従い、コンプライアンスのプランニング、パフォーマンスの監視および評価および修正行為を確保するためのフィードバック報告に至るというコントロール・システムにおける行為のサイクルである。すなわち、このプロセスにおける基本的なステップは、次のように要約することができる[4]。

　①企業活動において遵守の対象とされるべき行為の特定。②当該遵守行為を引き受け、確保するために必要な行動の計画。③当該遵守行為が無視されないように関連する行動を調整すること。④計画された行動が引き受けられたか、そしてコンプライアンスが達成されたかどうかを調査もしくは監査すること。⑤修正が必要なときにはパフォーマンスを調整するために計画を見直すこと。⑥修正行為が実施され、維持されているかを判断するための継続調査を実施すること。

(1) コンプライアンス・プログラムの目的

コンプライアンス・プログラムにおける遵守の対象は、第1に法規範、第2に社内ルール、第3に倫理・社会規範であるといわれる。もっとも、これら3つの規範・ルールは相互に絡み合い、重なり合っており、3つが重なり合っている部分がもっとも優先度が高く、上記の順番が優先順位となるが、倫理・社会規範のどこまでがその範囲に入るかはかならずしも明らかではない。また、法規範、社内ルールについてもその内容は一律に明確であるとは限らず、当該企業によって異なる場合がある。

コンプライアンス経営の観点から、法規範の遵守は最低限の義務であり、社内ルールの遵守は当然の義務であるといえるが、これらの義務は倫理・社会規範に基づく倫理感に裏打ちされたものでなければならない。そしてさらに、企業活動が社会的に妥当なものとして認知され、企業が社会的存在としてよき企業市民になるためには、一定レベルの倫理・社会規範を遵守することが要求されると考えられる。

(2) コンプライアンス・プログラムの内容

企業行動基準（Code of Corporate Conduct）の内容は、企業によってさまざまである。

(a) 一般的声明

イギリスにおいては、まず、「ビジネスにおけるよき市民（good citizen in business）」という理念[5]に基づいた会社の目的の一般的な声明がうたわれる。そして企業経営によって影響を受けるさまざまなグループに向けた会社の経営ポリシーを表明するのが一般的である。たとえば、従業員との関係はもっとも話題性のある対象であり、消費者、供給者、株主および地域社会の利害関係も対象となる。さらに、環境に対する経営ポリシーの表明もますます一般的になってきたといわれる[6]。

アメリカにおいても企業行動基準は、会社の業務行為における誠実と正直の約束および法の下における運営の意図を示すという、倫理基準の一般的声明から始まるのが通常である。この一般的声明の前文に次のような声明を追加することが提案される。①行動基準に違反する行為は従業員の権限の範囲を超える行動と

みなされるという声明、②行動基準は、法の要求および当該産業における慣行を満たすのみでなく、それを超える努力を示すものであるという声明である。前者の声明によって、行動基準に違反する従業員の行動は、従業員の権限の範囲外にあることから、刑事責任の目的のためには会社に責任を負わせることはできないと論争することが可能である。また、後者の声明は、原告の弁護士が行動基準を民事責任の基準として用いる機会を減ずる可能性を生ずるといわれる[7]。

一般的表明に続いて、特定の分野に関する会社のポリシーがうたわれるのが通常である。たとえば、反トラスト、会社財産の説明責任、利害衝突、秘密情報、賄賂や寄付、会計慣行の正確さ、インサイダー取引、政治献金、差別とハラスメントなどの課題が対象とされる。

このように企業行動基準は包括的であるが、理解しうるものでなければならない。つまり、行動基準は、従業員等の関係者に対して、彼らの行動を支配する法的要素を知らせ、そして理解しうるようなやり方で肯定的な倫理価値を増進する必要がある[8]。

OECD（経済協力開発機構）の調査によれば、企業行動基準の内容としてカバーされる問題は、労働基準と環境がもっとも多く、ついで多い順番から消費者保護、賄賂、競争、情報開示、科学・技術となる。さらに、それぞれの問題における具体的内容の主たるものとしては、たとえば、環境については、法遵守、従業員の教育・自覚・訓練、地域社会の懸念の受け入れ、環境にやさしい製品・サービス、地域社会や消費者の自覚を高めるような情報の提供、コントラクターや供給業者に対する義務およびそのグローバルな適用などが挙げられる。また、労働基準については、合理的な労働環境、法遵守、差別やハラスメントの禁止、労働時間、補償、強制労働や児童労働の禁止、コントラクターや供給業者に対する義務などが挙げられる[9]。もっとも、具体的な問題の取扱いは、各国における労働事情に大きな差異があることから多様であり、この意味において一貫性を欠いているとの指摘がなされる。

わが国においても、法規範の遵守、社会への貢献、政治献金規制、反社会的勢力との関係断絶、環境保護、安全保障貿易管理、製品の安全性、公正・透明・自由な競争、接待・贈答、外国公務員贈賄禁止、経営情報の開示、インサイダー取引禁止、人権尊重、差別・セクシュアルハラスメント・パワーハラスメント禁

止、プライバシーの保護、職場の安全衛生、利益相反行為、企業秘密の管理、知的財産権の保護などが標準的な内容として挙げられている[10]。

（b）コンプライアンス・マニュアル

上記のような一般的声明またはポリシー表明だけではプログラムとして不十分であり、当該企業にとってもっとも問題を引き起こしそうな分野についてより詳細なポリシーと手続を定めるコンプライアンス・マニュアルを策定する必要がある。グローバルに事業活動を展開する企業の視点から共通するものとして、次のような分野のマニュアルが考えられる。

①反トラスト法遵守、②インサイダー取引禁止、③賄賂禁止、④情報管理、⑤差別・セクシュアルハラスメント・パワーハラスメント禁止、⑥環境保護、⑦知的財産権侵害防止。

（3）プログラムの実施

実効性のあるプログラムであるためには、実施のための機能的なシステムが設けられ、それが有効に働くことが必要である。このようなシステムを欠いたプログラムは、なんらコンプライアンスの実質的な効果を上げることはできない。

（a）プログラム運営の組織

プログラムを機能的に運営するための組織づくりは、企業によってさまざまであるが、プログラム実施の成否はこの運営組織の有効性に大きく依存しており、たとえば、次のような運営組織が 1 つのモデルとして考えられる。

プログラム実施の最高責任者はCEOであるが、実際の統括責任者として上級取締役または上級執行役員をコンプライアンス・オフィサーに任命する。

企業の規模・業種等によるが、このコンプライアンス・オフィサーの下に、各事業部門、各事業地域における現場での自主的なコンプライアンスの徹底を図るために、それぞれ部門コンプライアンス・オフィサーないし地域コンプライアンス・オフィサーを置く。

さらに、プログラム全体の立案、調整、促進、改善、実施の監視などを目的とするコンプライアンス委員会を設ける。委員会は、コンプライアンス・オフィサーを委員長とし、コンプライアンス所管部門の長、関係管理部門の長、部門コンプライアンス・オフィサー、地域コンプライアンス・オフィサーによって構成

される。

コンプライアンス所管部門は、委員会の事務局であると同時に、プログラム実施の実務を担当する部門であり、あらたに独立して設けるか、または法務部門が担当する。

コンプライアンス所管部門は、他の管理部門、とりわけ事後的なチェック機能をもつ監査または検査部門と連携・協力する必要がある。事後的なチェック機能による問題点の解明の結果が予防機能を果たすプログラムの改善に生かされて、再発防止策を講じることが可能となる。

(b) プログラムの啓蒙・訓練

プログラムの周知徹底を図るためには、さまざまな従業員等を対象とする以上、さまざまな方法を駆使しなければならない。まず、コンプライアンスについて、経営トップからの情報発信が何よりも必要であり、コンプライアンスの徹底には、経営トップが表明する価値観を従業員等の関係者すべてが共有することが不可欠である[11]。

企業内において従業員等の具体的な啓蒙・訓練の方法としては次のようなものが考えられる。①教育・研修の実施。コンプライアンス・プログラム導入時においてはもちろんのことであるが、継続的なコンプライアンス教育・研修を、新入社員研修、営業研修等の専門的研修、管理職研修、役員研修などの定期的な教育・研修計画に織り込む。②日常的な相談・指導。コンプライアンス担当部門による日常的な相談・指導が可能なシステムを設ける。③イントラネット上にプログラムのホームページによる情報伝達。コンプライアンスに関する情報をできるだけ開示して、コンプライアンス・プログラムの実践における透明性を高める。④携帯用カードによる周知徹底。コンプライアンス・プログラムをできるだけ身近なものとして意識させるために携帯用カード等を活用する。⑤シンポジウムによる刺激。コンプライアンスに関して外部講師を招いてシンポジウム等を開催し、従業員等の意識を刺激する。

(c) プログラムの監視と風化の防止

企業は、プログラムが有効に機能していることを確保するためには十分な監視のシステムを設けることが必要であり、プログラムが企図した効果を達成しているかどうかを評価するためにそのさまざまな面を定期的に点検しなければなら

ない。

　前述のプログラム所管部門が、日常的な監視と定期的な点検の業務を担当し、たとえば、選んだ従業員とのインタビュー、アンケート調査などを実施し、そして報告および違反事例の分析を通じてシステムの有効性を検証することが必要である。

　コンプライアンス遵守ないしコンプライアンス経営は、時の経過とともにたえず風化するおそれを秘めている。これを未然に防ぐためには、経営トップ自らがコンプライアンスの遵守を繰り返し説き続ける必要があり、そしてプログラムの実行をそれぞれの組織のレベルにおいていかに日常の業務の中に組み込んでいくかが重要であると考えられる。

3　内部通報制度

　前述のようなプログラムの監視が十分行われたとしても、現実の問題として限界があり、内部通報制度（いわゆるホットライン）を設けることが必要である。この制度はとりわけ組織ぐるみの違法行為に対する抑止力として有効であると考えられる。

　内部通報制度は、すべてのレベルの従業員等がなんら報復のおそれや不利益な取扱いを受けるおそれなく違反の容疑を通報できるシステムでなければならない。この報復や不利益な取扱いがなされないということが会社のポリシーとしてプログラムの中で明確に表明されていることが必要である。そして誰でも、たとえば、コンプライアンス委員会、部門コンプライアンス・オフィサーないし地域コンプライアンス・オフィサーに対して通報することができる。さらに、内部組織では心理的抵抗がある場合には、会社がコンプライアンスのために雇用した外部の弁護士に対して直接に報告できるルートを備えておくなど多様な通報ルートを設けておく必要がある。通報は、通報者にとって心理的抵抗のない方法で、匿名でも、文書や対面などいかなる方法でも可能とされるべきである。

　いわゆる内部告発は、企業内で真摯に受け入れられて、違犯行為が速やかに是正されることが望ましいが、通報者・告発者の保護というポリシーが企業によって表明されていたとしても、通報者・告発者になんらの不利益も及ばないという保

証はかならずしもない。公共の利益のために所属する組織の不正を告発した内部関係者が、報復を受けたり、失業等で経済的、社会的損失を被ったりしないようにする必要があり、立法化によりこのような内部告発者の保護が図られている[12]。

2002年7月30日に施行されたアメリカのサーベンス・オクスレー法は、故意に、報復する意図で、内部告発者（whistleblower）に有害な行為（合法的な雇用と生計への干渉を含む）をとる者に対して、罰金と10年以下の禁固刑を科している（1107条）。

また、内部告発活動により解雇やその他の差別を被る従業員のために民事の訴訟原因を規定する（806条）。すなわち、1934年証券取引所法に基づく会社、オフィサー、従業員、コントラクター、サブコントラクターまたはそのような会社の代理人のいずれも、次のような従業員によってなされた合法的な行為のゆえに、雇用条件下にある当該従業員に対して解雇、降格、停職、脅し、いやがらせまたはその他のやり方で差別することはできない。

①当該従業員が証券取引法、証券取引委員会（SEC）の規則もしくは株主に対する詐欺に関する連邦法の規定に違反すると合理的に信ずる行為に関する情報を、連邦の規制・執行当局、議員もしくは議会委員会または従業員に対して監督権限をもつ者に対して提供し、提供させまたはその調査を援助すること。②このような違反に関して申し立て、申し立てさせ、手続に参加もしくはその他援助すること。

このような解雇や差別等を被ったことを申し立てる者は、労働長官（Secretary of Labor）または連邦地方裁判所に訴えを提起することができる。

（a）違反者への対応

わが国においては、企業行動基準の違反を直ちに懲戒事由とはせず、その違反行為が就業規則の懲戒規程における懲罰対象に該当するときには、これに基づいて処分するのが一般的である。多くの企業の就業規則には、従業員は当該規則によるのでなければ懲戒を受けることはないとの記載がなされているからである。

アメリカにおいても、連邦量刑ガイドライン自身は、懲罰がその枠組み内でたやすく扱われる問題ではないとして、企業の裁量に委ねている。アメリカにおいて多くの企業は、コンプライアンス・プログラムとは別に、すでに懲罰のガイドラインをもっており、このガイドラインをコンプライアンス・プログラムに直

接にまたは参照して組み込むことで十分である。もっとも、会社が違反者の懲罰を行ったときには、可能な範囲で懲罰を公表すべきとされる。公表は、抑止効果をもたらし、適正な行為への動機づけとなるというわけである [13]。

　コンプライアンス体制を構築したとしても、その実効性を上げることは容易なことではない。実効性を確保するための最終的な担保は、コンプライアンスの違反者に対して、企業が自らどのように対処するかということである。違反者への対応は、たとえば、コンプライアンス・プログラムに違反して達成した業績は評価しないという軽度のものから、人事異動などの処遇に反映させる、違反者解雇の可能性などの厳しい処分までありうる。あまりに軽度な処分しか予定されていなければ、コンプライアンス体制の実効性のみならず有用性も疑われることになるので、すくなくとも違反に対する抑止力となるに必要な程度の処分は必要である。違反の態様に応じて、既存の就業規則の懲戒規定の発動に委ねるというだけでは、コンプライアンスの目的を達成するのにかならずしも十分ではなく、コンプライアンス・プログラムの中に違反者に対する処分の程度を明らかにする規定を設けるべきであると考えられる。もっとも、この場合には当該規定の内容を就業規則に明記するなど、労働組合との調整が必要となる。

　(b)　プログラムの見直し

　有効なプログラムは最新のものでなければならない。企業は、プログラムがその目的を達成するように、たえずプログラムを改良または向上させるべきである。プログラムは、法の変化、事業運営による変化、産業における変化および違反の発生によって改定が必要となるが、プログラムの真摯な実施とこれによる経験の積重ねによって改良を加えることができる。

　とりわけ違反を発見した後のプログラム改良のためには、すくなくとも次のような行為と対応策が必要である [14]。

　①違反行為の程度とその理由を決定するための当該行動の分析。②当該違反が継続するのか、あるいは当該違反行為に特有のものかを決定するために、周囲の企業行動を分析すること。③同じような違反行為の再発を少なくするような変更を運営の実践や手続に導入すること。④これらの変更の実施と維持の権限と責任をコンプライアンス・オフィサーなどの責任者に委ねること。⑤同じような違反行為を早期により多く探知するために、情報収集プロセスを改善すること。⑥

これらの新しく導入した改良対策が再発を防止するのに十分かを確認するために、その効果を特定の期間中監視すること。

このようなたえざるプログラムの改良・向上は、コンプライアンスが実践されており、会社の日々の経営にとって必要であるとのメッセージを伝えることになる[15]。

4　コンプライアンス・システムの整備・強化

(1)　経営ポリシーとコンプライアンス

コンプライアンスは、経営トップが自らその経営ポリシーの実行を語ることが求められ、経営トップを先頭に企業内にたえず危機感をかき立てることが必要である。また、積極的な情報開示によって市場の目に晒されることが企業のコンプライアンス向上につながることも理解することが重要である。

コンプライアンスは、コーポレートガバナンスのシステムにおける内部統制システムの一環として企業の経営システムの中で大きな機能を期待されるが、その機能は企業内のいわば日常業務として発揮されることが望ましい。それはコンプライアンスが日常常務に埋没すればよいといっているのではない。いいかえれば、コンプライアンスが日常業務の形で実行され、コンプライアンスに反する問題や情報が日常業務の中でチェックされて明らかにされるということが必要である。経営者は、コンプライアンスを含む内部統制システムが経営ポリシーの核心であり、よきコーポレートガバナンスを実現するための経営システムであることを認識し、強い使命感をもって日常業務を通じてコンプライアンス経営を実行しなければならないと考えられる。

(2)　コンプライアンスの実効性

企業内にコンプライアンス担当部門を設け、コンプライアンス・プログラムを掲げたとしても、それだけでコンプライアンスの実効性が確保できるわけではない。コンプライアンスが根付くかどうかは、それぞれの企業のこれまでの文化と風土に影響されることがしばしばである。経営トップは、コンプライアンスと同時にあるいはこれによって企業文化と風土を変えるという決意をもつことが必

要と考えられる。

　しかも、コンプライアンスはたえざる風化のおそれに晒されている。コンプライアンスの実効性が確保できないならば、それはむしろ企業価値にとってマイナスのイメージを招きかねない。実効性のないコンプライアンス・プログラムは、「あしきコーポレートガバナンス」の徴候とみられるからである。

　しかし、コンプライアンスがマネジメントに道義的な重荷を背負わせるのみであると考えるのも行き過ぎである。コンプライアンスはガバナンス・システムの一環であり、適切なコーポレートガバナンス形態が選択され、積極的な情報開示がなされ、マネジメントの説明責任が十分に果たされているならば、コンプライアンス経営の実効性が確保されていることになる。いいかえれば、マネジメントは、実効性のあるコンプライアンス経営により企業価値やブランド力の向上を図ることができる、つまり、企業の強力な競争力の源泉となりうることを認識すべきである。

　実効的なコンプライアンス・プログラムを維持してコンプライアンス経営を達成するためには、経営トップの積極的なリーダーシップと法務・コンプライアンス部門の強力な支援が必要であると考えられる。

(3) 内部双方向監視システム

　コーポレートガバナンス形態の選択は企業の経営管理機構内における社外取締役または監査役によるマネジメントの監視であり、企業情報の開示とマネジメントの説明責任は市場からのマネジメントに対する監視であるといえるが、コンプライアンスは、企業内におけるマネジメントの従業員に対する監視のみならず、従業員のマネジメントに対する監視という双方向の監視のシステムとして位置づけることができる。

　双方向の監視システムということは、マネジメントと従業員との関係が緊張感をもったものであると同時に、いわゆる「風通しのよい」ものであり、かつ前述したように日常業務の中にシステムとして組み込まれていることである。

　このような内部双方向監視システムは、上記の一方的・外部的監視体制を補完するものであるが、これが実際に機能するならば企業不祥事となりうる問題を未然に解決し防止することもおおいに可能であり、企業はそれぞれに適した具体

的なシステムを設計し、コンプライアンス・プログラムの中に組み込んでその実効性を図るべきであると考えられる。

　とくに、経営トップが暴走して企業不祥事を引き起こすような場合は、コンプライアンス経営そのものが形骸化しているが、従業員のマネジメントに対する監視と前述した内部通報制度が機能するならば、マネジメントによる暴走を抑止することは可能であると考えられる。

(4) 法務・コンプライアンス部門の機能

　経営トップが主導するコンプライアンス経営を支える企業内の組織は、法務・コンプライアンス部門である。経営トップがコンプライアンス経営においてリーダーシップを発揮するためには法務・コンプライアンス部門の強力な支援を必要とする。コンプライアンスを日常業務のレベルにおいてシステム化し、そのシステムの実効性を図ることが求められるからである。

　法務・コンプライアンス部門は、コンプライアンス・プログラムの実効性を確保する責務を担っているが、コンプライアンス経営の成否は、法務・コンプライアンス部門の力量いかんにかかっているといっても過言ではない。この意味において法務・コンプライアンス部門は強い使命感をもつと同時に、経営トップは法務・コンプライアンス部門の人的・質的レベルの向上に配慮することが必要であると考えられる。

事例　ダイハツ品質不正事件

　ダイハツ工業は、2023年12月20日、国内外の全工場で、自社で開発した自動車の出荷を停止すると発表した。新車の安全性を確認する試験などの不正があらたに174件見つかった異を受け、生産も停止する。開発期間の短縮を優先し、遵法意識に乏しい企業風土が浮き彫りになった。国土交通省は21日にダイハツ本社に立ち入り検査した。

　不正は25の試験項目におよび、現在国内で生産・開発中の28車種すべてで見つかった。対象は生産終了したものも含めて64車種と3つのエンジンで、親会社のトヨタ自動車が販売する22車種も含まれる。20日に記者会見したダイハツの奥平社長「責任は経営陣にある」と話した。

　生産再開には国交省の監査が必要で、生産停止が長期に及べば小型車の生産に影響が出るのは避けられない。

　斉藤国交相は「自動車認証制度の根幹を揺るがす行為であり、断じて許されない」と断罪し、（立ち入り検査の）結果を踏まえて厳正に対処していくと話した。国交省は検査には相当の時間がかかるとみる、

　不正が見つかった車種については、基準を満たすかどうかについてダイハツが技術検証などを実施した。一部の車種には基準に適合していない可能性があり、リコールに発展する可能性もある。

　不正を受けて 2023 年 5 月に立ち上げた第三者委員会が報告書を公表した。奥平社長は「再発防止の二血筋を立てることを、まずは責任としたい」と早期の辞任を否定した。

　第三者委は強みとしてきた短期間での新車開発を不正の原因に挙げた。開発期間を守ることが目的となり、認証試験にしわ寄せが来て極度のプレッシャーがかかったと指摘した。組織的な不正ではないと指摘しつつ、「攻められるのは現場ではなく経営幹部だ」（貝阿弥誠委員長）と認定した。

　出荷や生産停止に伴う部品会社や販売会社、顧客への補償なども重くのしかかる。トヨタはダイハツとの関係性解消は考えていないとし、「風土改革には一朝一夕にはできないが、全面支援していきたい」（中嶋副社長）と話した。

　親会社のトヨタからの期待を受けて開発現場は過度な納期の短縮に動き、管理職が状況を把握していなかった。近年、自動車メーカーで不正が相次ぎ発覚するなかで、ダイハツに自浄作用は働かなかった、現場に行ってしっかりモノを見るといったトヨタの基本理念である「現地現物」がダイハツに浸透していなかった点が背景にある。

　国土交通省は厳格姿勢で実態解明を進める。立ち入り検査で悪質性や組織性を調べ、結果次第で車の生産認証取り消しを視野に入れる。現行生産車に独自検証も実施し、安全性が確認できるまで出荷再会を認めない。検証は少なくとも数か月に及ぶとみられ。出荷停止が長期化する可能性がある。

　国交省は道路運送車両法に基づき組織体制の抜本的な改善を求める「是正命令」を出すことを検討する。

　部品会社への補償に向けて個別に交渉を始めたことが 12 月 21 日に分かった。納入先がなくなる部品会社の収益を補うため、補償する範囲や金額などを話し合う。ダイハツは国内の全工場生産を 26 日までに停止する予定で、再開時期の見通しは立っていない。

　国交省は、2024 年 1 月 16 日、3 車種で生産に必要な認証「型式指定」を取り消すと明らかにした。安全軽視に対し厳重処分を科す。組織体制を問題視し、「是正命令」出し、再発防止を求めた。生産停止の影響は長期化するとみられ、処分対象が広がるかも焦点となる。

事例　沢井製薬胃炎薬試験不正事件

　サワイグループホールディングス（HD）傘下で後発薬大手の沢井製薬は、2023 年 10 月 23 日、九州工場（福岡県飯塚市）で製造する胃潰瘍や急性胃炎向けの後発薬で、厚生労働省に提出した承認書とは異なる方法で品質試験をしていたと発表した。2015 年以降、不正が続いていた。後発薬では他社でも品質不正が相次いでおり、信頼の回復が求められている。

　不正があったのは「テプレノンカプセル 50 mg（サワイ）」である。製造後 3 年が経過した薬のカプセルが胃の中で問題なく溶け出すかを調べる試験（溶出試験）でふせいがあった。カプセルに入っている中身を取出し、別の新しいカプセルに詰め替えて試験していたという。23 日の記者会見で沢井製薬の木村元彦社長は、2023 年 4 月に不正が発覚したと説明した。6 月に外部の専門家や弁護士を含む特別調査委員会を立ち上げ、10 月 20 日に報告書を受け取った。7 月には使用期限内のすべてのテプレノンを回収したとしている。木村社長は「（違うカプセルに）詰め替えをして試験をしてもよいという認識が広がってしまっていた」と不正が起きた理由を説明した。現場のリーダー格の社員が誤った手順での試験を上層部からの指示であると認識し、試験不正を繰り繰り返していた。詰め替えは担当者間で、口伝えで指示されていたという。健康被害については、「カプセルが溶けないため薬効が期待できないものの、今回の問題で健康被害の問題はないし、起る可能性は非常に低い」（木村社長）としている。同意応の試験不正は他の工場では行われておらず、九州工場でもテプレノンのみにとどまると説明した。

　工場の操業停止ついては、「当局の判断に委ねる」（木村社長）として明言を避けた。厚労省の担当者は「行政所為分に関してはまだ調査中の段階で未定。調査結果を踏まえた上で、不正に対しては厳正に対処していく」とした。省内からは「今回の不正に関しては特に健康被害が出るものではない」との声も出ており、慎重に処分の内容を検討する。

【注】

1)　内閣府国民生活局消費者企画課「自主行動基準作成の推進とコンプライアンス経営」NBL No.723（2001. 10. 15）49-50 頁。

2)　同上　50 頁。

3)　古川治次他「三菱商事のコンプライアンス体制」NBL No.730 (2002. 2. 1) 55, 56 頁。

4)　Richard S. Gruner & Louis M. Brown, *Organizational Justice: Recognizing and Rewarding the Good Citizen Corporation, 21 Iowa L. Corp. L. 731* (1996), at 758-759.

5)　1973 年に公表された The Responsibilities of the British Public Company と題するレポート（Watkinson Committee report）によれば、取締役は、債権者、供給者、顧客、従業員および社

会との関係から生ずる義務を認識すべきであり、これらのグループの利益と会社の所有者の利益との間のバランスを図るようにすべきとされる。この義務は、ビジネスにおいてよき市民のように行動する義務と要約されている。

6) J.F. Parkinson, *Corporate Power and Responsibility* (Clarendon Press, 1993), at 285.

7) Dan K. Webb & Steven F. Molo, *Some Practical Considerations in Developing Effective Compliance Programs: A Framework for Meeting the Requirements of the Sentencing Guidelines*, 71 *Wash. U. L. Q.* 375, at 390.

8) Id. at 391.

9) 24 か国から集められた 246 社の企業行動基準が分析されている。Deciphering Codes of Corporate Conduct: A Review of their Contents, Working Papers on International Investment Number 1999/2, revised March 2000.

10) 経営法友会マニュアル等作成委員会『コンプライアンス・プログラム作成マニュアル』(商事法務、2002) 40-46 頁。

11) 中村暢彦「NEC における企業倫理徹底への取組み」『NBL』No.727 (2001. 12. 15) 58 頁。

12) イギリスにおいては、公共の利益に関する告発について、公益開示法 (Public Interest Disclosure Act) が 1998 年に、アメリカにおいては、連邦公務員の不正行為に関する告発について、内部告発者保護法 (Whistleblower Protection Act) が 1989 年に制定されている。

わが国においても、公益通報者保護法が平成 18 年 4 月 1 日に施行された。改正公益通報者保護法が令和 2 年 6 月 12 日公布され、令和 4 年 6 月 1 日施行された。改正のポイントは以下の通りである。(1) 安心して通報を行いやすくするために、①事業者に対し、内部通報に適切に対応するために必要な体制の整備等(窓口設定、調査、是正措置等)を義務付け(従業員数 300 人以下の中小事業者は努力義務)。②実効性確保のために行政措置(助言・指導、勧告および勧告に従わない場合の公表)を導入。③内部調査等に従事する者に対し、通報者を特定させる情報の守秘を義務付け(同義務違反に対する刑事罰を導入)。(2) 行政機関等への通報を行いやすくするために、①氏名等を記載した書面を提出する場合の通報を追加。②財産に対する損害(回復困難または重大なもの)を追加および通報者を特定させる情報が漏れる可能性が高い場合を追加。③権限を有する行政機関における公益通報に適切に対応するために必要な体制の整備等。(3) 通報者がより保護されやすくするために、①保護される人として、退職者(退職後 1 年以内)や役員(原則として調査是正の取組を前置)を追加。②保護される通報として、行政罰の対象を追加。③保護の内容として、通報に伴う損害賠償責任の免除を追加。

13) Webb & Molo, supra note 7, at 393, 395.

14) Gruner & Brown, supra note 4, at 760.

15) Id, at 396.

第3章 コーポレートガバナンス

1 アメリカ型コーポレートガバナンス

　アメリカの公開会社では典型的な取締役会の業務の多くは、監査委員会（Audit Committee）、指名委員会（Nomination Committee）、報酬委員会（Remuneration Committee）などの各種の委員会という組織において遂行される。このような組織形態は、アメリカにおいてより効果的なコーポレートガバナンスを求める規制当局、機関投資家等によって認知されている。

　監査委員会は、1939年ニューヨーク証券取引所によって初めて推奨されて以来、公開会社のコーポレートガバナンスに共通の構成要素となっている。その典型的な役割は、会社の財務的な報告プロセスおよび内部統制の監督者として機能することである。

　監査委員会は、3名から5名の独立した取締役から構成されるのが典型である。さらに、監査委員会は、独立取締役（independent director）によってのみ構成されるべきとされる。ニューヨーク証券取引所は、上場会社の監査委員会のメンバーは、マネジメントから独立しており、かつ委員会のメンバーとしての独立した判断の遂行に介入するような関係からは自由であるべきことを要求している。したがって、会社によって雇用される取締役は、独立取締役の資格がなく、会社と重要なビジネス取引を行う取締役、専門的なアドバイザー、弁護士やコンサルタントとして会社のために定常的に働く取締役もまた独立取締役の資格を欠くのが通常であるということになる[1]。

　ニューヨーク証券取引所は、従来は社外取締役2名以上で構成する監査委員会の設置を要求しているにすぎなかったが、2002年6月6日コーポレートガバナンスの強化策としてあらたな上場基準案を公表し[2]、8月1日理事会は新しい

コーポレートガバナンス規則案として採択した[3]。これによれば、上場会社の取締役の過半数は独立取締役でなければならず、独立であるためには、当該取締役は会社と「重要な関係（material relationship）」をもっていないことが要求される。重要な関係には、とりわけ商業、産業、銀行、コンサルティング、法務、会計、慈善および家族上の関係が含まれる。さらに、会社またはその外部監査人の元従業員等の関係にある者は 5 年間のクーリングオフが必要である。上場会社は、指名・コーポレートガバナンス委員会（nominating/corporate governance committee）および報酬委員会をもたなければならず、それぞれの委員会はすべて独立取締役によって構成される。監査委員会のメンバーについては、3 人以上の独立取締役による構成、そのメンバーの財務諸表を理解する能力およびすくなくともメンバーの 1 人は会計ないし財務管理の知見を有する者という従来の要求に加えて、取締役としての報酬はメンバーが会社から受け取る唯一の報酬であることが要求される。監査委員会の権限と責任の強化については、監査委員会は独立の外部監査人を雇用・解雇し、それらとの重要な非監査業務関係を承認することができる。

　その後、数次の改正がなされたが、とくに取締役の独立性については、次のような厳しい詳細な要件が課されている[4]。①取締役が会社と直接、間接に重要な関係をもっていないこと、②直近 3 年間、取締役が上場会社の従業員でなかったこと、あるいはその近親者が上場会社の執行役でなかったこと、③取締役またはその近親者が、直近 3 年間に年間 12 万ドル以上を上場会社から受け取っていないこと、④取締役またはその近親者が上場会社の内部・外部監査法人のパートナーまたは従業員でないことなど、⑤取締役またはその近親者が、上場会社の現在の執行役が同時にその会社の報酬委員会に務めている他の会社の執行役として直近 3 年間雇用されていないこと、⑥取締役が、直近 3 年間に 100 万ドルまたは連結売上高の 2% 以上の金額の資産・サービスに対して上場会社と支払いの授受を行った会社の現在の従業員ではないこと、あるいはその近親者がそのような会社の現在の執行役ではないことである。

　ところで、エンロンの破綻[5]に端を発しワールドコムの破綻で頂点に達した、アメリカ企業の不正事件の再発防止とアメリカ資本主義の再生を目的として、企業改革法といわれるサーベンス・オクスレー法（Sarbanes-Oxley Act of 2002）

が制定され、2002年7月30日に施行された。本法の主たる内容は、①最高経営責任者（CEO）・最高財務責任者（CFO）の義務、②情報開示の強化、③監査委員会、④外部監査人の独立と監督、⑤罰則の強化⁶⁾に分けられる。

監査委員会の構成と権限について、サーベンス・オクスレー法は以下のように定める（301条）。証券取引委員会（SEC）は、ニューヨーク証券取引所他が上場会社に対して上場基準を通じて以下のことを要求し、これらの要求に従わない企業の上場を禁止する権限が与えられる（301条）⁷⁾。①監査委員会は、独立の取締役によってのみ構成される。独立であるためには、当該会社からコンサルティング、アドバイザリーもしくはその他の報酬を受け取っていないこと、または当該会社もしくはその子会社の関係者（affiliated person）でないことが要求される⁸⁾。②監査委員会は、外部監査人の指名、報酬および監督（財務報告に関するマネジメントと外部監査人との間の不一致の解決を含む)に直接の責任を負う、そして外部監査人は監査委員会に対して直接報告する。③監査委員会は、会計・内部的会計統制・監査問題に関する苦情を扱う手続および従業員の内部告発者が会計・監査問題に関して秘密に匿名で疑いを提起する手続を定める。④監査委員会は、その義務を遂行するために必要と決定するとき、独立のカウンセル（弁護士）およびその他のアドバイザーを起用する権限を有する。⑤監査委員会は、外部監査人および監査委員会によって起用されたアドバイザーなどに対する適切な報酬を決定する。また、SECは、監査委員会がそのメンバーにすくなくとも1名の財務専門家（financial expert）を含むかどうか、そうでなければその理由を開示するよう要求する規則を定める（407条）。

このような規定によって、監査委員会は、直接的に外部監査人に対して監視権限を行使することが明確になり、外部監査人も経営陣から独立して業務を遂行することが可能になると考えられる。

取締役会の責任の重要な側面は、法の遵守と重要なポリシーに関する会社のポリシーおよび手続の監視であり、この責任は監査委員会に委ねられるのがしばしばである。ほとんどの公開会社は、ビジネス倫理、法的遵守およびビジネス行動に関する他の事項の原則を表明する行動基準を採用している。行動基準に共通する対象は、反トラスト、外国公務員贈賄やインサイダー取引などの法的遵守、利益相反、会社の機会、秘密情報の不正使用、政治的寄付などである。取締役会

は、会社がこのような行動基準をもち、広く従業員に回付され、その遵守を監視
しかつ強制する手続を維持するように関心をもつべきである[9]。

　監査委員会の義務として、以下のような項目が具体的に挙げられている[10]。

　①外部会計監査人の候補者の推薦およびその関係の解消の勧告。②外部会計
監査人の報酬、採用条件およびその独立性の吟味。③上級内部監査人の指名およ
び交替の検討。④外部会計監査人と取締役会、および上級内部監査人と取締役会
との間の意思疎通チャンネルとしての機能。⑤外部監査の結果の吟味。これには
外部会計監査人の意見の適格性、マネジメント・レター、監査に関して外部会計
監査人によってなされた勧告に対するマネジメントの対応、ならびに内部監査部
門によって監査委員会に提出された報告書およびこれに対するマネジメントの対
応が含まれる。⑥年次財務諸表およびそれら財務諸表の作成に関するマネジメン
トと外部会計監査人との間の重大な係争についての吟味。⑦外部会計監査人およ
び上級内部監査人との協議による、会社の内部的な財務的統制の適切さの検討。
⑧財務諸表の作成においてとられた適切な監査および会計原則・慣行における重
大な変更およびその他重大な選択問題。⑨公表財務諸表およびマネジメントの注
釈の作成に用いられた手続の吟味。⑩会社の財政的なリスクを検討するためのマ
ネジメントとの定期的な会談。

　監査委員会は、例として上記に挙げられたものに加えて、いかなる財政的な
項目についても取り調べる権限を有するのが通常であるが、その機能としてこの
ような会社の直接的な財政的局面に限られるということはないと考えられる。さ
らに、監査委員会は、会社によって付託される一般的な目的および機能の範囲内
にあるその他の機能を遂行することができる。むしろ、監査委員会は、前述した
ように法の遵守と会社の重要なポリシーに関する監視義務、つまり会社の行動基
準にかかわる事項についての監視義務を取締役会から付託されていると考えられ
る。

　アメリカにおいては、2001年12月、エネルギー商社エンロンの破綻は、違法
な会計処理、不透明な情報開示、企業統治の機能不全など大きな衝撃をマーケッ
トに与え、以後一連の企業経営に対する不信の深刻化と改革への迅速な対応の契
機となった。

　エンロンは、コーポレートガバナンスについて、著名な社外取締役陣に加え

て、情報公開、透明性や遵法性などにおいて高い評価を受けていたが、その取締役会は経営を監視する機能を果たさなかったと批判されている[11]。結局のところ、アメリカ企業においてはよきコーポレートガバナンスが存在するようにみえても、CEOの力がきわめて強いのが現実であり、コーポレートガバナンスの仕組みや器をつくるだけでは不十分であることが明らかになったとされる。

このようなアメリカ型コーポレートガバナンスの機能不全の現実に対しては、アメリカは、上記のサーベンス・オクスレー法による多様な規制強化、つまり自主的な情報開示から規制当局による命令システムへの移行と、定期的な開示から事実上の継続的な開示への制度変更を中心とした規制強化によって対応している。

2　日本型コーポレートガバナンス

わが国においては、2002年5月に成立した改正商法（2003年4月施行）によって、大企業がアメリカ型の統治形態への移行を選択できる制度が導入された。「委員会等設置会社」と呼ばれる形態では、監査役制度を廃止する代わりに、社外取締役が過半数を占める監査、報酬、指名の各委員会を設置する。さらに、2014年改正会社法により、監査等委員会設置会社が導入された（上記の委員会等設置会社は指名委員会等設置会社と呼ばれる）。この形態は、伝統的な監査役会設置会社と指名委員会等設置会社との中間的な形態である。日本の大企業は、それぞれの経営理念と経営ポリシーに応じて、3つの統治形態の中から自らに適切な形態を選択することができる。

上場会社に関して、2021年6月11日施行の金融庁・東京証券取引所の改定コーポレートガバナンス・コードは、独立社外取締役の有効な活用および任意の仕組みの活用を求めている。本コードにおいて示される規範は、基本原則、原則、補充原則から構成されているが、それらの履行の態様は、たとえば、会社の業種、規模、事業特性、機関設計、会社を取り巻く環境等によってさまざまに異なりうる。

本コードは、法令とは異なり法的拘束力を有する規範ではなく、その実施に当たっては、いわゆる「コンプライ・オア・エクスプレイン」（原則を実施する

か、実施しない場合には、その理由を説明するか）の手法を採用している。すなわち、本コードの各原則（基本原則・原則・補充原則）の中に、自らの個別事情に照らして実施することが適切でないと考える原則があれば、それを「実施しない理由」を十分説明することにより、一部の原則を実施しないことも想定している。

　独立社外取締役は会社の持続的な成長と中長期的な企業価値の向上に寄与するように役割・責任を果たすべきであり、プライム市場上場会社はそのような資質を十分に備えた独立社外取締役をすくなくとも 3 分の 1（その他の市場の上場会社においては 2 名）以上選任すべきである。また、上記にかかわらず、業種・規模・事業特性・機関設計・会社を取り巻く環境等を総合的に勘案して、過半数の独立社外取締役を選任することが必要と考えるプライム市場上場会社（その他の市場の上場会社においてはすくなくとも 3 分の 1 以上の独立社外取締役を選任することが必要と考える上場会社）は、十分な人数の独立社外取締役を選任すべきである（原則 4-8）。

　上場会社が監査役会設置会社または監査等委員会設置会社であって、独立社外取締役が過半数に達していない場合には、経営陣幹部・取締役の指名（後継者計画を含む）・報酬などに係る取締役会の機能の独立性と客観性や説明責任を強化するため、取締役会の下に独立社外取締役を主要な構成員とする独立した指名委員会・報酬委員会を設置することにより、指名・報酬などのとくに重要な事項に関する検討に当たり、ジェンダー等の多様性やスキルの観点を含め、これらの委員会の適切な関与・助言を得るべきである。とくに、プライム市場上場会社は、各委員会の構成員の過半数を独立社外取締役にすることを基本とし、その委員会の構成の独立性に関する考え方・権限・役割等を開示すべきである（補充原則 4-10 ①）。

　監査役会設置会社の中には、指名・報酬委員会によるガバナンスの高度化メリットを享受しつつ、同時にそれが行き過ぎるデメリットを排除する目的で、取締役会の諮問機関（アドバイザリーボード）という位置づけで指名・報酬委員会に類する仕組みを用意している例がある。

3 社外取締役

　アメリカにおいて社外取締役（outside directors）の機能ないし有効性に関する理論は、消極的見解と積極的見解に分かれる[12]。

　取締役会は必然的にマネジメントによってコントロールされるがゆえに、取締役会はマネジメントの権限濫用をコントロールする力を有しない、という基本的観点から、社外取締役の有効性に消極的な見解は、次のような理由を挙げる。

　第1に、ほとんどの公開会社の取締役選任において、株主は、現職の取締役会または指名委員会によって提案された者が誰であろうとも、彼らに投票する。社外取締役が委員長を務める指名委員会の設置が増加しているにもかかわらず、CEOは取締役会のメンバーの指名について実質的な影響力をもっている。社内取締役（inside directors）がCEOに対する効果的な評価や監視にオープンにかつ批判的に参加することはありそうにないが、同様に、社外取締役もまた、会社の従業員ではないけれども、取締役会における地位保有をCEOに依存している。社外取締役は、マネジメントのポリシーと決定について活発に挑戦する代わりに、受身で合意する傾向にある。

　第2に、社外取締役の消極的な行動は、さらに次のような制約に起因する。①ほとんどのCEOは取締役会の会長を務めているので、CEOは取締役会の議題および取締役会に提供される情報量の双方をコントロールすることがしばしばである。社外取締役は、当該問題についてマネジメントの望む位置を支持するような選択的情報を単に受け取るにすぎない。その結果、社外取締役は、潜在的な経営上の裁量に対するチェックとして機能する代わりに、会社が直面する問題をマネジメントの目を通してみることになる。②たとえ社外取締役がすべての関連情報を受け取っても、複雑な会社の決定を理解する知見をもっていないのがしばしばである。また、たとえそのような知見をもっていても、社外取締役の忙しいスケジュールのため、マネジメントの提案を徹底的に検討するのに十分な時間を割くことは困難である。③取締役会の規準ないし文化は礼儀正しさであって、これが通常の場合に社外取締役がCEOのパフォーマンスや提案を率直に問いただすことを思いとどまらせる。また、社外取締役はマネジメントと社会的な結びつきを

もっている、あるいはマネジメントとの既存のまたは潜在的な関係から便益を得ることができる組織を代表していることがある。したがって、このような姿勢と衝突を避けるような環境の下では、社外取締役は、経営上の意思決定が株主の最善の利益になっていないとしても、それに挑戦することは少ないのである。

　第 3 に、社外取締役は、たとえその能力を有していても、マネジメントの行動を監視するインセンティブをほとんどもっていない。社外取締役の報酬は、年間固定額であり、株主のための尽力によって影響されない。社外取締役のほとんどは他の会社の CEO であって、その社外取締役としての報酬は本来の地位で得るものに比べて比較的ささやかな金額であり、その所有する当該会社の株式も名目的な金額にすぎない。つまり、社外取締役の金銭的な報酬が会社の業績とほとんど結びついていないことから、社外取締役は、会社をコントロールし、危機回避に積極的な役割を果たすのに必要な時間とエネルギーを注ぐインセンティブがないのである。

　これに対して、社外取締役は株主の最善の利益に従って行為し、マネジメントを監視するインセンティブを有する、という積極的見解は、次のような議論を展開する。

　第 1 に、社外取締役は、多数の会社の取締役を兼ねているのが典型的であって、マネジメントの行為に対する専門的なレフェリーであり、意思決定のコントロールにおける専門家としての評判を確立するのに多大な投資を行っている。社外取締役は、業績のよい会社の取締役であるという存在価値について外部の労働市場に合図を送り、他社の取締役の地位を獲得する機会につながるので、効果的な監視者となるインセンティブを有する。

　第 2 に、社外取締役は、所有する会社の株式の価値を保護するために、経営上の行動を監視し、利益をもたらさない意思決定に積極的に反対する直接のインセンティブをもつということができる。このような株主である社外取締役は、会社の業務を理解し、吟味するための時間を増やし、マネジメントのパフォーマンスを評価するのに必要な情報を求める。したがって、社外取締役が所有する株式が増えるほど、彼らの利益は株主の利益と合致することになる。社外取締役に株式の形で報いる傾向が増えているといわれる。

　第 3 に、社外取締役は、会社との現在または潜在的なビジネス上のつながり

をもつ組織を代表することがしばしばである[13]。このような社外取締役は、社外取締役を務める会社における自分の会社の投資を保護するためにマネジメントを監視するというより大きなインセンティブを有し、彼らのビジネス上の知識は効果的な監視者として機能する能力を増すことができる。社外取締役を務める会社が必要とし、他で確保することが困難な資源を有する組織を代表しているならば、社外取締役はその範囲においてマネジメントに対して力をもつことができる。

　アメリカにおいて、前述したようにCEOはその友人を社外取締役に入れるのが通常であり、ほとんどの場合CEOが取締役会の会長を務めていることから、取締役会の独立性が確保されていないと批判される。その背景に社外取締役となるべき人材が不足しているとの指摘がなされる。

　アメリカにおいてコーポレートガバナンス改革の段階に入った企業にとって、そもそも取締役の資質はどのようなものと考えるべきであろうか。これからの取締役に求められる資質としては、①個人の高潔さ、②得た情報を基に適切に下せる判断力と経験に裏打ちされた円熟味による信頼感、③業界についての知識、そして④金融、財務についての知識、もっとも重要なものとして、⑤企業からの独立性が挙げられ、取締役は株主の代表であるだけでなく、顧客、従業員、地域社会をも代表する考え方に立つべきだとされている。そして取締役の資質をもつ人として、他社の副社長やCFO、女性、非白人、いろいろな団体を率いている人、学者など適任者は多いとも指摘される[14]。前述したようにサーベンス・オクスレー法は301条において、そしてニューヨーク証券取引所は上場規則において、独立取締役についての独立性の要件を明確にしているが、指名委員会は、法定の要件のみならず、取締役としての資質を考慮する必要があると考えられる。

　わが国においては、これまで会社の社外取締役は、その数が少ない上に、取引先の関係者、親会社関係者、主要取引銀行の関係者や役員の縁故者が多いのが実情であったといわれている。東京証券取引所は、一般株主と利益相反が生じるおそれのない社外取締役または社外監査役を各社1名以上確保しなければならない旨を有価証券上場規程に規定している（436条の2、445条の4）。さらに、「上場管理等に関するガイドライン」において独立性基準を規定している[15]。

　また、平成26年改正会社法においては、社外取締役になれない者の人的な範

囲を拡大（会社、子会社だけでなく、親会社や兄弟会社の業務執行者等、会社の業務執行者等の近親者を追加）する一方で、過去に取締役等であった場合の期間制限が設けられた。すなわち、①会社または子会社の業務執行取締役等ではなく、就任後 10 年間その会社または子会社の業務執行取締役等ではなかったこと、②就任前 10 年以内にその会社または子会社の取締役、会計参与または監査役であった者（業務執行取締役等は除く）については、その就任前 10 年間業務執行取締役等でなかったこと、③現在親会社の取締役、使用人等でないこと、④現在親会社の子会社等（兄弟会社）の業務執行取締役等でないこと、⑤当該会社の取締役等の配偶者または 2 親等以内の親族でないこと、が要求されている（会社法 2 条 15 号）。

　さらに、社外取締役を置いていない場合、定時株主総会において「社外取締役を置くことが相当でない理由」を説明しなければならないとされている（会社法 327 条の 2）。

4　コーポレートガバナンス形態の強化

(1)　社外取締役の活用

　社外取締役に期待する役割は、アメリカ型コーポレートガバナンスにおいてはマネジメントの監視であり、日本型コーポレートガバナンスにおいては経営についての助言ともいわれ、さらにマネジメントの監視と経営についての助言の両者を期待する場合も多い。いずれの場合においても経営の透明性を確保するという観点から社外取締役の活用を検討しなければならない。社外取締役に期待される第一義的役割は、まずマネジメントの監視であって、このためにはマネジメントからの独立性を確保することが要求される。社外取締役の資格要件として、当該企業ないしマネジメントと利害関係のある者は、法制度的にも実際の指名においても排除されることが原則である。

　社外取締役は文字通り社外から選任されて取締役会のメンバーとなるのであるから、その期待される機能を果たすための条件は、企業内の重要情報にどの程度アクセス能力をもっているか、実際に情報を得ることができるかどうかであり、社外取締役に必要な情報を適時かつ十分に伝える仕組みと運用が必要とな

る。

　社外取締役制度をコーポレートガバナンスのシステムとして定着させるための制度的および実際的な措置として、①社外取締役を支えるに必要な支援スタッフを配置し、外部の法律家や会計士を雇用する権限を社外取締役に与えること、②内部監査・検査部門からその調査結果や情報を社外取締役に上げる仕組みを設けることが必要であると考えられる。

(2) 取締役会会長とCEOの分離

　アメリカにおいて、CEOに関する根本的な議論として2つの問題が提起されている。1つは、会長とCEOの分離の問題である。アメリカの大企業では経営トップが取締役会会長兼CEOの肩書をもつのが一般的であり、CEOと同じ人物がマネジメントを監視する役割を担う取締役会の会長を務めると、取締役会の独立性が損なわれるとの批判が従来からなされていた。エンロン事件に始まる一連の不祥事を契機として、CEOによる取締役会会長の兼任はやめるべきだとの提言がなされ、会長とCEOを分離する機運が高まっている[16]。

　もう1つは、CEOの資質の問題である。企業の経営トップとしてのCEOは、単に企業の短期的利益を追及するのではなく、長期的な観点からコーポレートガバナンスの仕組みを忠実に守り、実行するというマネジメントとしての強い倫理観・使命感を有する者でなければならないと強調されている。株主や投資家は、取締役会が経営者としてのCEOの資質を見極め、監視するようにたえず留意することが必要である。

(3) 内部監査・検査部門の機能

　内部監査・検査部門は、企業の組織としてはマネジメントの所管下に置かれるものであるが、社外取締役制度または日本型コーポレートガバナンスにおける監査役制度を補完する組織としても位置づける必要がある。

　内部監査・検査部門による調査結果や情報が定常的に社外取締役や監査役に流れることによって、内部監査・検査部門もまたコーポレートガバナンスのシステムの1つとして機能することになる。このような機能を十分に活用するためには、当該部門への適切な人材配置などに十分な配慮が必要である。

5　企業情報の開示規制

(1) OECDのコーポレートガバナンス原則

　OECDのコーポレートガバナンス原則における「4　開示と透明性」によれば、コーポレートガバナンスの枠組みは、会社の財政的状況、パフォーマンス、所有関係およびガバナンスを含む、すべての重要な事項に関して時宜を得た正確な開示がなされるよう確保すべきである。強い情報開示制度は、会社に対する市場に基づく監視の枢要な特徴であり、株主の議決権を行使する能力にとって重要なものである。大きな活発な資本市場を有する国における経験は、情報開示が会社の行動に影響を与え、投資家を保護する強力な道具でありうることを示しているといわれる。つまり、強い情報開示制度は、資本を誘引し、そして資本市場において信頼を維持するように助けることができる。株主および潜在的な投資家は、マネジメントの経営者としての職を評価するのに十分な、規則正しく、信頼しうる情報の入手、そして株式の評価、所有関係および議決権についての決定を知らされることを要求する。不十分で不透明な情報は、市場が機能する能力を阻害し、資本コストの増加と不満足な資源配分に結果するというわけである[17]。さらに、情報開示は、企業の構造や活動、環境や倫理の基準および会社が事業を行っている地域社会との関係に関する会社のポリシーやパフォーマンスについての公の理解を促進するのに役立つとされる。

　このOECDの原則は、次のような情報を開示すべき重要な情報の例示として挙げている。①会社の財政的および活動の成果。②会社の目的。事業上の目的に加えて、会社は、ビジネス・エシックスに関するポリシー、環境や公のポリシーについての約束を開示することが奨励される。③主要な株式所有関係および議決権。④取締役会のメンバーおよび主要な上級役員と彼らの報酬。⑤重要な予見可能なリスク要素。財政的情報のユーザーや市場参加者が必要とする合理的に予見可能な重要なリスクには、産業や地理的地域の特有のリスク、汎用品に対する依存、金利や通貨リスク等の金融的市場リスク、デリバティブや簿外取引に関するリスクおよび環境責任に関するリスクが含まれる。⑥従業員と他の利害関係者に関する重要な問題。⑦ガバナンスの構造とポリシー。会社は、適切なコーポレー

トガバナンス原則を実際にどのように適用するのかについて報告することが奨励される。とりわけ株主、マネジメントおよび取締役会メンバーとの間の権限の配分についての開示が、会社のガバナンスの評価にとって重要とされる。

(2) サーベンス・オクスレー法

前述したサーベンス・オクスレー法は、企業会計不信に対処するために、以下のような方策を講じている。

第1に、最高経営責任者（CEO）および最高財務責任者（CFO）の認証義務
CEOおよびCFOは、1934年証券取引所法に基づく定期報告書において、次のことを認証（certify）しなければならない（302条）[18]。

①署名するオフィサーは報告書をレビューしたこと。

②当該オフィサーの知る限りにおいて、記載事項について惑わせないために必要な重要事実の不実記載や未記載が報告書にはないこと。

③当該オフィサーの知る限りにおいて、報告書の財務記載条項およびその他の財務情報が、報告書提出の日付けにおいて財務状況および事業活動の成果をすべての重要な面において公正に示していること。

④署名するオフィサーは、内部統制を確立・維持することに責任を負い、連結子会社を含む会社に関する重要な情報が内部の者によって当該オフィサーに伝達されるように内部統制を設計し、報告書日付90日以内にその内部統制の有効性を評価して、有効性に関する結論を報告書に提示したこと。

⑤署名するオフィサーは、会計監査人および監査委員会に対して、財務データを処理し報告する能力に悪影響を及ぼすような、内部統制の設計および運営におけるすべての著しい欠如を開示し、内部統制における重大な弱点を会計監査人のために指摘し、内部統制において重要な役割を果たすマネジメントや他の従業員にかかわる詐欺行為をその大小にかかわらず開示していること。

⑥署名するオフィサーは、その評価以後、内部統制および内部統制に重要な影響を及ぼすような他の要素について著しい変化（重大な欠陥や弱点の治癒行為を含む）があったかどうかを開示していること。

SECは、適切な内部統制構造および財務報告の手続を確立・維持する責任を

負っており、マネジメントによるそれらの有効性の評価を含む「内部統制報告書」を年次報告書に含めることを要求する規則を定めなければならない（404条）。

このような経営トップによる決算の正確性認証の制度は、彼らの責任逃れを封じるとともに、より正確な情報の提供を要求し、適法性に疑義のある会計手法を抑制することになるといわれる[19]。もっとも、「知る限りにおいて」という留保によってその実効性を問題視する見方もあるが、経営トップに対する抑止効果と影響は大きいものと考えられる。

第2に、1934年証券取引所法に基づく定期報告書における情報開示の強化。

①SECが投資家の保護と公共の利益に必要または有益であると決定する、財務状態または事業活動における重要な変化に関する追加の情報を即時に、明白な英語で開示すること（409条）。

②一般会計原則およびSECの規則に従って登録会計事務所によって確定されたすべての重要な修正の調整を反映し、財務状態とその変化、事業活動の成果、流動性、資本支出、資本資源または収入もしくは費用の重要な構成要素に対して重大な現在もしくは将来の効果を及ぼすような、すべての重要な簿外の取引、取決め、債務（偶発債務を含む）およびその他非連結の事業体もしくは人との関係を開示すること（401条）[20]。

③主要財務オフィサーや主要会計オフィサーに適用される、上級財務オフィサーのための倫理基準（code of ethics）を採用したかどうか、採用していなければその理由を開示すること（406条）。

ここで倫理基準とは、個人的および専門的な関係間の実際または外見的な利益衝突の取扱いを含む、正直さと倫理的な行為、完全、公正、正確、かつタイムリーで理解可能な開示、および政府の規則・規定の遵守を促進するのに合理的に必要な基準を意味する。

第3に、外部監査人の独立性と監督[21]。

①監査業務を行う登録会計事務所が、監査と同時に、非監査業務を行うことは違法とされる（201条）。非監査業務とは、監査顧客の会計記録または財務諸表に関する記帳他のサービス、財務情報システムの設計と実施、評価・算定サービス、フェアネス・オピニオン（fairness opinion）や現物出資

報告、保険数理サービス、内部監査アウトソーシングサービス、マネジメント機能や人的資源、ブローカー、ディーラー、投資アドバイザーや投資銀行サービス、監査に関係しない法的サービスや専門家サービスなどである。

②すべての監査業務および非監査業務は、監査委員会の事前の承認を得なければならない、そしてこの監査委員会による非監査業務の承認は、投資家に開示されなければならない（202条）。

③監査に主たる責任を負う筆頭監査パートナー、監査をレビューする責任を負う監査パートナーが連続5会計年度以上監査業務を行うことは違法とされる（203条）。

さらに、本法は、公開会社の会計監査を監督するために上場会社会計監督機関（Public Company Accounting Oversight Board）と呼ばれる新しい機関を設置する（101条）。この機関の目的は、一貫した専門家基準を維持、監査業務の質を改善し、会計事務所に関して本法の遵守を確保することである[22]。

6　情報開示によるコーポレートガバナンス

(1) 情報開示のインセンティブと抑制要因

　企業のマネジメントにとって、情報のユーザーによる開示要求に応えることが自らの利益となり、かつ会社の利益になると考えるときには、自主的に情報を開示するインセンティブがある。一方で、マネジメントが、開示の要求は不合理である、または自身の利益もしくは会社の利益に有害であると決めるならば、なんらかの妥協をするか、または非開示の結果を受け入れるかのうちいずれかを選ばなければならない。会社にとって開示の利益は、財務的なパフォーマンスと将来の見通しについての不確実さを減少させる結果になることであり、それによって資本コストおよび会社の価値または株式価格に影響を与え、そして参加者のバーゲニング・パワーを弱め、あるいは会社との相互利益の認識を増加させることになる[23]。

　マネジメントには自己の会社をできるだけ美しくみせたいという気持がつねに潜在しているが、自らの姿をきちんと晒さない企業に対する投資はかえってリ

スクが高いと判断され、市場における評価は低くなる。むしろ、隠されたリスク
が暴露されたときには、市場の評価は一気に下がるという事実は歴史が物語って
いるが、今日のグローバルな金融・資本市場においてはその傾向は一段と顕著に
なっている。この意味において企業にとっては、積極的なリスク情報の開示とそ
れに対処する適切な経営戦略を提示することが必要と考えられる。

　また、情報開示が十分かつ適切になされていることは、企業のガバナンスが
よく機能していることの結果であり、情報開示のレベルを高めることによってガ
バナンスの機能とレベルが高まると考えられる。情報開示も企業のガバナンス・
システムの一環として位置づけることができる。

　情報開示向上による効果は、上記以外に次のように挙げられる[24]。①マネジ
メントに対する信頼性の向上。自己の能力と戦略に自信をもったマネジメント
は、マーケットに向かって将来の計画や現状を臆することなく伝えることができ
る。②長期的投資家の確保。各企業が提供する情報量に明白な差異がある場合、
長期的投資家はより多くの情報を提供する企業に魅力を感じる。③多数のアナリ
ストの獲得。情報開示の向上により、その企業を分析するアナリストが増加す
る。④企業経営の向上。外的な説明責任が企業内の経営を改善する。

　一方、マネジメントが情報開示に消極的な要因が次のように主張される[25]。

　情報開示は直接コストを生じる。情報開示の直接コストとは、情報を収集、
加工、監査し、伝達するのに使われた資源の価値である。さらに、開示の増大要
求に対する主たる反対は、競争上の不利益が生じる、つまり、競争者によって開
示会社の利益を害するように情報が使用されることによるといわれる。たしか
に、情報がより特定され、将来志向となればなるほど、開示会社にとって潜在的
な競争上の不利益が大きくなると一般的にいうことができる。しかし、競争上の
不利益という見解は、反対のためのスローガンとしてあまりにも安易に用いられ
るのがしばしばである。会社の年次報告書における情報の多くは、情報開示者に
競争上不利益を与えるにはあまりにも一般的でかつ古すぎるものである。情報開
示の大部分は、競争上、実質的な利益または不利益を及ぼすようなものではない
ということができる[26]。

　ところで、企業が、法によって強制される情報開示に加えて、その社会的活
動について自主的に情報を開示することの意義は何であろうか。

　まず、第1に、社会的な存在としての会社の社会的活動に関する情報は、その開示を拒むのに正当な理由がない限り、自由に入手されるべきであるといわれる。このような情報を公にしたことが会社の行動になんらの効果をもたらさなかったとしても、成熟した社会の市民は、会社の力がどのように行使されているかを知る権利を有している。第2に、社会的な情報開示は、会社の業績についての純粋に財務的な指標を補完する価値をもっているといわれる。この点に関して、たとえば、国民総生産についての統計数値は、産出の測定としては部分的なアプローチであるがゆえに、社会が経済活動によってどの程度豊かになっているかを示す指標としては誤解を招くものである、という指摘がなされる。つまり、個々の企業のレベルにおいて、企業の行動を財務的な基準と同様に社会的な基準によって判断する機会を株主および公衆に提供することは企業活動の社会に対する価値をより正確に評価することにつながる[27]。

(2) 情報開示の機能

　情報開示は、会社という組織において、以下のようなコントロールのプロセスの一部として機能することが考えられる。

　①情報を開示しなければならないという規律は、まず、会社に情報を収集させることになり、そしてその改善された情報の流れによって、マネジメントは、第三者に対して回避可能な損害を減少するよう強いられることになる。このような反応は、基本的に任意のものであるが、マネジメントは、結局のところ、専門家としての評判に価値を置いており、その失敗が公に晒されることを嫌うものといえる。②情報開示は、外部コントロールの形態を容易にすることによってマネジメントの反応を促すことができる。たとえば、株主の利益に不利な材料の開示は、結果として機関株主からマネジメントに対する直接の圧力または会社のコントロールのために市場を通じた間接の圧力として働くことになる。③情報開示は、資産の不当流用のような訴追しうる違法行為を抑制し、そして実在的な法的コントロールによって容易には達しえないマネジメントの行動領域に影響を与える力になりうる[28]。したがって、情報開示は、会社のマネジメントに対して直接的、間接的なコントロールの手段ないし機能の一部を果たすことが期待される。

　ところで、情報開示はいかなる者に向けてなされるのか、いいかえれば、開示された情報を受けて、それぞれの立場でそれを評価し、マネジメントに対してなんらかの影響力を及ぼそうとする者とはどのような利害関係者であろうか。

　①当該会社の株主である。株主は、配当および株価の動向に強い関心を有するのはもちろんであるが、単に短期的な視点ではなく、長期的に当該企業の成長に期待することがしばしばである。株主は、財務・経理情報にのみ関心をもつのではなく、企業の社会的な活動に関する情報にも注意を払っている。社会的な情報が株価等に反映される可能性があるという現実的な視点もあるが、株主は、長期的、安定的な株主であればあるほど、当該企業の財務的なイメージやプロフィールと同様に、社会的なイメージやプロフィールを向上させようとして、株主として有する権利を行使するものである。②機関投資家である。機関投資家は、安定株主として長期的な視野から投資先企業の発展を期待するのが一般的であり、その財務的な状況を監視するとともに、コーポレートガバナンスなどの企業経営の構造やポリシーについてもかかわることを求める傾向にある。とりわけ企業の社会的活動を含めた倫理的な問題にきわめて敏感である、いわば倫理的というべき投資機関や組織が存在している。これらの倫理的な投資機関は、利益最大化という行動基準を超えた企業行動を要求する。

　もっとも、純粋に倫理的な投資機関はさておき、年金ファンドのような公の色彩をもつ機関投資家は、企業の社会的活動についてますます関心をもつようになっており、この面における経営ポリシーに対して積極的な発言を行う場合が見受けられる。③取引先と消費者である。当該企業の取引先および製品・サービスの消費者は、開示された情報に対応して、あるいは必要な情報開示を要求しつつ、彼らの購買活動を通じて企業のマネジメントの行動または経営ポリシーに対して影響を及ぼすことができる。製品・サービスの買手である取引先は、自らが供給する製品・サービスの質を確保し、さらには自社のブランドや評判を高めるために、買付け先を選択する。その選択の基準は、単にコストの点ばかりではなく、たとえば、環境問題に対する取組みなど買付け先企業の社会的活動に及ぶ場合がある。

　④社会的な監視グループとでもいうべきものであり、環境やその他のプレッシャー・グループ、消費者団体、学術団体、メディアや公的な規制機関などであ

る。公に開示される情報は、受け手にとってそのままでは多量で困惑させるようなものであるが、これらの社会的グループは、それぞれの視点や価値観からこれらの情報を収集、調整、評価し、対象とする企業行動の問題に関する世論（public opinion）の形成に寄与することができる。

　このような社会的監視は、次のようなプロセスによって企業の行動に変化をもたらすことが可能であるといわれる[29]。①提訴しうる違法行為に注意を向けさせることによって、当該企業行動の変化を実行することを強いることができる、また、そのような社会的な害を公表することによって、企業行動に対する規制強化の要求へと導くこともできる。②生のデータを加工し、解釈することによって、社会的監視グループは、情報の受け手がもつ困難のいくらかを克服することができる。③マネジメントは、当該企業の公に望ましいイメージの存在を企業および彼ら自身の双方にとって貴重な財産とみなしている。そのようなイメージを傷つける企業行動に公の注意を引きつけ、その行動に対するマネジメントの責任を求めることによって、企業行動の変化を強いることができる。

　もっとも、このような社会的監視とでもいうべきシステムが存在するとしても、そのシステムとしての効果の弱さも次のように指摘されている。①社会的監視が対象とする企業の範囲に限界があるといわれる。たとえば、銀行、保険会社、外国為替取引市場、投資銀行やグローバル企業等について、このような社会的監視はどの程度有効でありうるかと疑問視される。②さまざまな分野に属する多くの人びとやグループがシグナルを発するがゆえに、それらが相互に矛盾する場合があり、このような監視がマネジメントに提供しうるガイダンスに限界をもたらすことになる。③世論に対するマネジメントの反応について過大評価しがちとなる場合がある。

　このような弱点や効果にいくらかの問題があるものの、社会的監視グループは、企業行動に対して重要な影響を及ぼす可能性を有していることは疑う余地がない。このようなグループが、情報技術を活用して、世論を形成しつつ企業に対して直接にまたは間接にその影響力を行使している事実は、情報開示の機能を明確に認識させるものである。情報技術の発展と普及は、社会的監視の役割をますます高める方向に導いていくと考えられる。

（3）開示されるべき企業情報

（a）基本的情報の開示

年次報告書（annual report）は、企業の活動の性格と効果についての理解およびその成果と将来の見通しの評価を助けるような情報を提供することができるが、これによって、マネジメントは財務諸表およびその脚注について詳述し補完することができる。

年次報告書に開示される一般的内容は、企業概況（Corporate Review）、財務概況（Financial Review）およびセグメント概況（Segmental Review）に分けられる。

企業概況として、たとえば、次のような情報が開示される。①社長（CEO）の声明。②会社の戦略と結果。③外的・異常な出来事。たとえば、外的な出来事とは、為替相場、金利率、政府の政策、市場条件、外国との競争等であり、異常な出来事とは、工場の爆発、詐欺、訴訟等である。④買収と売却。⑤研究開発。⑥投資計画。⑦人的資源。労働および雇用に関する情報開示は、労働関係、訓練、福利厚生、安全等を含む。⑧社会的責任。地域の福祉、公共の安全や環境等の公共の利益についての社会に対する説明責任が対象とされる。⑨将来の見通し。この種の情報は記述的な解説の形で提供されるのが通常であるが、将来を志向した量的情報は、競争上の観点からは微妙な性格のものとなる。⑩取締役および上級執行役員。株式所有、株式オプション、契約における利害関係等が含まれる。⑪株式所有。対象は主要株主を含む株主についての情報である。

財務概況として、たとえば、次のような情報が開示される。①成果の分析。②流動性の分析および資本資源。事業拡大プロジェクトの資金調達、流動性改善計画、既決の資本的支出とその資金調達方法等も含まれる。③資産価値の分析およびインフレーション。

セグメント概況は、地理的地域別および事業系列別情報である。

（b）非財務情報の開示

企業は、新しい投資資金の源を求めるときには、開示のレベルを実質的に上げるものであり、各国間における開示のレベルの差は急速に縮まりつつある。このように拡大した開示は、企業のための資本コストを引き下げるに至る。企業の非財務情報の開示は、一般会計原則による財務諸表において要求されるものでは

ないような情報を伝達する効果的な方法であり、財務報告ルールによって抑制されることや、会計士やマネジメントの想像によってのみ制限されることがあってはならないとされる[30]。

　非財務情報の重要性は、企業のガバナンスの観点から強調される。どのような情報を、どの程度およびどのように開示するかは、一般的に受け入れられた会計原則の要求、受け手の必要性、受け手の影響力およびマネジメントの経営哲学によっているが、たとえば、以下のような類の情報が有益であるといわれる[31]。

(i) セグメント情報

　企業の継続的な利益が世界の一定の地域や事業に大きく依存している場合、その事実を知ることは、債権者、従業員およびその他の利害関係者にとって有益である。世界のすべての地域が等しくリスクのあるビジネス環境やビジネスの機会を提供するものではないし、各事業の状況もまたそのリスクや収益においてさまざまである。したがって、連結財務諸表に加えて、企業は、どこでどのように全利益が引き出されているかについての補完的なより詳細な情報を提供すべきことになる。地域・事業系列別の開示の目的は、財務諸表のユーザーが各国、世界の地域や事業系列に対する当該企業の依存度を特定することを助けることにある。

　ところで、アメリカにおける規制は世界でもっとも広範なものであり、1969年以来SECが事業別セグメント情報の開示を要求してきたが、財務会計審議会（FASB）は、1976年により包括的な規制を導入した[32]。これによれば、事業別および地域別に、収益（外部売上高およびセグメント間売上高または振替高）、営業損益、識別可能資産、その他減価償却費や新規資本的支出等が求められる。

　セグメント情報開示における潜在的な制約は、情報を収集し、加工して広めるコストであり、そしてセグメント情報を開示することによって競争上不利益を被るコストである。さらに、セグメント情報に関する規制は国際的に行われつつあるが、何が識別可能な（identifiable）かつ報告可能な（reportable）セグメントを構成するかという、セグメントの識別（identification）という問題が残存している。開示されたセグメントが合理的であるかどうかを評価するのはきわめて難しいといわれている。セグメントの識別に関するマネジメントによる裁量の範囲は、ミスリーディングな情報を広める潜在的な可能性を生ずる。一方で、詳細

なルールを導入すると、開示される情報量を実際に減少させるという結果を生む
というおそれも指摘されている[33]。

　IFRS（International Financial Reporting Standards、国際財務報告基準）は、
マネジメント・アプローチによるセグメント情報の開示を要求している。マネジメ
ント・アプローチとは、経営上の意思決定を行い、業績を評価するために、マ
ネジメントが企業を事業の構成単位に分別した方法を基礎とするセグメント情報
の開示であり、マネジメントと同じ視点での判断材料の開示を義務付ける考え方
である。開示情報としては、セグメント別の損益・資産および負債、外部売上
高、内部振替高、減価償却費、投資額等の開示が求められる。

　わが国においても金融庁は、従来の製品別・地域別区分からマネジメント・
アプローチによるセグメント情報の開示へ 2010 年 4 月 1 日から変更した[34]。

（ii）財務的見通しの情報

　投資家の最大の関心は、当該会社の将来の収益性とキャッシュフローを評価
することであり、会社がこのような財務的情報について自らの内部的な見通しを
提供するかどうかを尋ねることは当然のことのようにみえる。しかし、実際に提
供する企業は少ない。このような見通しは、不確かな出来事について主観的な評
価をすることになるがゆえに、現実的でないということもあるが、その見通しが
外れた場合のマネジメントに対する法的な影響がありうるという理由もいわれ
る。つまり、たとえば、アメリカのような国においては、訴訟の可能性がこのよ
うな情報開示の大きな抑制要因になるというのである。もっとも、あえてかかる
情報開示を行う企業が存在することが報告されている[35]。

（iii）株式および株主の情報

　株式・株主情報の価値は、主として現在および将来の株主を目指すものであ
り、過去の動向のデータは将来のパターンを予測するのに、そして他の会社と比
較する場合にも有益である。株式は、いくつかの取引市場で取り引きされ、取引
量が多い場合ほど市場価値がある。広く分散した所有関係は、現在の株主がその
株式を処分しようとする場合には容易な売却の機会を提供する。所有関係の集中
は会社のコントロールの状況を示している。分散所有は、会社が株主とその代理
人であるマネジメントによってコントロールされていることを意味するが、一方
で、集中所有は、権限がもっと狭い範囲のグループによって行使されることを意

味する。大多数の株式が比較的少数の人やグループによって所有されているときには、マネジメントは束縛され、他の株主の影響力は小さいものとなる。このような情報の提供は任意であり、その慣行は育ちつつあるが、まだ広くは普及していないといわれる[36]。

(c) 付加価値の情報

付加価値の情報開示は、ヨーロッパに起源をもつが、いまやヨーロッパ外の会社によってもときおり提供されるようになってきたといわれる。たとえば、メーカーの場合における付加価値情報とは、売上高から生産に使用した原材料およびサービスのコストを差し引いた金額であり、給与等の形で従業員に、税金の形で政府に、金利や配当の形で資本提供者に、さらに再投資の形で会社自身に分配されるものである。付加価値の情報開示は、会社が社会に対する富の提供者であるという見解を表明する。つまり、会社が存在するがゆえに、人びとが雇用され、政府は税金を受け取り、投資家や債権者は資金をビジネスに投じる見返りを得ることができるというわけである。すなわち、このような情報開示は、企業が単に利益を得る以上のことをすべきであり、実際にそうしているという哲学を反映している。それは、雇用を創造し、社会にその他の貢献をすることもビジネスの正当な目的であるという理念と合致するといわれる[37]。

(d) 従業員に関する情報

会社が長期的に成功することを目指すならば、資産のみでなくその人材に投資して人的資源を確保しなければならない。投資家は、会社の財務的な構造や成果に関心をもつのみでなく、その人的資源にも関心をもつ。訓練、転職率、欠勤率、労働組合と労使関係、健康、安全、事故、従業員の数、コストおよび生産性などに関する情報は、投資家が現在および将来の業績を評価するのに役立つのである。社会もまた、雇用機会均等のポリシーや労働条件などの情報について、それらが社会正義にかかわることとみられるがゆえに、関心を有する。すくなくともなんらかの従業員に関する情報は、ほとんどの年次報告書に見受けられるが、開示された情報の量やタイプには大きな差異が存在する。そのような差異は、立法的規制によるのではなく、もっぱら従業員と使用者の関係またはより広く会社と社会の関係のいずれかによっている[38]。

従業員についての情報開示は、当該会社の継続する成功が、人的資源である

その従業員によっているという会社の見解を反映する。たとえば、地域ごとの従業員数、マイノリティ・グループや女性の人数などを含む従業員情報の開示は、元来ヨーロッパにおいて発展したが、今やアメリカ企業の年次報告書にも行き渡りつつある。

　(e)　環境に関する情報

　環境保護のための費用支出等の環境に関する情報は、とりわけヨーロッパの大規模会社の年次報告書に見受けられる。さらに、当該会社によって採用された安全対策やその製品やサービスがいかに社会に役立っているかについての記述も環境情報の中に見いだすことができる。環境情報の開示は、社会への貢献がビジネスの正当な目的であるという見解を同様に反映するものである。これらの情報開示は、財務諸表の伝統的なユーザーを超えた範囲、つまり、当該会社の製品の消費者や企業と共存する一般市民に向けて発せられるものである[39]。

　環境情報の開示は、近年増加し、環境圧力グループの数と規模が増えるに従いますます増加する傾向にある。企業にとって環境情報を開示する動機は、投資家が企業の環境に対する責任の認識を深めたこと、将来の訴訟の可能性を減少させようとして責任を表明することを望むこと、そして環境監査と報告に関する立法を引き延ばしまたは阻止することを望むことにあるといわれる。環境情報に関して一般的に法的規制を行う国は少ない。その規制が存在する場合でも、財務諸表と脚注における開示であり、環境に関連する責任の評価と報告が対象とされる場合がしばしばである。代わりに多くの自主的基準が、その効果的な執行のメカニズムを欠いているけれども、存在している。しかし、企業の環境報告は、その質と量の面において不適切である場合がほとんどであるといわれる[40]。

　ところで、上記のような包括的な環境情報の自主的開示は、外部に対する開示が不十分である企業も、環境問題に関する内部的な意思決定およびコントロールの目的のためにかかる情報を必要とすることはいうまでもない。したがって、企業は、環境情報を収集、加工し、分析するシステムを整備しておくことが事業活動の前提であるといえる。

　ますます企業の多くは、環境問題の重要性を認識しつつあるが、開示される情報は、定性的かつ不十分であるのが通常である。環境情報の開示として、環境への影響と保護対策の結果に関する定量的な評価がいっそう要求されることは明

らかと考えられる。

　企業が環境に関して開示する情報量を増すに従い、年次報告書における開示に代えて、別途環境報告書を関係者に向けて提供する企業も多くなっている[41]。

　環境報告書の内容は、大きく次のように分けることができる。

　①ポリシーの表明。環境報告書の導入部分であり、企業がどのように環境にかかわっているかについて、歴史や背景も含めた企業の概要を概括的に説明し、最高経営責任者がどのような決意をもって環境保全活動に取り組むかのポリシーを表明する。②環境方針および環境目的・目標。企業の環境方針を明確に定め、目指すべき目的とこれを実現するための具体的な目標を設定する。③環境マネジメントシステム。環境マネジメントのための組織、システムを動かすための基本的なモデルや環境監査プログラムなどを説明する。④環境パフォーマンス。設定された目的および諸目標に対する実績表示という形式で企業活動による環境への影響度として環境パフォーマンスを評価する。環境会計は、広義において環境パフォーマンス評価の手法としてとらえることができる。

(f) 気候変動リスクに関する情報

　わが国の2021年6月改定コーポレートガバナンス・コードは、気候変動に関するリスクの開示を求めている。特に、プライム市場上場会社は、気候変動に係るリスクおよび収益機会が自社の事業活動や収益等に与える影響について、必要なデータの収集と分析を行い、国際的に確立された開示の枠組みであるTCFD（主要国の金融当局で構成する金融安定理事会が設置した気候関連財務情報開示タスクフォース）またはそれと同等の枠組みに基づく開示の質と量の充実を進めるべきである（補充原則3-1③）。

(g) 管理者層の多様性に関する情報

　前述コーポレートガバナンス・コードは、管理者層の多様性に関する情報の開示を求めている。上場会社は、女性・外国人・中途採用者の管理職への登用等、中核人材の登用等における多様性の確保についての考え方と自主的かつ測定可能な目標を示すとともに、その状況を開示すべきである。また、中長期的な企業価値の向上に向けた人材戦略の重要性に鑑み、多様性の確保に向けた人材育成の方針と社内環境整備方針をその実施状況と併せて開示すべきである（補充原則2-4①）。

(h) 取締役会の実効性確保に関する情報

前述コーポレートガバナンス・コードは、取締役会の実効性確保に関する情報の開示を求めている。

取締役会は、経営戦略に照らして自らが備えるべきスキル等を特定した上で、取締役会の全体としての知識・経験・能力のバランス、多様性および規模に関する考え方を定め、各取締役の知識・経験・能力等を一覧化したいわゆるスキル・マトリックスをはじめ、経営環境や事業特性等に応じた適切な形で取締役の有するスキル等の組み合わせを取締役の選任に関する方針・手続と併せて開示すべきである。その際、独立社外取締役には、他社での経営経験を有する者を含めるべきである（補充原則 4-11 ①）。

(i) サステナビリティを巡る課題に関する情報

前述コーポレートガバナンス・コードは、サステナビリティを巡る課題に関する情報を求めている。

取締役会は、気候変動などの地球環境問題への配慮、人権の尊重、従業員の健康・労働環境への配慮や公正・適切な処遇、取引先との公正・適正な取引、自然災害等への危機管理など、サステナビリティを巡る課題への対応は、リスクの減少のみならず収益機会にもつながる重要な経営課題であると認識し、中長期的な企業価値の向上の観点から、これらの課題に積極的・能動的に取り組むよう検討を深めるべきである（補充原則 2-3 ①）。

7　マネジメントの説明責任

企業による説明責任（accountability）と情報開示は、歴史的には直接に資金投資をする者の要求に応えて発展してきた。近年では、株主、銀行、貸し手や債権者のような資金提供者が企業の行動によって影響を受ける唯一のグループではないことから、企業には、従業員、労働組合、消費者、政府機関および公衆を含むより広い観客に対して報告する義務がある、という認識が増えている。企業は資金提供者以外のグループに対しても情報を開示する明らかな義務があるという見方の拡大にはいくつかの理由が指摘されている。労働組合の発展と成長が影響を及ぼしている。そして組織によってなされた決定によって実質的な影響を受け

る者は、一般的にそれらの決定に影響を及ぼす機会を与えられるべきだという見方が受け入れられている。さらに、企業の影響、とりわけ環境汚染や国の経済社会政策への大企業の影響などに対する公衆の懸念が増大してきた。このような動向が、説明責任の概念および企業の行動を監視しようとする社会のさまざまなグループの要望を拡大してきたといわれる [42]。

それでは、企業の説明責任の対象範囲はどこまで及ぶのか、あるいは説明責任の性格はどのようなものか。そして、企業の説明責任と情報開示の関係はどのようなものであろうか。これに関しては2つの見解がありうる [43]。

第1の見解はステークホルダー（利害関係者）の概念を用いる。現代の会社、とりわけ大きな公開会社は、会社がその行動によって利益を左右することができるがゆえに、会社の行動に正当な利益を有する利益グループのサークルによって囲まれているとみなされる。利益グループの構成については一致していないが、株主、従業員、マネージャー、顧客、エンドユーザー、供給者、地域社会および公衆が含まれる。このような観点から、この見解は、ステークホルダーに対する責任を認識する根拠が法的、倫理的、道徳的なもののいずれであれ、会社の行動に対する責任を容認する。

第2の見解は次のように述べる。説明責任とは、とられた行動を説明することの要求であり、行動に責任を負う者によるいわばフィードバックのメカニズムである。説明責任は、なされたものの報告以上のものを含み、なんらかの参加を意味する。説明責任は、自由裁量のものではなく、権利と義務を含む。説明責任を要求することができることは、正当な権威またはなんらかの制裁に基づくもののいずれかであれ、権限を実行する潜在力を前提としている。これに対して、情報の開示は、他に情報を伝達する知識をもつ者による任意の行為であり、そしてその意図は、理解、容認、関与、参加の状況をつくるように、または衝突する意見の間で一致に達するように方向づけることである。

したがって、この見解は、企業の説明責任について、会社と特定の他の当事者間における説明責任を生ずる契約という、現実に基づいた実際的な解決策を提案する。会社は、説明責任を要求する権利の対象となる特定の事項について、その権利を実行する他の当事者に対して説明する義務を負うのである。このような説明責任を生ずる契約関係として、株主と取締役、使用者と従業員、債務者と債

権者、会社と消費者などの関係が挙げられている。

　前者のステークホルダー・モデルの見解には深刻な限界があるとして、後者の見解から次のような批判がなされる。

　①企業が別々の利益グループのセットによって囲まれているという見解は単純である。

　実際にはこれらの利益グループ自身が相互に影響を及ぼしており、共通のメンバーをもついくつかのグループがある。相互に作用する利益のネットワークは相当に動的であって、セットはたえず線引きをやり直すことになる。しかも、どのグループの活発なメンバーも全体のクラスの小さい部分であり、「ものいう少数者」の利益はクラス全体の利益を代表するものではない。②グループは同質のものではない。たとえば、供給者の場合、会社と彼らの間には明確で法的な契約がある。一般公衆の場合、もっとも周辺的で一般的な関係にすぎない。従業員の場合、説明責任のための法的な関係は限定的であるが、会社と彼らの間には相当な一致がある。③現代の企業は、現実にはそれ自身ゆるやかに他と境を接しており、多様なかつ相互に作用する関係のネットワークを包含する。それは動的で開かれたシステムのセット、つまりさまざまな当事者の提携であるとみなされている。国際的に事業を展開する現代の公開会社は、完全子会社と部分所有の子会社のグループを有し、それ自身他の会社や政府との提携のネットワークの中に存在する。このような環境下では、正確に境を接したステークホルダーのセットに囲まれた会社という概念はハイレベルの抽象概念であって、企業の責任を考えるためには実際上役に立たないとされる。

8　グローバル企業のガバナンス・システム

　近年の企業不祥事ないし企業不信の事件の特徴は、アメリカにおいては経理操作、報酬巨額化などの利益相反、わが国においては法違反の隠ぺいなどの不透明な経営に起因しており、マネジメントの暴走ないし逸脱と怠慢ないし無責任が指摘されている。前者のマネジメントの暴走に目が移りがちであるが、後者のマネジメントの怠慢についてもこれと同様に重要視するべきであり、企業のガバナンスはこれら両者の観点から構築すべきものと考えられる。マネジメントの怠慢

から多くの企業不祥事が生じたことは多くの国におけるこれまでの事実が明らか
に物語っている。グローバル企業は、グローバルな市場において事業活動を展開
し、その市場によって常時かつ厳しい評価がなされるという観点から、そのガバ
ナンスのシステムを検討しなければならない。

　グローバル企業は、グローバル市場において多数の事業拠点を有し、多様な
国際取引の展開を通じて活発な事業活動を行っている。どのようにして海外の子
会社を含めたグローバル企業グループの事業活動を規律すべきであろうか。これ
がグローバル企業のガバナンスの問題である。ここでグローバル企業のガバナン
スとは、そのシステムの一環として、①特定のコーポレートガバナンス形態の選
択、②企業の情報開示と経営者の説明責任、③コンプライアンス・システムの構
築という３つの重要な経営システムまでをも含むもっとも広義の意味で用いる
こととする。これらの各経営システムは相互に連動、補完し作用することによっ
て企業のガバナンス・システムをつくり上げるものと考えられる。

　さらに、グローールーバル企業においては、親会社自身のガバナンスが中心と
なるが、親会社のみならず、グループ構成企業のガバナンスも対象とする必要が
ある。

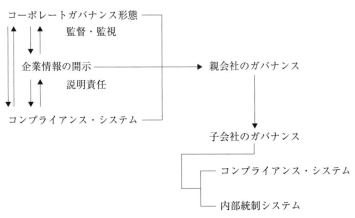

グローバル企業のガバナンス・システム

【注】

1) American Bar Association, *Corporate Director's Guidebook 1994 Edition, 49 Business Lawyer*, at 1264.

2) エンロンの破綻などで傷ついた株式市場の信頼回復を狙い、取締役会の各委員会の独立性や株主の権限の強化するのが目的といわれ、SEC委員長からの上場基準見直しの要請に応えるものである。

3) Corporate Governance Rule Proposals Reflecting Recommendations from the NYSE Corporate Accountability and Listing Standards Committee, As Approved by the NYSE Board of Directors August 1, 2002. この新上場基準案は、2002年8月16日SECに提出され、そのレビューおよび承認を経て最終的な規則となった（2003年11月4日）。

4) NYSE Listed Company Corporate Governance Manual 303A.02 Independence Tests, 2009年11月25日改正。

5) エネルギー大手のエンロンは、2001年11月に発表した同年7-9月期決算で10億ドルの特別損失を計上、不透明な簿外取引の存在が発覚した。さらに11月8日、1997年まで遡り6億ドル弱の利益の減額訂正を行い、決算情報に対する信用が失墜、12月上旬に破綻するに至った。エンロンは特別目的会社を多数設立し、それらの会社へ資産を売却し親会社エンロンの利益を水増しするなどの会計操作を行った。エンロンの特別調査委員会の報告書は、取締役会が経営の監視義務を果たさなかったと批判し、企業統治の空洞化を指摘したといわれる。『日本経済新聞』2002年2月23日。

6) 1934年証券取引所法に基づく刑事罰は、個人については従来の罰金最高100万ドルから500万ドルへ、禁固刑最高10年から20年へ引き上げられ、企業については従来の最高250万ドルから2500万ドルへ引き上げられた（1106条）。

7) 本法は条文上、1934年証券取引所法に基づいて登録、報告することを要求される会社すべて、つまり、外国の企業を含めて、ニューヨーク証券取引所、アメリカ証券取引所、ナスダック証券市場に上場するすべての会社に適用されることになった。
SECは、2003年4月1日、会計監査をする監査役会のような監査委員会に代わる機能をもつ場合やドイツのように従業員が監査役会に入っているような場合には例外を認める規定（2005年7月31日まで施行延期）を含む新しい規則を定め、4月25日に発効した。SEC Requires Exchange Listing Standards for Audit Committees, SEC press release April 1, 2003. Final Rule: Standards Relating to Listed Company Audit Committees.

8) SECの規則の定義によれば、特定の人の関係者（affiliate person）とは、直接もしくは1人以上の中間者を通じて間接に、特定の人（specified person）をコントロールする人、特定の人にコントロールされる人、または特定の人との共通のコントロール下にある人である。このような関係者に該当するかどうかは、すべての関連する事実と状況に基づく事実認定の問題とされるが、この定義には安全地帯が設けられており、特定の人の議決権ある株式のクラスの10%以上の直接もしくは間接の所有者でなく、かつその特定の人の執行役員でない人は、特定の人

のコントロール下にないものとみなされる。

9) American Bar Association, supra note 1, at 1267.

10) American Bar Association, supra note 1, at 1265. 1266. The American Law Institute, Principle of Corporate Governance, 3A.03 条とほとんど同じである。

11) アメリカ議会上院政府活動委員会小委員会の報告によれば、エンロンの監査委員会の社外取締役らは、会計事務所のアンダーセンからエンロンがきわどい会計処理をしているとの警告を破綻の2年以上前から受けていたこと、取締役会は、リスクが非常に高いことを知りながらデリバティブを絡めた特別目的会社を活用した簿外取引の一部を承認していたこと、さらに経営陣の多額の報酬に歯止めをかけなかったことが指摘された。『日本経済新聞』2002年7月8日。エンロンの失敗の教訓は、社外取締役に友達の経営者を入れたこと、会計監査人にコンサルタント業務も委託し3倍の報酬を出したこと、アナリストを取締役会に招いて講演を依頼し高額の報酬を払ったことであるともいわれる。

12) Laura Lin, *The Effectiveness of Outside Directors As A Corporate Governance Mechanism: Theories and Evidence, 90 Northwestern Univ. L. Rev.* 898 (1996), at 912-920.

13) このような組織としては、会社にローンを提供する投資銀行や商業銀行、サービスを提供する法律事務所、コンサルタント、供給業者や顧客等がありうる。

14) 全米取締役協会（NACD）CEOロジャー・レイバーの言、『日経産業新聞』2002年1月3日。

15) III 5. (3) の2。

16) 『日本経済新聞』2003年1月10日、同1月22日。

17) Ad Hoc Task Corporate Governance, OECD Principles of Corporate Governance, Annotations, at 19-22.

18) 財務諸表を含む定期報告書が1934年法上の開示要求を完全に満たしていること、および報告書に含まれる情報が適正に企業の財務状態と事業活動の結果を表わしていることについて、CEOおよびCFOが証明する書面を報告書に添付することが要求され、そして虚偽の証明を行った者は最高500万ドルの罰金と20年の禁固刑が科される（1350条）。

19) 太田洋・佐藤丈文『米企業改革法とNYSE・NASDAQ新規則案の概要（上）』商事法務研究1639号（2002年9月）21頁。

20) SECは、2002年10月30日、サーベンス・オクスレー法第401(a)条に基づき、簿外取引、契約債務等の情報開示の強化に関する規則を制定した。SEC Proposes Rules to Implement Sarbenes-Oxley Act Reforms, SEC press release October 30, 2002.

Final Rule: Disclosure in Management's Discussion and Analysis about Off-balance Sheet Arrangements and Aggregate Contractual Obligations (Effective Date: Sixty days after publication in the Federal Register).

21) SECは、2003年1月22日、サーベンス・オクスレー法208(a)条に基づき、外部監査人の独立性の強化と提供業務についての情報開示の追加に関する規則を制定しCommission Adopts Rules Strengthening Auditor Independence, SEC press release January 22, 2003. Final Rule:

Strengthening the Commission's Requirements Regarding Auditor Independence (Effective Date: May 6, 2003)、

さらに、SECは、2003 年 2 月 6 日、リサーチ・アナリストにその見解の真実性の証明を要求する規則を制定した。SEC Adopts Analyst Certification Rule, SEC press release February 6, 2003. Final Rule: Regulation Analyst Certification (Effective Date: April 14, 2003).

22）SEC 報告企業を監査するすべての会計事務所は新しい機関に登録しなければならない。この機関は、監査、質のコントロール、倫理、独立および公開会社の監査報告書の作成に関するその他の事項について基準を定め、SEC の承認の下に規則を採択する権限を有する。本機関はまた、登録した会計事務所を検査し、これらの会計事務所に関する調査および懲戒手続を行う権限を有する。SEC は、この機関の委員として 5 人のメンバー（そのうち 2 名のみが会計監査人）を指名する。

23）Lee H. Radebaugh & Sydney J. Gray, *International Accounting and Multinational Enterprises 3ʳᵈ ed.* (John Wiley & Sons, 1993), at 185.

24）R・エクレス・R・ハーツ・M・キーガン・D・フィリップス（中央青山監査法人、PwC コンサルティング訳）『企業情報の開示』（東洋経済新報社、2002）140-151 頁参照。

25）同上 153-158 頁参照。

26）Radebaugh & Gray, supra note 23, at 188.

27）J. E. Parkinson, *Corporate Power and Responsibility* (Clarendon Press, 1993), at 372, 373.

28）Id. at 373, 374.

29）Id. at 379, 380.

30）Clare B. Roberts, Sidney J. Gray & Carol A. Adams, *Corporate Social and Environmental Disclosures*, Frederick D.S. Choi ed. *International Accounting and Finance Handbook 2ⁿᵈ ed.* (John Wiley & Sons, 1997), at 96.

31）Gerhard Mueller, Helen Gernon & Gary K. Meek, *Accounting - An International Perspective 4ᵗʰ ed.* (Irwin McGraw-Hill, 1997), at 77.

32）FASB, SFAS 14, *Financial Reporting for Segments of a Business Enterprise,* Financial Accounting Standard Board (1976).

33）Radebaugh & Gray, supra note 23, at 280.

34）「財務諸表等の用語、様式及び作成方法に関する規則等の一部を改正する内閣府令（案）」等の公表について　平成 21 年 1 月 19 日金融庁。

35）Mueller, et al., supra note 31, at 82.

36）Id. at 85.

37）Id. at 85, 87.

38）Roberts, Gray & Adams, supra note 30, at 20・5.

39）Id. at 95.

40）Id. at 20・20.

41) Id, at 20 · 29

42) Radebaugh & Gray, supra note 23, at 51.

43) R I Tricker, Corporate responsibility, institutional governance and the role of accounting standards, Michael Bromwich & Anthony G. Hopwood ed., *Accounting Standards Setting-An International Perspective* (Pitman, 1983), at 32-33, 36-37.

第4章
事業戦略1

1　事業提携の形態

　事業提携は、一般的に次のような目的または成果を目指すといわれる。もちろん、1つの事業提携ですべての目的を達成できるわけではない。しかし、適切な事業提携のフレームワークによって、それらの目的を優先づけて、あるいはさまざまに組み合わせて実現することは可能である。

　①新しい流通チャンネルへのアクセス。②新しい技術へのアクセス。③資金へのアクセス。④グローバル市場へのアクセス。⑤コスト削減および市場開拓の不安定さの減少。⑥製造能力へのアクセス。⑦競争力の強化。⑧信用力の向上。⑨新しい製品・サービスへのアクセス。⑩リスクの減少および変化する市場の競争圧力に対する迅速な適応。⑪新しい事業機会の創出。⑫多様なローカル市場の要求に対する充足。⑫ネットワーク効果。⑬技術・製品の標準化。

　企業の事業活動を典型的に、研究開発、生産、マーケティングの各段階に分けてそれぞれの段階における提携の姿を把握する。それによってさらに複数の段階に跨る複合的な提携が浮かび上がってくる。

(1) 事業活動の段階における提携の形態
(a) 研究開発段階における提携
　企業があらたな研究・技術開発を求めて他の企業または研究機関と協力関係を結ぶ方法には、大きく分けて研究開発の委託と共同研究開発の2つの方法がある。前者の研究開発の委託が数多くもしくは大規模に行われる、あるいは両当事者間で双方向に行われると、その協力関係は強いものとなりうるが、ほとんどの研究開発の委託はそこまでに至らないので、ここでは共同研究開発を研究開発

段階における提携として取り上げる。

　共同研究開発は、参加当事者が研究開発要員、設備や資金などそれぞれの経営資源の結集を図る点において提携関係の特徴を有すると考えられる。

　(b)　生産段階における提携

　提携当事者の一方から他方へ技術ライセンスの供与を伴う生産段階における提携は、共同生産および生産受委託である。共同生産は、提携当事者のそれぞれが技術、生産施設や運転要員などの生産にかかわる経営資源を結集する典型的な提携関係である。

　生産受委託は、生産を委託する企業の観点からはいわゆるアウトソーシングの1つといえるが、ここでは委託企業が相手方に技術をライセンスして、ライセンシーである企業が生産を受託する場合を取り上げる。さらに委託企業からのライセンス供与なくして生産受委託が行われる場合がある。前者は、ライセンス関係と生産関係が結合する提携関係としてしばしば見受けられる。後者の1つの形態として、マーケティング力を有する企業が技術力・生産力を有する企業に生産を委託する場合を取り上げる。これはいわゆるOEM生産（相手先ブランドによる生産）であり、委託企業からの技術ライセンスはないが、受託企業からマーケティング援助のためのライセンスが供与される場合がある。提携当事者は、それぞれが得意とするマーケティング力と技術力・生産力を提供して相補い競争力のある提携関係を構築することができる。

　(c)　マーケティング段階における提携

　マーケティング段階における提携として、企業が製品の共同マーケティングという形態で提携する場合、製品・サービスの販売委託やディストリビューターシップを通じて提携する場合がある。前者が競争者間で形成される場合には、とりわけ競争法上の懸念から慎重な検討が必要である。後者の典型は、一方の当事者が開発した製品をディストリビューター関係にある他方の販売網を通じて販売する場合で、差別化の進んだ製品分野あるいは異なる市場で活動する競争者間で形成される提携である。

　(d)　複数の段階における提携

　提携関係は、前述した1つの段階における提携にとどまるよりも複数の段階にわたる提携を含む場合が実際のビジネスでは数多く見受けられる。提携当事者

は、第 1 段階の提携の効果をさらに次の段階へと発展させることが事業戦略上
有利であると判断する。この場合、当初の提携契約において最初から複数の段階
の提携関係を形成して実施するものと、次の段階の提携にまで基本的に合意して
いるが、第 1 段階の成果をみてから次の段階へ進むものがありうる。

　複数の段階がつながる提携関係は、典型的には次のように考えられる。

①共同研究開発・生産

　共同研究開発の成果である技術ないし知的財産権を実施して、これに基づく
特有の製品を生産するまでに至る提携関係は、提携当事者に対するあらたな技術
および製品の供給者の役割を果たす。提携当事者は、引き取った製品をそれぞれ
のルートで販売することになる。もっとも、グローバル市場が対象の場合には、
提携当事者が、市場ないし地域に応じて、開発された技術のライセンスを受け
て、第三者に対してライセンス活動（サブライセンス）を行う、あるいは当該製
品を製造し販売することもありうる。

②共同研究開発・マーケティング

　まず共同研究開発を目的とするが、共同研究開発の提携の結果として成果が
生まれた場合、その製品や技術の生産化は提携当事者がそれぞれ実施する。しか
し、販売面では相互にサービスの提供などの協力を行うことを提携の内容とする
場合がある。

③共同生産・マーケティング

　この提携関係は、規模の利益を求める、あるいはあらたな市場に参入するた
めに形成される提携の典型であり、独自の技術や製品を有する提携当事者が当該
提携にライセンスを許諾する。たとえば、当該提携の最終的な目標は、ジョイン
トベンチャーなどのような提携関係の事業体自身によるマーケティング力の確立
であるが、当初の期間はさまざまな形での提携当事者によるマーケティング援助
を必要とする。

④OEM（Original Equipment Manufacturing）・マーケティング

　グローバルなマーケティング力を有する企業と幅広い販売ルートを確立して
いないが競争力のある技術力・生産力を有する企業との提携関係は、製品のブラ
ンド力を最大限に活用するものであり、前者のOEM委託企業がリーダーシップ
をとる場合がしばしばである。OEMとは、相手先ブランドによる生産によって

製品を供給・調達する方式であり、元来OEM関係は、供給された製品のマーケティングまでを視野に入れたものであるが、さらに、この提携関係は、提携契約によりマーケティング段階における協力関係をその枠組みの中に組み込むものである。

　一方、技術力を武器にする前者のOEM供給企業は、製品の供給先として多くの委託企業を海外から引きつけることによりグローバル市場を開拓することも可能である。

⑤共同研究開発・生産・マーケティング

　事業体として全機能を備える提携関係は、独立の企業体として、たとえば、コーポレート型ジョイントベンチャーを設立するのが通常である。提携当事者が、この独立企業体に対してどのような貢献を行い、便益を受け取ることができるかは、共同事業者としてこの企業体をどのように経営するかにかかっている。

(2) 事業提携の法的関係による形態

　事業活動の段階による提携関係の法的性格に従って、純粋契約型提携、少数資本参加型提携、パートナーシップ（アメリカ法ではパートナーシップ、日本法では組合）型提携、コーポレート型提携に分けることができる。

　（a）純粋の契約関係に基づく提携

　参加当事者は、パートナーシップ型やコーポレート型のジョイントベンチャーにおけるパートナーや株主としてではなく、独立の事業者（independent contractor）として連合ないし提携関係を形成するために提携契約を締結する。この場合の提携関係は、純粋の契約関係のみに基づくものであり、参加当事者間の基本的な関係を構築するために、以下のような規定を定める必要がある。

　①提携関係の基本的な枠組みとして、その目的、範囲と存続期間、参加当事者の義務、資金調達方法、提携関係から生じる利益の配分または損失の分担についてのメカニズムを定める。②提携契約は、各当事者が他の当事者の行為および不作為に対してどの程度の責任を負うのかについて明確に定めなければならない。参加当事者は、法的な意味においてパートナーではないことから、制定法上の義務を負わないので、提携関係が負う義務に対して連帯責任を問われることはなく、他の当事者の行為や不作為に対しても責任を負わない。しかし、参加当事

者は、代理の法により第三者から責任を追及される可能性があるからである。③提携契約には、各当事者が他の当事者を拘束することができる権限を決めること、そして提携契約に定めた明示または黙示の権限に反する他の当事者の行為・不作為については免責が与えられることを定める必要がある。④提携関係により使用される資産について、どの資産が各当事者の単独資産か、あるいは共同資産に属するかを提携契約において規定しなければならない。

(b)　少数資本参加を伴う提携

　企業の提携関係において、一方の当事者が他方の資本の一部（50％未満）の株式を取得することが行われる。

　このような少数資本参加型提携（minority participation alliance）においては、一般的に次のような基本的な要素を検討する必要がある。

　①出資先企業の評価。出資する企業の出資先企業に対する評価は、ベンチャー投資家による評価よりも一般的に高いといわれるが、これは他の取引を通じて得られる利益が勘案されるからである。②出資の金額と時期。あらかじめ定められたマイルストーンが達成された各段階における分割出資の方法、少数持株の数と金額、時間の経過に従って持株比率を上げるオプションなど。③出資の形態。転換権のある優先株の形による出資など。④取締役の数。出資した資本の監視と出資先企業の事業運営に対する発言のために、出資当事者による1名ないし2名の取締役の指名・派遣など。⑤転換権の保護。転換権を保護するためのアンチ・ダイリューション（希薄化防止）条項など。⑥株式先買権。将来の株式発行に対する出資当事者の株式先買権とその権利の喪失など。⑦知的財産権の帰属。出資先企業における秘密情報の保持・管理など。⑧拒否権。特定の取引や意思決定に対する出資当事者の拒否権の留保など。⑨撤退の方法。出資当事者がその出資の価値を現金化する方法、つまり、創業者による株式売却に参加する権利、株式償還権などの撤退方法。

　少数資本参加は、一方向のみでなく双方向において行われることもしばしばである。資本参加は、投下資本の保護とその成果に対する権利および共同活動のインセンティブを確保する所有関係をつくり出す。そしてこの所有関係は、一般的に投下資本を監視し、協力的な調整を行うことを容易にするように取締役会における支配関係につながるといわれる。少数資本参加が具体的な提携関係におい

てどのような動機、目的と役割をもつのか、それぞれの事業提携についてその意義を明確にする必要が生じると考えられる。

（c）パートナーシップ型ジョイントベンチャーによる提携

事業提携は、法的な観点から大きく2つの形態、前述したような純粋契約型提携およびジョイントベンチャー型提携に分けることができる。さらに、後者は、パートナーシップ型ジョイントベンチャー提携（partnership joint venture alliance）およびコーポレート型ジョイントベンチャー提携（corporate joint venture alliance）に分けられる。

提携の当事者が純粋の契約関係のみで提携事業を運営するよりも、当事者本体の事業から距離を置いた形で、その意味である程度独立して共同事業を推進する枠組みを設けることを望む場合が多い。このような形態は、提携する事業の性格と効率性の観点から要請されるが、パートナーシップ型ジョイントベンチャー提携は、独立した法人格を有する事業体の構築までには至らず、提携関係をパートナーシップとして形成するものである。

（d）コーポレート型ジョイントベンチャーによる提携

提携の当事者がパートナーシップ型ジョイントベンチャーからさらに進んで、独立の共同事業体として法人格をもつ会社を設立する道は、事業戦略として当然期待されることである。

コーポレート型ジョイントベンチャーは、共同事業を目的とする閉鎖会社（非上場会社）として設立、運営されるのが通常である。この閉鎖会社には、通常の会社を共同事業者間の契約関係を通じて閉鎖的な形態で運営するものと法制度そのものに基づいた特別な閉鎖形態のものがある。前者において、共同事業者間の関係を規律するジョイントベンチャー（合弁）契約は、合弁会社設立契約と合弁会社運営契約から構成される。共同事業者は、このようなジョイントベンチャー契約に基づいて、合弁会社を設立し、運営するものであるが、共同事業者は、合弁会社の株主であるとともに、ジョイントベンチャー契約の当事者としての責任を負うことになる。

後者は、とりわけ共同事業の遂行のために用意されたものともいえる、有限責任会社の形態であり、アメリカにおけるLLC（Limited Liability Company）やわが国の合同会社の法制度を検討する必要がある。

　このような企業体として一人前ともいうべきコーポレート型ジョイントベンチャーにどのような機能をもたせるかは、提携事業という性格から当事者の戦略的な考え方を織り込むことが可能である。

事例　三井住友カードがライフネットに出資

　三井住友フィナンシャルグループ（FG）は、2023 年 8 月、ライフネット生命保険と資本業務提携を締結したと発表した。三井住友 FG 傘下の三井住友カードがライフネット生命保険の第三者割当を引き受けるほか、共同で商品開発する。

　三井住友カードは、30 〜 40 億円を出資し、増資完了後には 5％を保有する大株主となる。両社は提携を通じて三井住友グループの共通ポイント「V ポイント」が付与される保険商品や、オンライン形式でファイナンシャルプランナーに相談できる仕組みの開発に取り組む。

　三井住友カードとライフネット生命保険は昨年 10 月業務提携を結んだ。三井住友グループはスマートフォンさまざまな金融取引を一体化したサービス「オリーブ」の展開を進めており、主にインターネットで保険を売るライフネット生命保険との関係強化を通じて顧客基盤の拡大を目指す。

事例　ソニーグループが環境系新興に出資

　ソニーグループは、2023 年 9 月、コーポレートベンチャーキャピタル（CVC）を通じ、2020 年以降で環境関連のスタートアップ 6 社に出資したと発表した。合計の出資金額は約 3 億円である。スタートアップの技術を生かしたバイオマス梱包材などを、今後ソニーグループの商品へ応用する方針である。9 月 14 日、東京都内で開かれた環境や人権などの取り組みを説明する「サステナビリティ説明会」で明らかにした。

　ソニーグループは 2016 年に CVC を開始し、2020 年に環境関連のスタートアップ投資に特化する 10 億円規模のファンドを立ち上げていた。

　拡張生態系の研究をするシネコ（東京・港）、温暖化ガス計測サービスのアスエネ（東京・港）、核融合発電のヘリカルフュージョン（東京・中央）、植物由来の素材開発のアミカテラ（東京・江東）、海水淡水化装置の Waqua（沖縄県うるま市）、バイオマス素材の Cruz Foam（クルーズフォーム、米カリフォルニア州）の 6 社に投資した。

　投資先との協業も進めている。クルーズフォームは甲殻類の殻の成分を梱包材に使う技術をもつ。ソニーグループは自社製品の輸送の際にこの梱包材を使用することを検討する。今後は出資先への投資に対するリターンも追求していく方針という。

事例　博報堂系が音声広告企業に出資

　総合メディア事業の博報堂DYメディアパートナーズは、2023年9月、デジタル音声広告事業を手がけるオトナル（東京・中央）に出資し、持分法適用会社にしたと発表した。音声配信番組「ポッドキャスト」や音楽配信アプリの市場は伸びている。デジタル音声広告の効果測定やターゲティングのノウハウをもつオトナルと組んで関連事業を広げる。

　オトナルは、デジタル音声広告のセールスと音声広告枠の開発の画面を手がける事業の広告代理店であり、デジタルラジオ、音声アプリ、ポットキャストなどのメディアを対象に展開している。博報堂DYメディアパートナーズは、オトナルとのパートナーシップによって、日本ではまだ黎明期とされるデジタル音声広告事業を牽引する広告代理店の基盤を構築する。

　博報堂DYグループのクライアントネットワークと、オトナルがもつデジタル音声広告に関するノウハウ、リソースを組み合わせ、デジタル音声広告の市場の開拓とシェア拡大を推進、オトナルのデジタル音声技術と博報堂DYグループの保有する各種資産の活用でデジタル音声広告メディアの価値を高める。人的交流を含む協業体制を構築する。

事例　海運大手3社が水素企業に出資

　川崎汽船、商船三井、日本郵船の海運大手3社は、2023年9月、川崎重工業と岩谷産業が共同出資する水素関連企業、日本水素エネルギー（JSE、東京・港）の子会社に出資したと発表した。海運3社はそれぞれ16.6％、筆頭株主のJSEが50.2％を保有する。海上輸送で大量の水素を安価に供給するためのサプライチェーン（供給網）の構築で協力する。

　脱炭素社会の実現に向け、水素利用の拡大が世界的に見込まれているのに対応する。海運3社がJSEと協力し、安定的な調達網確立への貢献を目指す。

　JSEと海運3社は2024年までに世界初の大型液化水素運搬船における安全で効率的な運航、将来性のある海上輸送事業スキームの検討を共同で実施する。液化水素運搬船は水素を推進燃料とする予定で、運行時に排出されるCO_2を大幅に削減できると見込む。

事例　ウシオ電機が新興に出資

　ウシオ電機は、2023年9月、半導体検査装置の次世代技術をもつ名古屋大学発スタートアップの量産化を支援すると発表した。みずほ銀行などと共同で総額7億3,000万円の資金調達の大部分を引き受け、新製品の製造や販売で協業する。半導体の

微細化が進むなか高性能な検査装置への需要を取り込む。

　ウシオ電機が出資するのは名大発スタートアップ、フォト・エレクトロン・ソウル（名古屋市）で、みずほ銀行などと共同で優先株を取得する。出資額は非公表である。ウシオ電機は人材や設備、営業網などをフォト社に提供し、装置の量産から販売まで全面的に支援する。

　フォト社は 2015 年設立で、検査の対象を高精細に測定する電子ビームを作る「半導体フォーカソード技術」をもつ。従来の電子ビームに比べて半導体検査が 10 倍以上速くなる技術で、ナノレベルでの物質の構造を観測して欠陥を見つけ、良品率をあげることで製造コストの低減につなげる。

　ウシオ電機は光技術を強みとし、半導体製造に使う光源ランプで世界で高いシェアをもつ。フォトカソード技術を取り入れた製品群を強化し、半導体製造時の検査工程にも注力する。

事例　東芝がフルヤ金属と提携

　東芝は、2023 年 10 月、フルヤ金属と希少金属「イリジウム」の供給網構築に向け提携すると発表した。イリジウムは東芝がつくる水素製造装置に欠かせない部材に使われる。水素は燃料電池車（FCV）などで利用が増えると見込まれており、東芝は安定的に装置を生産できる体制を整える。

　東芝子会社の東芝エネルギーシステムズとフルヤ金属が 9 月 29 日に覚書を締結した。フルヤ金属はイリジウムをはじめとした希少金属の取り扱いやリサイクル技術に強みをもつ。

　東芝は再生可能エネルギーを活用した「グリーン水素」の製造装置を開発しており、イリジウムは電力を水素に変換する際の中核部材に使われる。イリジウムは世界の年間生産量がわずか約 7 トンで、価格も上昇傾向にある。水素エネルギーの需要拡大に伴って世界でイリジウムの需要は高まる見通しである。

事例　伊藤忠エネクスがニチレキと相互出資

　燃料商社の伊藤忠エネクスは、2023 年 10 月、道路向け舗装材料大手のニチレキと相互に出資すると発表した。2023 年中にも約 10 億円を出資し合う。伊藤忠エネクスはニチレキに舗装材料の原料となるアスファルトを供給している。物流の人手不足を受け、両社で製品を共同輸送する。

　伊藤忠エネクスは 11 月にニチレキが保有する同社株を第三者割り当てにより取得する。取得価格は 1 株 2,009 円で。出資比率は約 12％となる。ニチレキは 2023 年度中にも伊藤忠エネクス株を市場から買い付ける。今後同社から車両や工場で使うバイオ

燃料を調達することも検討する。

　ニチレキは「アスファルト乳剤」や「改質アスファルト」と呼ぶ舗装材料でいずれも国内シエア3〜4割を占める。砂などを混ぜて道路の舗装材に使う。

事例　九州電力が千葉の火力発電所に出資

　九州電力は、2023年10月、東京電力ホールディングスと中部電力が折半出資するJERA（東京・中央）が建て替えを進めている液化天然ガス（LNG）の五井火力発電所（千葉県市原市）に出資すると発表した。出資額は未公表で、出資比率は6%程度である。JERAの出資持分の一部を10月中に九州電力に譲渡する。九州電力は九州域外での火力発電所の共同開発は初めてで、首都圏での電力販売に充てる。

　五井火力発電所は2018年に廃止され、現在は建て替え中である。建て替え後は1〜3号機で構成され、発電規模は合計234万kWhである。2024年3月から順次運転を始め、2025年3月に全機運転に入る。九州電力は五井火力発電所が発電した電力のうち、出資持分である6%程度分の電力を卸・小売り販売に充てる。

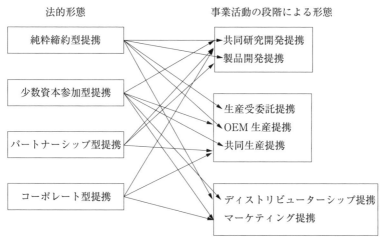

図　事業提携の典型的形態

(3) 事業形態の選択

(a) 純粋契約型提携かパートナーシップ型提携かの選択

　純粋契約型提携は、その支えとなる法制度をなんら有しない純粋の契約関係であることから、本来的な性格として、第三者と取引をするための実体ないし主体を有せず、経営者を雇用するに必要な組織的構造を欠いていることはいうまでもない。このような提携が当事者間でコストや資源、場合によっては収入を分け合う（sharing）にとどまるならば問題はないが、純利益や損失を分け合うことになれば、パートナーシップの形成とみなされる可能性がしばしば生じてくる。

　一方、パートナーシップ型提携は、純粋契約型提携とコーポレート型提携の中間形態であるが、コーポレート型提携に近い構造を構築することも可能である。

(b) パートナーシップ型提携かコーポレート型提携かの選択

　パートナーシップ型提携の法制度上不利な点（これは逆の意味においてコーポレート型提携の法制度上有利な点）は、次のように挙げることができる。

　①パートナーシップ型は、分離・独立した法人としての認識が十分でない。コーポレート型の場合は、共同事業者は合弁会社を設立し、この合弁会社が会社法という公のルールとその定款に従い、独立の組織によって共同事業を推進する。パートナーシップ型では、パートナーシップ契約（日本法では組合契約）によってパートナー（日本法では組合員）本人が共同事業において結合し、自ら直接事業を経営するのが原則である。アメリカ法においてはその実体性が認められてきたが、パートナーシップがパートナーから分離・独立した事業体として共同事業を推進するという認識は十分ではない。他の国では法制度上パートナーシップの法的主体性そのものについての認識が不十分である。

　②パートナーシップ型におけるパートナーは、他のパートナーの事業運営における権限濫用に対して責任を負わなければならない。各パートナーは、パートナーシップの代理人である。すべてのパートナーは、パートナーシップの事業を外観上通常の方法で遂行するお互いの行為に対しては、そのパートナーと取引をしている第三者がパートナーの権限に制限があることを知らない限り、本人としてのパートナーシップを通じて責任を負うことになる。コーポレート型においては、共同事業者は合弁会社の株主としての地位にとどまるのが原則である。

　③パートナーシップ型におけるすべてのパートナーは、パートナーシップの義務に対して契約責任であれ不法行為責任であれ、無限の連帯責任を負うのが原則である。共同事業に対してわずかのシェアしか有しない善意のパートナーが、なんらのコントロールもできない他のパートナーまたはパートナーシップもしくはその従業員の契約上の行為や不法行為によって無限の連帯責任を負わされる危険に晒される。

　もっとも、アメリカ法におけるLP（Limited Partnership）やLLP（Limited Liability Partnership）の制度、またわが国においても有限責任事業組合（LLP）を利用することによってパートナーの責任を有限とすることは可能である。コーポレート型における共同事業者は、合弁会社の株主として有限責任性を享受することができる。

　④パートナーシップ型におけるパートナーは、直接第三者から責任を追及されるおそれがある。パートナーは、パートナーシップの事業経営に直接関与することから対外的な責任追及の矢面に立たされ、たとえば、製造物責任、知的財産権侵害や行政上の取締法規違反などについてパートナーシップよりもパートナー自身の責任として直接追及される可能性が高い。コーポレート型においては、合弁会社およびその経営陣がこれらの対外的責任に対処するのが原則である。

　⑤パートナーシップ型は、絶えず解消の危険性をはらんでいる。パートナーシップが一定期間存続するものと定められていても、パートナーは、いつでもパートナーシップ契約を破り損害を賠償して、解消に至ることが可能である。パートナーがパートナーシップの事業経営に直接関与するだけに、パートナー間の対立が直ちに解散に結びつく可能性がある。コーポレート型においては、まず合弁会社の取締役会において利害の対立と調整が行われ、さらに共同事業者間の調整となるので、直ちに解消に至るわけではない。

　⑥パートナーシップがノウハウなどの知的財産を自らの財産としてパートナーシップ内にのみ保持することは困難である。一方のパートナーがパートナーシップに技術を供与した場合のみならず、パートナーシップが改良技術・新規技術を開発した場合においても、これらの技術に接する機会の多いパートナーによってあまねく取り込まれてしまう可能性がある。コーポレート型においては、合弁会社が独立の当事者としてこのような技術を管理または所有することにな

る。

　以上のような不利点に比して、パートナーシップ型は、本来の性格として法制度上次のような利点を有している。

　①パートナーシップ型において、パートナーは、パートナーシップの損益が各パートナーの持分に応じてそれぞれ分配され、パートナー自身の損益に合算して課税されるので、節税を享受できる。コーポレート型においては、合弁会社が独立の納税者となる。

　②パートナーシップ型は、もっぱらパートナーシップ契約に従うことから、柔軟な構造を有する事業体を構築できる。パートナーシップによる事業形態および事業経営は、基本的にはパートナーの意向によってどのようにでも設計することが可能である。コーポレート型においては、共同事業者は強行法規としての会社法に基づいて合弁会社の枠組みを設定しなけなければならない。もっとも、共同事業者は合弁会社の構造と運営を共同事業の運営に適した閉鎖会社として構築することが可能である。

　(c) 単一提携か複合提携かの選択

　提携当事者が提携の本来の目的として、たとえば、共同研究開発や共同生産という単一の提携関係の形成を望むが、それは提携契約締結時点では当該相手方との提携の行方を見通すことがきわめて困難であるという理由によることがしばしばである。当事者に提携事業の経営についてある程度の見通しあるいは強い期待があるならば、将来の発展のために次の段階の提携を含む複合提携を当初の計画に組み込むことが必要である。この場合第一段階から次の段階への自動的な移行というプロセスではなく、第 1 段階の成果を評価、確認した上で、当事者の合意またはオプションによって次の段階に入るという 2 段階のプロセスが考えられる。

　(d) 環境の変化と事業形態

　グローバル市場において情報革新を背景として目まぐるしく変化する環境は、提携当事者自身の事業経営に対してはもちろんのこと、提携関係による事業経営に大きな影響を及ぼすおそれがある。むしろ、提携関係の方が直接的な影響を強く受けるともいえる。このような急速な環境変化に対応するためには、提携当事者は、まず、事業提携の目的、存続期間や解消事由を明らかにしておくことが必

要である。これらが明確でなければ、当事者はいつ当該提携関係を終了または解消し、いつ次の段階に進むかを決定することができなくなる。

　環境の急速な変化は、事業経営における迅速性と機動性を要求する。グローバル市場において生き残り、情報革新に基づいてあらたな事業価値を創造するためには、現代の企業はより迅速にかつ機動的に動くことができなければならない。この点提携は、買収よりも迅速に相乗効果を発揮することが可能である。しかも、提携は、前述したようなさまざまな事業形態を提携の目的に応じて選ぶことができるという選択肢をもっている。当事者は、変化のスピードや態様に対応して、緩やかな提携である純粋契約型提携からコーポレート型ジョイントベンチャーまで自在に選択できる。

2　合弁契約

(1) 合弁会社の目的

　合弁会社の目的は、明確に定義して、共同事業者間で合意する必要がある。合弁契約には合弁会社が従事する活動の種類と領域、事業活動の地域、子会社の設立などを含む目的の正確な記述が求められる。

　合弁会社の目的条項は、共同事業者と合弁会社との競争に関する条項や共同事業者にライセンスされる許諾技術の範囲に関する条項など合弁契約における他の条項と密接に関係していることに注意しなければならない。

(2) 新会社の設立

　共同事業者は、合弁契約に基づき会社法に従って合弁会社を設立する。定款は、合弁会社の基本原則を定めるものであり、基本定款と付属定款より構成される。基本定款は、会社法の要求する記載事項である会社の商号、住所、目的、資本などを定め、付属定款には、株主総会、取締役会、会長・社長など会社法の要求する記載事項および合弁契約において定める基本的な合意事項を記載する。定款は合弁契約書に添付され、その構成部分となるが、定型的な別の文書として等閑視されるべきではない。合弁契約における合意事項は、定款に記載されることによって会社の基本原則となり、第三者に対して主張し、第三者と合弁会社の関

係を拘束しうるものとなる。共同事業者は、合弁契約の条項のいずれをどのように定款に記載すべきか慎重に検討する必要がある。

　共同事業者は、新会社に対する出資について現金出資、現物出資、あるいは両者の組み合わせとするかを決めなければならない。現物出資については、出資の対象物および評価方法について合意する必要がある。

　合弁会社の資本の額は、共同事業の規模および将来の事業の発展性を考慮して決定され、授権資本および払込資本が定められる。発行する株式の種類、株式数および額面金額の詳細とともに、共同事業者はそれぞれの出資比率について合意し、増資の場合には原則としてその出資比率に応じて新株引受権を有することを定める。

事例　三菱食品とキユーソー流通システムが合弁会社設立

　三菱食品とキユーソー流通システムは、2023年8月、主に食品を対象とした双方の物流事業を一部統合し、両社間で業務提携すると発表した。新会社「エル・プラットフォーム」を合弁会社で10月に設立した上で、両社の物流業務の一部を移管し、2024年4月1日付けで本格的に営業を開始する予定である。

　卸と物流企業それぞれのノウハウや経営資源を持ち寄り、トラックドライバーの長時間労働規制強化に伴う物流現場の混乱が懸念されている「2024年問題」に対応するとともに今後も需要が見込まれる首都圏エリアの食品を軸とした低温物流を強化していきたい考えである。

　新会社は三菱食品が75％、キユーソー流通システムが25％を出資することを計画しており、所在地などの詳細は今後詰める。

事例　SBIHDとKKRが共同出資会社を設立

　SBIHDとKKRは、2023年9月、2023年度中をめどに共同出資会社を設立すると発表した。KKRが海外の富浴層向けに販売するファンドをもとに、日本向けに投資信託を組成して売り出す。新会社の出資比率は未定だが、SBIHDが過半となるようである。

　KKRはプライベートエクイティ（PE：未公開株）や不動産などへの投資を手がける世界大手である。こうした分野はオルタナティブ投資と呼ばれ、一般に上場株や再建などよりも高い利回りが期待できる。最低購入額が数億〜十数億円など制限が多いため、年金基金など機関投資家に限定されていた。第1弾はプライベートデットと呼

ぶ、企業に融資したり、債券を購入したりするファンドになるようである。変動金利商品のため、金利上昇局面でも価値が下がりにくいとされる。2024年度上半期までの販売開始を目指す。

最低投資額は300万～500万円程度に抑え、購入後は四半期や月単位で現金かできるようにする方向である。購入・解約の手続は日本語で対応する。

SBIHDは傘下の証券会社や銀行を通じ、富裕層を中心とする個人にファンドを販売する。提携関係にある地方銀行など、規模の小さい機関投資家にも販売する。運用資産残高は3年間で1,000億円程度を目指す。

事例　みずほ証券が楽天証券と新会社を設立

みずほ証券は、2023年10月、楽天証券と金融紹介の新会社を設立し、2024年4月春にサービスを始めると発表した。楽天証券のネット取引を利用する顧客に対し、営業担当者が対面で資産運用に関する相談に応じる。みずほフィナンシャルグループの幅広い商品やサービスを楽天証券の顧客に紹介し、顧客拡大を目指す。

新会社は楽天証券の顧客のうち、退職金の運用や相続など複雑な悩みに関して、対面で相談したい人を対象とする。顧客は楽天証券の口座を使い続けるが、必要に応じてみずほ証券でも口座を開設する。みずほ銀行やみずほ信託銀行など、グループの商品やサービスを紹介する。

楽天証券は手数料の低さやネットの利便性を武器に、若手層を取り込んできた。楽天証券の口座数は900万超である。大部分が若年層だが、60才代以上も1割強にのぼる。みずほ証券と組むことで、老後や相続を含めた長期の資産運用ニーズに応えられるようにする。

事例　ドコモがマネックスグループと共同出資会社を設立

NTTドコモは、2023年10月、証券業に参入すると発表した。マネックスグループと共同出資会社を設立し、傘下にマネックス証券を置く。ドコモの出資額は約500億円で、マネックス証券はドコモの子会社になる。ドコモは利用者向けにマネックスと連携した資産形成サービスを提供、金融関連事業を拡大する。

ドコモは携帯キャリアの中で唯一、グループ内で銀行や証券会社がない。金融を軸にした経済圏づくりに出遅れている。

資本面ではまずマネックスが中間持株会社を設立し、マネックス証券をその傘下に移す。2024年1月4日にドコモは持株会社の株式の48%をマネックスから約466億円で取得する。約20億円の増資も引き受け、出資比率はマネックスグループが50.95%、ドコモが49.05%になる。

　持株会社はドコモマネックスホールディングスと名称を変更する。ドコモの出資比率は過半数に満たないが、ドコモが取締役の過半数を指名する権利があることから、会社法や会計基準で定める実質支配力基準でドコモの連結子会社となる。

　ドコモとマネックスのアカウントの連携、マネックスの取引でのドコモのポイントサービスや決済手段の導入、ドコモのスマートフォン決済サービス内での投資サービスの提供などを検討する。

　サービス連携外でもブロックチェーンを使った有価証券での資金調達といった次世代金融商品の開発販売、投資教育サービスの提供にも共同で取り組む。

　携帯キャリアは自社の電話サービス利用者を他のサービスに導入する経済圏を作っている。最近ではカードや銀行、証券といった金融サービスと通信の連携を進める。

　携帯電話サービスの契約数で首位のドコモは金融を含めた経済圏づくりでは出遅れている。個人向けの携帯電話事業の伸びが鈍化するなか、金融など非通信分野で次の成長につなげる。

(3) 株式譲渡制限

　合弁会社の株式の譲受人は、すくなくとも一定の重要な意思決定に対して拒否権をもつ可能性があり、残存する共同事業者である株主にとっては、新しいパートナーが調和しうる個性と共通する利益を有するかどうかについて重大な関心をもたざるをえず、株式譲渡制限規定が必要である。一方、共同事業者といえども合弁会社に半永久的に縛り付けられることはその本意ではない。とりわけ共同事業者が競争者である場合には、合弁契約の期間満了前であっても激しい環境変化に対応して合弁会社から撤退しうるなんらかのオプションが必要となる場合がある。

(a) 絶対的制限

　株式の永続的な絶対的制限は、いかなる裁判所によっても公序に反するものとして支持されることはない。しかし、一時的な絶対的制限は、初期の段階においては合弁会社の目的および性格に適しているといえる。共同事業者である株主は、合弁事業を組織化し、その運営を軌道に乗せる初期の段階において数多くの困難に遭遇するものであり、たとえば 5 年間の株式譲渡の禁止は、合弁会社が事業体として存続することができるまで共同事業者はその提供している貢献および援助を撤回しないという保証を与えることを意味する。

(b) 合意による制限

　共同事業者である他方の株主の合意による株式譲渡については、裁判所はこれに合理性と誠意を認めることができるといわれる。しかし、株式譲渡の申入れに合意しない株主は、第三者である当該買主をパートナーとして受け入れがたいと信じたから合意できないのであって、その拒否は許されるべきものである。したがって、この方式が働きうる余地はかならずしも大きくはない。他方の株主の合意を要するという文言に加えて、単純に他方の株主はかかる合意を不合理には拒否しないという条件をつける方策があり、合弁契約の交渉における1つの妥協策としての意義が認められるが、何が不合理かについての論争を将来に残すことになり、実際的に有効なものとは考えられない。

(c) 第1拒否権

　合弁契約におけるもっとも一般的な株式譲渡制限は、第1拒否権のメカニズムによって共同事業者である株主間の利害を調整する方法である。株主がその株式を第三者に売ることを望む機会は、株主自ら第三者である買主を見つけてその買主から、あるいは第三者の買主から株式買取りの申込を受けた場合に生じる。株式の譲渡を望む株主は、共同事業者である他の株主に対して一定の期間、当該買主の申込と同じ価格でその株式を売るオファーをしなければならない。

　オファーを受けた他の株主は、その後一定期間内にその株式を買い取るか、買取りを拒否する権利、つまり第1拒否権を行使することができる。他の株主がこの買取権を行使しない場合には、譲渡を望む株主は、その株式を当該買主に当初のオファーの条件よりも不利なものではない条件で売却することができる。ただし、当該第三者からの買取りオファーは次の条件を満たすことが要求される。第1に、そのオファーは誠実なもの（in good faith）でなければならない。このためには、当該第三者がオファーを受けた株主と同等の良い評判、信用、経験および財務能力をもっていること、第三者と株主間に直接、間接の利害関係がなく、当該オファーが独立当事者間の取引であって、株主の第三者に対する対価となんら結びついていないことが必要である。第2に、当該オファーは、第三者が合弁契約を遵守し、その条件に拘束され、オファーを受けた株主のすべての義務を引き受けるものでなければならない。

　このような第1拒否権の仕組みは、株主がその株式を譲渡することを妨げず、

他の株主に最初にその株式を買い取る権利を与えることによって誰が買主になるかを決定する権限を認めているので、いずれの株主にとっても最大の保護を与えることになる。

　しかし、実際問題として第 1 拒否権に必要な上記の誠実性の条件を十分に満たすことは容易でないことから、独立当事者間の価格であることおよび合弁契約上の義務を引き受けることを基本として上記条件の内容を緩めることによって、第 1 拒否権の仕組みが働くようにするとともに、一定の株式譲渡の絶対的禁止期間を設け、その後に第三者からのオファーに対して第 1 拒否権の発動を認めるのが実際的であると考えられる。

(4)　経営管理機構

　合弁会社の経営管理機構は、会社の最高意思決定機関としての株主総会、会社の経営責任を引き受ける取締役会、日常業務における最高経営責任者としての会長・社長の三者から構成される。合弁会社は閉鎖会社として、所有と経営の分離が不十分であり、前二者の機能、場合によっては三者の機能が未分離のまま重なり合うことがしばしばであるが、理論的にはそれぞれの機能と役割を分離させ、その上で当該合弁会社の性格と共同事業者間の関係に基づいて適切な経営管理機構のフレームワークを設けることが必要と考えられる。

　(a)　株主総会

　合弁会社の株主総会も閉鎖会社としての株式会社がもつ株主総会と基本的に変わるところはない。会社法に従って、通常株主総会と臨時株主総会が開催され、会議体としての定足数、通常決議および特別決議の要件が定められる。少数株主である共同事業者は、自己の利益を守るために決議要件の加重を主張する。共同事業である以上、たとえ支配株主でも会社における重要な意思決定事項に対する少数株主の拒否権を受け入れざるをえない。共同事業者は、次に述べる取締役会における決議とともに、どの程度加重するのか、どのような事項を加重決議の対象とするかを合弁契約において合意しなければならない。

　(b)　取締役会

　共同事業者は、合弁契約において、取締役の総数およびその出資比率に応じて取締役を指名できる権利を定める。株主としての共同事業者は、そのようにし

て指名された取締役を株主総会において選任することに合意する。会社法に従い、取締役会は、合弁会社の経営ポリシーを決定し、定款に定める会社の経営に必要なすべての権限と責任を有する。会議体としての定足数、通常決議および特別決議の要件が定められるが、特別決議については、株主総会における決議と同様な問題を検討しなければならない。

(c) 会長・社長

合弁会社においては、支配株主である共同事業者が最高経営責任者（CEO, Chief Executive Officer）の地位にある社長（President）を指名する権利を確保する。社長は、取締役会のポリシーと指示の下、定款に定める日常業務運営に必要な権限と責任を有する。

会長（Chairman）は、社長の指名権をもたない他方の共同事業者によって指名されるのが通常である。その役割と権限は、社長の権限をある程度コントロールすることが原則であるが、社長の権限とのバランスおよび共同事業者間の関係によって定まってくる。

(5) 経理ポリシー

共同事業者の合弁会社に対するポリシーの相違は、配当ポリシーの考え方の違いとなって顕在化する。合弁会社の将来の投資のために内部留保を重視するか、あるいは合弁会社の共同事業者に対する貢献として配当を重視するかの問題である。配当ポリシーは、合弁会社の事業である共同事業の成長性と共同事業者の合弁会社に対する経営戦略にかかわることになるが、共同事業者に対する貢献としての配当の最大化を基本とすべきと考えられる。合弁会社における事業の拡大が大きな投資を必要とする場合には、なんらかの形の共同事業者の援助が求められ、共同事業者にとっては配当という実際的な利益の形で共同事業者に貢献する合弁会社でなければ、あらたな投資に対するインセンティブとならないからである。

共同事業者は、単なる株主以上に共同事業者自身として合弁会社の経営の状況を十分に把握しておく必要がある。第1に、共同事業者が合弁会社からその経理および事業の状況に関していつどのような報告を求めるかであるが、共同事業者の合弁会社の経営に関与する程度により、その頻度と内容が決まってくる。

第2に、共同事業者は、合弁会社の経営を監視し、自らの利益を守るために合弁会社の経理・事業の状況を監査する権限を留保しておく必要がある。この監査権限は、合弁会社の経営陣および他の共同事業者に対する抑止力として機能する。

(6) 雇用ポリシー

　合弁会社は、初期の段階においては経営幹部を含む専門家を自ら雇用する力をもっていないのが通常である。共同事業者が合弁会社の運営に必要な専門家を派遣するが、派遣する人員の資格、人数、条件、期間、合弁会社での地位などについて、共同事業者は合弁契約において合意する。合弁会社における事業経営の自主性を早い機会に確立するために、このような派遣は原則として期限を設け、合弁会社の成長に応じて段階的に派遣人員を引き上げ、現地で雇用する人員に置き換えていく必要があると考えられる。もっとも、支配株主である共同事業者は、利益保護の観点から合弁会社の一定のポストをその派遣人員で確保することを求める。

(7) 共同事業者の援助義務

　共同事業者は、共同事業体である合弁会社が成長するようにさまざまな形で援助を行う。これらの義務は、いわば共同事業者の子育て義務の一環といえるが、一方で、親である共同事業者が合弁会社を利用するという側面でもある。共同事業者は基本的には、自らの短期的な利益を追求するあまり子である合弁会社から搾取するのではなく、合弁会社が発展することが長期的により大きな果実を共同事業者にもたらすことになると考えるべきである。しかし、共同事業者が競争者である場合には、共同事業者の視点はむしろ短期的であって、合弁会社の具体的な目的の範囲内で提携しているにすぎず、援助義務についても利害が対立しやすく限定的にならざるをえない。したがって、共同事業者は、合弁契約において援助義務の範囲や内容をできるだけ具体的かつ明確に定める必要がある。

(a) 資金援助

　共同事業者は、合弁会社設立時に、それぞれが出資する資本および外部から調達する資金を決定するが、さらに合弁会社の拡大段階における増資や追加ロー

ンの資金計画について合意しておく必要がある。このように合弁会社が当初計画していた金額を超えて追加資金を必要とする場合に備えて、共同事業者による追加の出資額や融資額とその時期および条件についてできるだけ合弁契約に定めておくべきである。

　共同事業者の合弁会社に対する援助義務の中で最大の子育て義務は資金援助である。合弁会社といえども独立会社であるから、その資金調達に当たっては自己調達が望ましいのはもちろんである。

　しかし、合弁会社の自己調達能力は限られているのが通常であり、自己調達が困難な場合に共同事業者の援助が求められる。共同事業者である株主は、増資、株主融資または金融機関からの借入れに対する保証に応じなければならない。いずれの形態の資金調達を図るかは合弁契約の定めまたは取締役会の決定によるが、各株主の資金援助はその出資比率に対応するものとして合弁契約で定められているのが通常である。しかし、株主が合弁会社の要請に従い自動的かつ無制限に援助の義務を負うとなれば、合弁会社の形態を採用することによって共同事業者である株主は対外的には出資金の限度で責任を負うにすぎないが、対内的には相互の関係において実質的に無制限の責任を負うことになる。これは対内的には実質的な組合関係の現れとみることができる。したがって、株主による自動的かつ無制限の資金援助に一定の歯止めをかけておく必要が生じる。このために一定の上限の金額または一定の基準を設けておき、これを超える資金援助の場合にはあらためて株主間で協議する方法が考えられる。

　(b) 技術援助

　共同事業者がライセンサーとして合弁会社に技術移転する場合には、合弁契約の一部としてライセンス契約を合弁会社と締結する。共同事業者がライセンサーとしての技術移転の範囲を超えて、共同事業者であるがゆえに合弁会社に対して幅広い技術援助を求められることが多い。ライセンス契約上の技術移転が完了した後も、許諾技術の改良、応用技術の開発、顧客に対する技術サービスなど、共同事業が発展していくためにはライセンサーの技術援助が必要とされる。これらの技術援助義務は、基本的に本来のライセンス契約に付加される別途の技術援助契約に基づくべきものであるが、共同事業者であるライセンサーの子育て義務としてライセンス契約の中に取り込まれる場合がある。もっとも、共同事業

者が競争者である場合には、非競争者との提携に比べて許諾技術の範囲とともに技術援助の範囲も限定的にならざるをえない。

(c) 原料・部品供給援助

合弁会社が原料・部品の安定供給源を必要とし、共同事業者がこれに応じる能力があれば、もっとも頼りになる存在である。しかし、それが独占的地位として固定してしまうと、競争的市場価格で供給されているかどうかが問題となるおそれが生じる。合弁会社としては、共同事業者が競争的市場価格で供給することができない場合には、合弁契約上第三者から購入するオプションを確保する必要があり、一方、供給者としての共同事業者は価格面で柔軟に対応して供給義務を果たすことが求められる。

(d) 製品マーケティング援助

合弁会社は、設立当初販売チャンネルをいまだもっていないのが通常であり、なんらかの形で共同事業者のマーケティング力に頼らざるをえない。合弁会社が当初から販売部門を設け自ら市場を開拓していく例も多いが、これには長い時間を要するので、共同事業者が合弁会社育成の一環として合弁会社の販売活動を援助する必要性が高い。共同事業者である株主による援助の形としては、合弁会社が株主に販売し、株主が自らの販売チャンネルで販売活動を行う場合、あるいは合弁会社が株主から販売代理権を得て株主の販売促進援助の下に実質的に株主の販売チャンネルを利用する場合がある。共同事業者はまず合弁会社の販売部門を育成することが基本であり、合弁会社の生存のためにその事業活動の範囲内においては合弁会社との競争を差し控える。共同事業者は、合弁会社の目的に沿って合弁会社と競争しない一定の製品や地域などの事業活動、そして合弁会社と競争しうる事業範囲を合弁契約上明確にしておく必要がある。

3 合弁会社の経営と支配

(1) 合弁会社の経営管理機構

(a) マネジメントの任免

(i) 社長・会長の指名

　共同事業者の中で合弁会社のコントロールないし支配権を握る当事者が社長の指名権をもち、この意味において経営権をもつに至るというのが通常である。この場合の支配権は持株比率が基準であるが、同じ持株比率の場合には共同事業に対するその他の実質的な貢献度を含めて支配権の基準とする例もしばしばである。いずれにしても貢献度が同等に近い場合には、社長の指名権は一定期間または任期ごとのローテーションにより相手方に移るとするのが公平である。しかし、初期段階を経た一定期間後は、このようなルールを離れて当該合弁会社の経営にもっともふさわしい人材を共同事業者からの派遣者のみならず他の企業の経営者から指名することを許容する仕組みは、合弁会社が長く存続しうる道であると考えられる。

　会長の指名権は、社長の権限をコントロールするという観点からも、他方の当事者に与えられるのが通常である。

(ii) 取締役の指名

　共同事業者は、それぞれの持株比率に応じた数の取締役を指名する権利をもち、常にその数の取締役を維持しようとするのが通常である。

(iii) 幹部の任免

　幹部の指名については、それぞれの共同事業者が一定の幹部のグループを指名する、あるいは幹部が一定期間ごとに指名されるローテーション方式をとる例が見受けられる。しかし、このような方式はいささか硬直的であるため、スタートアップ後の数年間にとどめ、それぞれの幹部の職務にもっともふさわしい人材を共同事業者からの派遣者や他の企業の幹部の中から広く求めるのが望ましい。もっとも、経営権を握る共同事業者は、企画、経理、技術等の主要な幹部をその派遣者によってできるだけ多く確保しようとするが、その利益保護の観点から譲れない特定の地位を除いて、漸次計画的に派遣者を減らしていく必要がある。

(b)　マネジメント間の権限配分

(i)　株主総会、取締役会および会長・社長間の権限の配分

　合弁会社における会社法上の最高の意思決定機関は株主総会であり、まず株主総会と取締役会との間で会社運営に関する権限を適正に配分する必要がある。合弁契約でこれをどのように定めるかは、合弁会社の閉鎖会社としての性格および株主である共同事業者間の関係にかかっている。

　会社法において定められる株主総会の法定決議事項を基準とすれば、次のような分類が考えられる。第 1 は、株主総会の決議事項を法定事由に限るもの。これはさらに、取締役会の決議事項をできるだけ限定し、会長・社長のトップマネジメントに多くの権限を委ねるケースと、株主が合弁会社の運営にとって重要と考える基本的な事由のすべてを取締役会の決議事項とするケースに分けることができる。第 2 は、株主総会の決議事項を法定事由に限らず、株主が合弁会社の運営にとって重要と考える基本的な事由のすべてを株主総会の決議事項とするもの。この場合も上記第 1 の場合と同じように 2 つのケースに分けることができる。

　株主総会の法定決議事由とは、取締役の選任・解任、減資、定款の変更、決算書類の承認、合併、解散などが一般的である。合弁会社の運営の点から他の基本的な事由とは、たとえば、資産・事業の売却・取得、投資・株式取得、増資、社債の発行・償還、保証、訴訟提起・和解、公認会計士の指名、仲裁人の指名、会社・株主間の取引の承認などであり、合弁会社のフレームワークにかかわるものである。

　合弁会社は、株主の利害を直接反映するのが通常であるから、共同事業者である株主自らが合弁会社の運営に直接関与する例が多く見受けられ、上記の基本的事由について株主総会と取締役会の二重の決議を要求することもしばしばである。合弁会社は所有と経営の分離がなされていない閉鎖会社の典型であり、株主がその指名する取締役のコントロールの仕組みを通じて行う間接的な関与では満足することができないような合弁会社の性格の場合には、このような二重の決議の仕組みは、合弁会社を経営する 1 つの方法であるといえる。しかし、株主の過度の関与は、かえって合弁会社の自主性を損ない、合弁会社の事業運営に問題を生じることになる。これらの事由のすべてを株主総会の決議事項とすべきでは

なく、一定の金額以上のものについては株主総会、それ以下のものは取締役会に委ねる、あるいは取締役会の専管事項とするというように、実質的に合弁会社の運営に責任を有する取締役会に権限を適切に配分することが必要であると考えられる。

取締役会の権限としては、会長・社長の選任・解任、副社長等の執行役員（executive officer）の人事、株主総会の招集、新製品の開発・販売、新規事業への進出、長期借入、予算・予算超過の承認、重要な契約の締結・変更の承認、経理報告などが一般的に挙げられる。

合弁会社の日常業務の執行の責任者である会長・社長の権限を取締役会との関係においてどのように定めるかについても、合弁会社の自主性という観点から検討すべきである。社長は、取締役会のポリシーとその意思決定に従って合弁会社の業務を執行するのは当然であるが、他の権限としては、たとえば、執行役員より下の従業員の人事、資金運用、短期借入、予算執行、契約の締結・変更などが考えられる。株主総会の権限について述べたと同様に、取締役会の権限についても、一定額以下のものは社長の権限あるいは社長の専管事項とすることにより、日常業務にかかわるかぎり社長の権限を広くする必要がある。日常業務の最高経営責任者は社長であり、その社長の行動をあまりにも制約することは合弁会社の運営に支障をきたす要因となるからである。

会長の権限については、取締役会の招集、株主総会の議長などが挙げられるが、社長との権限の分担の問題がある。社長が最高経営責任者であれば、会長の役割は、社長の権限をチェックする機能をもたせることが考えられる。社長が共同事業者の一方によって指名され、会長が他方の共同事業者によって指名されるというのであれば、会長による社長の権限チェック機能は、共同事業者間の利害調整のみならず合弁会社のコーポレートガバナンスという観点からも望ましいものとなる。

(ⅱ) 株主総会・取締役会における決議要件

通常の会議体における決議要件は、過半数出席、出席者の多数決が原則である。株主総会においては株式数によることとなるが、通常の多数決による決議要件以外に、会社法に基づき特別決議要件（たとえば、3分の2の多数決）が定められている。取締役会においては通常決議要件が原則である。これらの通常決議

要件・特別決議要件は、合弁（ジョイントベンチャー）契約によって加重し、さらに付属定款に記載することにより合弁会社の基本原則とすることができる。

　50：50 の対等出資の合弁会社においては、いずれの株主も拒否権を有することになるが、50％未満の少数株主である共同事業者も自らの利益を保護するために拒否権をもつことを強く望む。このための方法として決議要件の加重はもっとも有効である。少数株主の持株比率が 50％に近ければ近いほど、その拒否権に対する要請は強くなる。ジョイントベンチャーを文字どおり共同事業として位置づける以上、50％超の株式を有する共同事業者も少数株主の要請をある程度受け入れざるをえない。

　株主総会については通常決議要件が加重される例が多いが、特別決議要件が加重される例もしばしば見受けられる。さらに、取締役会における決議要件も加重される例が多い。加重の仕方としては、賛成票の加重以外に、定足数の加重あるいは特定案件に対する加重も 1 つの工夫である。いずれにしても、いかなる案件について、どのように加重するかは、少数株主の持株比率との関係において検討することが必要である。

(iii)　株主協議機関の設置

　前述したように株主総会、取締役会および会長・社長の間の権限配分が適切に設計されたとしても、実際の合弁会社の運営は関係当事者の姿勢いかんにかかっており、かならずしも円滑な運営が保証されるわけではない。株主自身が相互に協議し、決議できる場として株主総会があるが、この株主総会はとかく形式的なものになりがちである。上記の合弁会社の基本的事由が相当程度株主総会の決議事項とされていても、株主総会が年に何度も開催されることはまれである。

　合弁会社の経営は、共同事業者である各株主の利害を調整しつつ、その戦略的な性格から絶えざる環境の変化に対応していかなければならない。すなわち、経営判断において機動性が要求されており、本来的に取締役会が事業経営の責任をビジネスの遂行における責務として負うべきものである。株主総会において決議事項とされた基本的事由だけでは、かかるビジネスの要求を満たしうるものとはならない。

　各株主によって指名された取締役は、株主の意向に沿って行動するのが通常である。しかし、日々行われるビジネスの実際においてはかならずしも常にそう

であるとは限らない。その取締役は共同事業者である株主によって指名されたとはいえ合弁会社の取締役であり、合弁会社に対して忠実義務を負い、合弁会社の目的を追求する立場にある。場合によっては、当該取締役がその株主の利益に反するような形で行動することもありうる。

　共同事業者である株主の利害と合弁会社の利害あるいはその株主間の利害が一致しないことはしばしば起こりうることである。合弁会社の共同事業の追求という目的の面で不一致はなくても、当面の経営方針を異にする、あるいは具体的なビジネスの手順に相違をきたすことはむしろたえず生じてくるといっても過言ではない。当然に必要となるこのような利害の調整をできるだけ早い段階で図る必要があり、このために株主が相互に機動的に協議することができるような場として、次のような株主協議機関を株主総会以外のところで設けることが考えられる。

　この株主協議機関は、あらかじめ開催の頻度・場所を定めた常設のものとする。株主間の利害をうまく調整するには常時株主間で意思の伝達が行われることが望ましく、定期的な運営が必要である。構成メンバーについては、共同事業者である株主の当該事業部門の最高責任者が入るのは当然であるが、合弁会社の会長・社長もメンバーあるいはオブザーバーとして参加する。

　このような株主協議機関の法的位置づけについては、株主が直接統治する必要があるという特殊な場合を除き、取締役会に代わる、あるいは並行する意思決定機関とすることは本来の目的にそぐわないおそれがあり、屋上屋を架すことになる。むしろ取締役会に対する諮問機関的役割を与えて柔軟性をもたせておく方が、合弁会社経営の責任は取締役会にあることをあらためて明確にし、その使命の達成を促すことにつながる。また、この機関は合弁契約によって設けられるものであるが、単に株主間の任意的な機関とするよりも、付属定款に記載することも考えられる。株主協議機関は、これによって第三者に対して主張しうる合弁会社の基本的な機関の1つとなり、その重要性を認識させることになる。

(2)　合弁会社におけるデッドロック

　共同事業者は、その持株比率に応じて合弁会社の取締役を指名する権利を有する。合弁会社の取締役会における重要な意思決定事項については決議要件が加

重されており、共同事業者は、少数株主であっても会社の意思決定を左右することができる。共同事業者が、合弁会社の経営に関してそれぞれの利害をその指名する取締役を通じて妥協することなくあくまでも主張する場合、合弁会社の取締役会は分裂してデッドロックに乗り上げる。取締役会におけるデッドロックは、株主総会に舞台を移しても同じデッドロックをもたらす。このような共同事業者は、株主総会においても同様の加重決議要件や拒否権を留保している。このようなデッドロックに対処する方策は考えられるであろうか。

(i) スウィングマンの権限

　取締役会におけるすべての論争の解決を確保するもっとも簡単な方法は、当初から取締役の数を奇数にし、そのうちの 1 人を最終的な決定を下す取締役として双方の共同事業者が受け入れることのできる公平なアウトサイダーにすることである。このようなスウィングマン（swing-man）の地位を設けることは、合弁契約の中に織り込むことによって可能であるが、実際問題としてかかる巨大な権限を与えるに値するようなスウィングマンを見いだすことはきわめて困難と考えられる。

(ii) 最高経営責任者の権限

　取締役会においては、最高経営責任者の地位が設けられる。このような最高経営責任者にデッドロックを解決する権限を与える方法が次のように考えられる。第 1 は、取締役会のデッドロックが、合弁会社のビジネスの継続または財産の保全にとって重要な問題にかかわる場合には、最高経営責任者が行動して合弁会社を拘束することができる。第 2 は、共同事業者がある特定の分野で衝突する可能性が予期される場合には、最高経営責任者はその分野で行動し、合弁会社としての意思決定を行うことができる。

　このような最高経営責任者の行動および意思決定は、後で常に反対の共同事業者によって吟味されるものであり、その責任が追及されることがありうる。したがって、最高経営責任者は結果としてすくなくとも共同事業者または取締役の過半数によって受け入れられるようなコースに合弁会社を導くことになり、一見幅広い最高経営責任者の権限もこの意味において制限されたものとなる。さらに、最高経営責任者は、一方の共同事業者の仲間であって公平な仲裁人としての地位を欠いており、他方の共同事業者の観点からはもちろんのこと、最高経営責

任者にかかる重大な権限を与えることが実際的に困難な状況にあるのがしばしばである。

(iii) 仲裁人の起用

利害関係人である最高経営責任者に代えて、公平な立場にある第三者を仲裁人として起用することが考えられる。合弁契約には一般的な仲裁条項が定められるのが通常であり、合弁契約の解釈、履行などの問題が仲裁の対象となる。このような仲裁の対象にデッドロックとなる事項が含まれることを明記するのである。

しかし、ビジネスの基本的ポリシーのような論争が果たして仲裁になじむものか、また第三者がそのような論争について対立する共同事業者に受け入れられるような解決策を示すことができるのかという疑問が生じる。実際問題として、デッドロックとなるすべての事項を仲裁に委ねることは事業経営上かえって好ましくなく、いかなる内容のデッドロックを対象とすべきかをあらかじめ定めることも相当に困難である。仲裁は、経営方針の意見の不一致や事業戦略についての意見の相違の解決にはほとんどの場合役に立たないと考えられる[1]。

(iv) 共同事業者のトップマネジメント間の協議

取締役会においてデッドロックとなった紛争は、共同事業者が自ら直接に協議し、ビジネス上の問題として解決に当たることが必要となる。すでに共同事業の実際の運営責任を担う者のレベルにおける妥協の試みは尽くされた後であるから、当該紛争は、共同事業者のトップマネジメント（最高経営責任者）間の協議に委ねられ、合弁関係の存続の観点から大局的に判断されなければならない。この場合、前述した株主間協議機関における協議を経る方法が考えられる。

株主協議機関において決着がつかない場合には、このようなトップレベルでの協議は、当該共同事業に対する事業戦略というポリシーの観点から紛争解決を図るものとしてきわめて有効に働く可能性も考えられる。しかし、それは最後の手段としていわば政治的な妥協を図るものであり、必ずしも常に紛争解決に成功するとは限らない。

4　合弁関係の解消

　合弁契約にその期間に関する定めがあれば、期間満了によって合弁関係は解消となる。しかし、半永久的な存続を前提としているというよりも当事者間で存続期間の予測ができない、あるいは具体的に合意できないことから、期間に関する条項がなく、そして合弁関係の解消に関する定めが不十分な場合が多く見受けられる。合弁（ジョイントベンチャー）関係の継続を脅かすようなさまざまな変化や出来事が共同事業を運営する過程で生じてくるが、これらを乗り越えることができないような深刻な段階で、当事者が合弁関係の解消について短時間で合意に達することはきわめて難しい。

　とりわけ競争者間における合弁会社においては、合弁会社の目的の追求という点で一致はしていても、そのためのアプローチや方法の面で、あるいは競争環境の変化により鋭い利害対立が生じるおそれがある。共同事業者としては、迅速かつ円滑に投下資本を回収して撤退する道を選ぶのが賢明である場合がしばしば生じ、合弁契約においてその具体的な解消のメカニズムを設けておく必要がある。

　合弁関係の解消には、共同事業者の一方が撤退して当初の共同事業者の組み合わせが崩れて解消する場合と、共同事業のすべてを精算して解消する場合がある。前者は、さらに残存共同事業者のみで共同事業を継続する場合と、あらたなパートナーを受け入れて新しい共同事業者による合弁関係を構築する場合がある。

　共同事業者が迅速かつ円滑に合弁会社から撤退する道をどのように確保するかという視点から、有効な解消のプロセスと事後措置を検討する。

（a）解消のプロセス

（i）解消事由の発生と株式買取り（バイアウト、buy out）

　合弁関係解消の第 1 段階として、次のような解消事由によって株式買取りの権利を発生させるメカニズムが考えられる。

　①共同事業者の破産、支払不能、解散、重要な営業譲渡、買収などの共同事業者自体の事業における重大な変化が生じた場合、他方の共同事業者にその共同

事業者がもつ合弁会社の株式を「公平な価格」で買い取る権利が与えられる。②共同事業者が出資、資金援助などの重大な義務違反を犯した場合、他方に「公平な価格」で株式を買い取る権利が与えられる。③取締役会や株主間の協議におけるデッドロックが発生し、合弁契約に定める手段を尽くしても解決に至らず、共同事業者が撤退を望む場合、他方に「公平な価格」で株式を買い取る権利が与えられる[2]。④一定の絶対的解消禁止期間後に、共同事業者が合弁関係の解消を申し立て、他方が反対する場合、他方に「公平な価格」で株式を買い取る権利が与えられる[3]。⑤共同事業者が第三者からその持株全部を買い取りたいとのオファーを受けた場合、前述したように他方に第1拒否権が与えられる。

(ii) 公平な買取価格

合弁契約において事前に価格を定めるメカニズムとして、一般的に次のような方法が挙げられる。①事前に設定された価格、②財務指標に基づいた算定方式、③独立の鑑定人によって決定される公平な価格、④当事者間の合意による価格。

上記の株式買取権と公平な価格の連動に関してもっとも難しい点は、どのようにして公平な価格を算定するかであるが、解消時点における当事者間の交渉に委ねるべきではない。このような解消のプロセスが有効に働くためには「公平な価格」の評価の基準があらかじめ設定されていることが不可欠であり、たとえば、次のような算定方式を合弁契約に織り込むことが考えられる。①合弁会社の向こう5年間の予想利益に有形資産の市場価格を加えた額などのような公平な価格の算定基準に基づき当事者が評価する。②公平な価格の評価のために、独立した鑑定人を選任する手続と評価の決め方が定められる[4]。③上記の公平な価格の算定基準に基づいて、当事者によって選任された鑑定人が評価する。

(iii) 解散と精算

合弁会社においては、共同事業者である株主は、上述した解消事由の発生により、バイアウトの権利を行使する株主がいない場合には、会社法に従って合弁会社の経営陣による通常の解散・精算手続に入ることを決定することができる。しかし、株主間の不一致など裁判所の介入を必要とする場合には、裁判所の監督の下で特別の解散・精算手続が行われる。

(b)　合弁関係の解消に伴う措置

　合弁契約において前述の解消のプロセスまでは合意していたとしても、契約締結時点で解消に伴う措置について定めることは実際上困難であるが、解消時点では共同事業者間で利害が鋭く対立しているので、あらかじめその基本的枠組みを契約に織り込んでおく必要がある。

　たとえば、合弁関係の解消とともに、ライセンサーである共同事業者がその知的財産について許諾した権利がどうなるか、そして合弁会社によって開発された知的財産がどうなるかは、共同事業者の重大な利害にかかわる問題である。知的財産にかかわるさまざまなライセンスや譲渡の当事者間における関係について、合弁会社設立時に交渉し、合弁契約に明確に定めておくことが当事者の利益を確保する最良の方法である。

　とりわけ共同事業者が競争者である場合には、解消後の措置を事前に十分に検討して明文化しておく必要性はきわめて高いと考えられる。

(i)　共同事業者の撤退に伴う措置

　前述した株式買取権や第1拒否権の行使によって共同事業者の一方が撤退する場合には、次のような措置を講じなければならない。

　①撤退する共同事業者が合弁会社に提供していた原材料・部品供給について、契約解除か継続か。解除の場合には、新しい供給先が確保できるまでの継続供給の義務を残存させる必要がある。逆に、合弁会社が撤退する共同事業者に原材料・部品を供給していた場合には、合弁会社としては、その供給の権利を残したいところである。②撤退する共同事業者が提供していた製品マーケティング援助について、契約解除か継続か。解除の場合、ユーザーに対する品質保証や欠陥製品のクレームなどの保証責任はどの程度合弁会社に引き継ぐかを明らかにする必要がある。③撤退する共同事業者がライセンサーの場合における技術援助を含むライセンス契約について、契約継続か解除か。継続の場合、条件の変更に関する合意が必要である。④撤退する共同事業者が合弁会社にその商標・商号の使用を許諾していた場合、その使用が禁止されるのが通常である。⑤撤退する共同事業者が受領した秘密情報・ノウハウについて、すべての秘密情報の返還が要求され、ノウハウの使用が禁止される。⑥撤退する共同事業者に残存する秘密保持義務の内容および存続期間の決定である。

(ii) 解散・精算に伴う措置

　合弁会社の解散・精算は、会社法に定める手続に従って行われるが、その後の共同事業者間の関係について次のような措置を講ずる必要がある。①合弁会社に最終的に生じた損失について、共同事業者が持株比率に応じて負担するか。②第三者との契約について、原則としてすべて解除するが、共同事業者が引き継ぐものがあるか。③合弁会社に残るその他の法的義務・責任について、共同事業者が引き継ぐべき保証などの責任はあるか。④合弁会社が採用した従業員について、共同事業者が引き取る可能性があるか。⑤合弁会社が所有する知的財産について、いずれの共同事業者がいかなる対価で譲り受けるのか、そして他の共同事業者に対するライセンスおよびその条件はどうするのか。合弁会社解散後に当事者が知的財産権を共有することは、現実的な選択ではない。知的財産権の共有は、その利用、保護およびライセンスに関する重要な意思決定を遅らせるだけである [5]。⑥共同事業者との契約について、原則としてすべて解除するが、共同事業者間の契約に変えて残すべきものがあるか。ライセンス契約の場合、残存する事業を引き継ぐライセンシーである共同事業者に対するライセンスをどのような条件で許諾するのか否か。⑦解散後も残存する秘密保持義務の内容と存続期間である。

5　提携関係の発展

(1)　新しいパートナーの参加

　当初の提携パートナーの組み合わせによる事業経営では、経営資源の不足、競争力や相乗効果の発揮に力不足などが生じることはしばしばであり、これらを補うことのできる新しいパートナーの参加が必要とされる。提携当事者は、メンバーシップを固定したものではなく、提携事業に大いなる貢献をなしうる者を有資格者としていつでも受け入れるような道を開いておくことが望ましい。

(2)　一方のパートナーの撤退と新しいパートナーの参加

　パートナーの一方が提携事業の経営に不満をもっている、あるいは自らの事業戦略の転換により提携関係から撤退することを望む場合には、残る当事者は新

しいパートナーを迎え入れて、あらたな提携関係を構築する必要が生じる。撤退と参加が同時期に連動して行われる場合と撤退とは別に遅れて参加が行われる場合がありうる。前者ではジョイントベンチャーの場合には第1拒否権の仕組みによるが、買い取り条項やバイ・セル条項は両者いずれの場合にも有用である。

(3) 相手方パートナーの全持株買い取りによる子会社化

　提携当事者の一方がジョイントベンチャーの経営権を握るまでには至らない少数株主であっても、あるいはすでに過半数を制する持株比率の多数株主であっても、相手方パートナー自身の経営環境の変化に乗じてその持株のすべてを買い

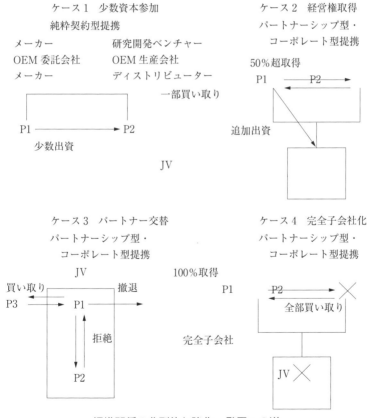

提携関係の典型的な強化・発展への道

取って子会社化することができる機会はしばしば生じる。ジョイントベンチャーの行きつくところは、一方当事者による子会社化がほとんどの場合である。

　そのような将来の意図をもつ当事者にとっては、相手方パートナーと提携事業そのものを熟知しており、このような形による買収はきわめて容易である。自らの手による事業発展の可能性のために、当初より買い取り条項やバイ・セル条項による仕組みをジョイントベンチャー関係の中に設けて将来に備えておくことが必要である。さらに、提携事業の経営を通じて親密となった当事者関係から、ジョイントベンチャーの買収とともに、提携事業に関連する分野で相手方パートナー本体の事業そのものを買収する機会が生じる可能性があると考えられる。

【注】

1) フィリップL.スペクター・原若葉訳「マルチメディアにおける合弁事業～戦略的な事業体制とリスク管理～」国際商事法務Vol. 22, No. 12 (1994) 1347 頁。

2) この場合、「公平な価格」の算定を避ける1つの方法としていわゆるバイ・セル・オプション（buy-sell option）がある。しかし、これは資金力のある方が勝つ方法であり、ジョイントベンチャーから撤退したい共同事業者が逆に他方の共同事業者の株式を買い取ることを強いられる羽目になる場合がある。

3) このようなデッドロックに至らない段階でも理由のいかんにかかわらずジョイントベンチャー関係解消の申立てを許すことは、共同事業者に撤退の自由を認めることになり、合弁会社の運営に不安定とリスクをもたらす。絶対的解消禁止期間の長さとともに解消申立ての理由の有無や内容について、慎重な検討が必要である。

4) たとえば、それぞれの当事者が当事者と利害関係のない国際的に名のある会計事務所を鑑定人に指名し、これら2つの会計事務所がさらに第3の鑑定人を選任する。これら3者がそれぞれ当該株式の公平な価格を評価し、これら3つの評価額の中間価額が公平な価格として採用される。

5) グラハム・ドネル「英国におけるジョイント・ベンチャーの失敗への対処法」国際商事法務Vol.21、No.10 (1993) 1194 頁。

第5章
事業戦略2

1 買収の形態

　企業は多くの経営戦略の選択肢の1つとして、いやそのもっとも有力な事業戦略として買収を計画し実行する。その本質は、事業経営において非常に効率的に「時間を買う」ことであるといえる。研究開発力、技術、人材、製造設備あるいはマーケティング網など、どの経営資源が買収の狙いであるとしても、企業が自前でそれらに時間、すなわちエネルギーと資金を投入して育成することなく、一挙に手に入れることが可能である。このような買収は、どのような目的ないし動機により事業戦略として用いられるのであろうか。

　第1に、企業はその有する技術などの経営資源に限界を感ずるのがしばしばであり、買収は、その限界を超えて新規事業への進出または新技術を獲得するための有力な手段である。第2に、買収は、既存事業の再構築による競争力強化のために速効性のある戦略である。第3に、企業は買収によりその事業規模を拡大してスケールメリットを追求することが可能である。第4に、核となる事業（core business）を一段と強化するために、買収が利用され、競争力のある企業はさらに競争力を強化することができる。第5に、激しい技術革新に伴う事業再編による業容の多角化は、買収という迅速な事業戦略によってはじめて対応することが可能である。第6に、川上あるいは川下市場へ円滑に参入するための手段として、関連する企業の買収が行われる。第7に、技術革新の激しい分野においては技術者や専門家が不足するが、このような分野で急成長する企業は、買収によって優秀な人材を調達することが可能となる。

(1) 合併

　合併とは、複数の会社が一体になる組織再編行為である。合併には、合併当事者のすべてが解散して合併により新会社が設立される新設合併と、合併当事者のうち1社が存続して他の会社が消滅する吸収合併がある。新設合併の場合、許認可の取直しが発生するなど手続が複雑であることから、実務上は吸収合併が使用される場合がほとんどである[1]。

　吸収合併では、ある会社（A社）がその権利義務のすべてを他の会社（B社）に承継させ、A社は消滅し、B社は存続する（会社法2条27号）。このとき、A社株式も消滅するため、A社の株主に対してB社から合併の対価が交付される。この合併の対価としてB社の親会社（C社）の株式がA社の株主に対して交付される吸収合併を三角合併という。三角合併では、存続会社が合併の対価として親会社の株式を交付するため、存続会社において親会社の株式を取得する必要がある。会社法上、子会社が親会社株式を取得することは原則として禁止されているが（会社法135条）、三角合併を行う場合には、存続会社である子会社が親会社の株式を取得することが例外的に認められている（会社法800条）。

　買収形態として合併が用いられる場合のメリットは、①会社が一体化されるため、統合効果を早期に実現することができる。②合併対価を株式とすれば、買手企業は資金調達せずに買収することができる。一方そのデメリットは、①統合作業を早期に進める必要があるので、本来の事業活動が停滞してしまうおそれがある。②買収に伴い買手企業の新株が発行されるため、合併比率によっては買手企業の株主の持分が希薄化し株価が下落するおそれがある[2]。

(2) 株式譲渡

　株式譲渡とは、買収対象企業の発行済み株式を買手企業が買い取ることにより経営権を取得することであり、買収ではもっともよく活用される手法である。株式譲渡には、大株主などから直接株式を買い取る相対取引、上場会社の株式を証券取引所等で買い入れる市場買付け、不特定多数の株主から公告により株式買付けの申込を勧誘して市場外で株式を買い集める公開買付け（Take Over Bid, TOB）という3つの方法がある。非上場株式の場合、相対取引しかない。そのため、株主が分散している場合は、いかにして株式を買い集めるかが問題とな

る。相対取引であるため、買取価格は株主によって異なることもありうるが、個別に交渉していては時間がかかる上、株主間で不満が生じるおそれもあるので、実務上は同一価格で買い集めるのが一般的である。上場株式であれば、株式市場から株式を買い集めることが可能である。ただし、発行済株式総数および潜在株式総数の合計の 5 ％を超えて取得した場合、その取得の日から 5 営業日以内に大量保有報告書を管轄の財務局へ提出する必要がある（いわゆる 5 ％ルール）。このように、市場からの買付けは買付け動向が明らかになってしまう他、買集めにより株価が上昇し買収金額が高騰するおそれがあるので、過半数を目指すような場合には選択されることはほとんどない。TOB とは、上場会社等（有価証券報告書提出会社）の発行する株式を大量に買い付けることを目的として、不特定多数の株主から公告により公開買付けの申込を勧誘して株式を買い集める方法である[3]。

　買収の手段として株式譲渡を用いるメリットは、①株主総会の承認や債権者保護手続が不要であるなど、法手続が簡便である。②買収後の被買収企業がそのまま存続するため、独立性を維持しやすい。③過半数の株式を取得すれば支配権を確保することができるので、反対株主がいても柔軟な対応が可能である。一方そのデメリットは、①被買収企業がそのまま存続するため、シナジー（相乗）効果が発揮しにくい。②企業を丸ごと買収するため、簿外債務を引き継ぐおそれがある。③株主が分散している場合、すべての株式を買い集められないことがある[4]。

(3) 事業譲渡

　事業譲渡とは、一定の営業目的のために組織化され、有機的一体として機能する財産の全部または一部を他の会社に譲渡することである。単なる事業用財産または権利義務の集合の譲渡は事業譲渡には当たらない。なお、事業用財産に製造・販売のノウハウが付随して移転されれば事業の要件を満たし、かならずしも従業員や得意先の移転は要件ではない。事業譲渡では、通常、譲渡会社に対価として現金が支払われるため、買収対象企業の株主は直接的に対価を手にすることはできない。

　買収の手段として事業譲渡を用いるメリットは、①買手企業は必要な資産・

負債だけ選んで買収できるため、不必要な資産を抱え込む心配がない。②簿外債務を引き継いでしまうおそれがない。一方そのデメリットは、①個別資産の所有権や契約上の地位の移転手続が必要なため手間と時間がかかる。②税制適格組織再編制度による税務上の優遇措置がなく、登録免許税や不動産取得税などの税負担が重い。また、譲受側には課税対象資産に対して消費税がかかる[5]。

(4) 株式交換・株式移転

　株式交換とは、完全子会社（100％子会社）となる会社の株主が保有するすべての株式を、完全親会社となる会社の株式と交換する方法である。ある会社を完全に子会社化する手段として用いられる。金銭や社債など株式以外の対価によって株式交換を行うことも可能である。ただし、株式以外を対価とするなど、一定の場合は、債権者保護手続が必要となる。株式移転とは、完全子会社となる会社の株主が保有するすべての株式を、あらたに設立する完全親会社となる会社の株式と交換する方法である。主に完全親会社として持株会社を設立する手段として用いられる。株式移転を用いて、2社以上の企業が共同持株会社を設立することも可能である。

　買収の手段として株式交換・株式移転を用いるメリットは、①買手企業は買収の対価として新株を発行すればよく、買収資金が不要である。②買収対象企業の株主の3分の2以上の賛成が得られれば、少数株主を強制的に排除して100％子会社化することができる。③買収後も買収対象企業はそのまま存続するため、早急な経営統合を行わなくてよい。一方そのデメリットは、①買手企業が上場会社の場合、1株当たりの利益が減少し株価が下落するおそれがある。②買収対象企業の株主が買手企業の株主となるため、買手企業の株主構成が変化する[6]。

(5) 会社分割

　会社分割には、新設分割と吸収分割がある。新設分割とは、1または2以上の会社がその事業に関して有する権利義務の全部または一部を分割によりあらたに設立する会社に承継させる組織再編行為のことである。吸収分割とは、1または2以上の会社がその事業に関して有する権利義務の全部または一部を分割し、他の会社に承継させる組織再編行為のことである[7]。

買収の手段として会社分割を用いるメリットは、①買手企業は対価として新株を発行すればよく、買収資金が不要である。②包括承継のため、事業譲渡と比べて契約関係の移転手続が簡便である。③転籍させる従業員から個別に同意を得る必要がない。④買手企業は一気に経営統合を実現できるため、買収のシナジー効果を早期に獲得しやすい。一方そのデメリットは、①買手企業が上場会社の場合、1株当たり利益が下落するおそれがある。②買収企業の株主が買手企業の株主となるため、買手企業の株主構成が変化する。③人事制度やシステムの統合など、現場への負荷が高まるため現場が混乱し、経営統合が円滑に進まないおそれがある[8]。

会社分割では労働者承継法に基づき、分割対象事業に主として従事していた労働者に関して、分割前後で労働条件が維持されることを前提として、労働者の同意を得ずに当然に労働契約を承継させることができる。ただし、労働契約承継法では一連の労働者保護手続が制定されており、その手続を実施していない場合、会社分割の瑕疵として分割無効の原因となる可能性もある[9]。

2 買収のプロセス

(1) 交渉による買収と敵対的買収

買収対象企業の経営陣が当該買収に対して友好的であるかどうかにより、買収形態は友好的買収と敵対的買収に分けることができる。売主と買主間における交渉による買収は、基本的に友好的買収であり、売主の経営陣の協力を得ることができる。したがって、買主である買収企業は、交渉による買収方式により次のように円滑に買収を進めることが可能である。第1に、売主の協力により、買主は買収対象とする事業のさまざまな面を調査することができる。第2に、買収対象の事業または企業の経営・支配の円滑な移行が容易であり、そしてその経営陣の継続的な雇用を確保することができる。第3に、協力的な雰囲気の中で買収の交渉が行われるので、買収対象企業の経営陣が敵対的である場合に生じやすい費用の増加、心理的プレッシャーの影響、訴訟の提起などのマイナス面を避けることができる。もっとも、交渉による買収の場合、売主は当然のことながらその株式や事業を売却するに当たり最大限の価値を実現しようとするので、買収

価格をめぐって厳しい交渉が展開されることになる。

敵対的買収の典型は、TOBにおいて買収対象企業の経営陣がこれに反対する行動をとる場合である。

(2) 買収の一般的プロセス

友好ベースの交渉による買収として、買収企業は、次のような一般的プロセスを経て対象企業の買収を実現する。

(a) 買収目的の設定

買収企業の事業戦略の一環として、その事業経営上のニーズと買収の必要性を把握し、買収による効果および買収後の事業経営の見通しを明確にする。対象企業の業種、規模、特徴やその地域等について目標を設定する。

(b) 買収対象企業の選定

具体的な候補企業をリストアップし、それぞれについて公開情報を集めて分析する。関係取引先や投資銀行等から情報を収集して優先順位を決める。

(c) 買収プロジェクトチームの編成

買収企業は、関係部門から各分野の専門家を選び、権限をもった機動性のあるプロジェクトチームを早期に編成する。同時に外部の専門家、投資銀行、弁護士事務所や会計事務所を選定し、緊密な協働体制を始動させる。

(d) 買収戦術の立案

特定の対象企業に対する買収戦術について、買収企業は、起用した投資銀行、弁護士および公認会計士と具体的な検討を行う。買収形態については、最適な選択肢を吟味する必要がある。対象企業にどのようにアプローチして、友好ベースの約束をとりつけるかは、買収を成功させるための重要な戦術である[10]。

(e) 買収交渉

買収戦術に従って、対象企業の経営陣に対する友好ベースの買収が打診される。その奎経営陣の協力が得られる場合には、買収企業は、具体的な買収の対象、買収形態などの買収内容を提案し、両者間で交渉が行われる。

(f) 覚書の締結

買収当事者は、買収に向けての当事者の意思および買収の内容について、その骨子を基本的に確認しておくための契約書を締結する場合がある。とりわけ次

のデューディリジェンスの具体的なステップを契約書に織り込むことは、買収企業にとって重要である。

（g）デューディリジェンス

買収企業は、起用した投資銀行、弁護士および公認会計士とともに買収プロジェクトチームを対象企業の事業所や工場等の現地へ派遣して、さまざまな角度から買収対象の事業を調査する。

（h）買収契約の締結

買収企業は、デューディリジェンスの結果とその評価を踏まえつつ、買収契約書を起案して提案し、両者間で具体的な契約内容の交渉が行われる。クロージング（closing）までに対象事業の評価に影響するような問題が生じた場合には、買収金額等について必要な調整を行う旨の条項を織り込むことは、買収企業にとってきわめて重要である。

（i）クロージング

買収契約に定められた特定の日時と場所において、買収契約書に記述された前提条件および表明保証の確認、買収金額の支払い、株券の引渡しなど両当事者の買収契約上の義務の履行が同時に行われ、買収取引が完了する。

(3) 投資銀行

いかなる買収においても、買収を行う場合には弁護士、公認会計士および投資銀行をフィナンシャルアドバイザーとして起用することは不可欠であるが、投資銀行の起用については、さまざまな観点からその必要性と程度、どのような機能を期待するのか、そのメリット・デメリットなどについて十分検討する必要がある。買主の買収における経験度、売主との関係、当該買収の性格、弁護士・公認会計士の活用の程度などによって、投資銀行の役割が大きく変わってくるからである。

（a）投資銀行の機能

投資銀行は、買主の買収を援助するために買主により起用されるが、弁護士や公認会計士が有しない機能、とりわけ次のようなビジネス面における貢献が期待されている。①対象企業が属する産業ないし業界に詳しく、買主のために買収対象の企業を探知し、選択・決定するのに必要な情報を買主に提供できる。②売

主となんらかのつながりがあって、友好的な買収を行えるよう働きかけをすることができる立場にあり、買収契約の交渉において貢献できる。③当該買収対象企業の事業の価値に関する評価について、どの程度の買収価格であれば売主に受入れ可能かについて買主に現実的な助言をすることができる[11]。

買主の事業が当該買収対象企業の事業と同種であれば、買主は当該業界の事情に精通して相当な情報をもっており、それだけ投資銀行が提供する情報ないし助言は価値を失うことになる。また、投資銀行は当該買収を成功させるのに熱心なあまりむしろ高値の買収価格を助言することも珍しくない[12]。買主としては、投資銀行にどのような機能をどこまで求めるのか、そして弁護士、公認会計士からの情報・助言を合わせて、自らの評価をどのようにするのかについて冷静な判断が必要である。

(b) 投資銀行の起用

前述のような一般的な機能に加えて、具体的な投資銀行の選択に当たっては次のような点について考慮する必要がある。①誰が当該買収プロジェクトを実際に担当するのか。買収の過程において実際の機能を果たすのは、投資銀行の組織そのものではなく、その組織に属する個人の専門家である。投資銀行の起用の成否は、その個人の経験と才能によるといっても過言ではない。②投資銀行と売主とのつながりはどの程度のものか、たとえば、具体的な取引関係にあるのか、売主の経営陣と面識があるのかなど。③買収の実績はどうか、さらにその投資銀行は当該買収の対象とする事業が存立する地域に強い基盤を有しているかどうか。

投資銀行を起用するための雇用契約は定型的であるが、多くの条件は交渉により変更可能である。買主の立場からは、とくに報酬と免責の条項を検討する必要がある。報酬については、買収対象企業の探知のために一定金額を支払い、買収が成功するに至れば成功報酬を支払うというのが通常である。この場合、成功報酬の算定基準は、買収価格の一定比率とするのではなく、買収予想価格に基づいた一定金額として契約時に固定しておく必要がある[13]。投資銀行に対する免責については、無条件ではなく一定の歯止めを設けるような文言とすべきである。

(4) 秘密保持契約

　売主は、買主が買収対象とする企業の事業の評価のために必要な秘密情報を提供するが、このためにまず買主に対して秘密保持契約を結ぶことを要求する。

(a) 秘密保持契約の目的

　秘密保持契約は、基本的にもっぱら売主の利益保護を図るためであり、売主の立場からその目的を次のように述べることができる。①秘密保持契約の期間中、買主による秘密情報の利用を買収の評価のためにのみ制限する。②秘密保持契約において買主が買収をオファーすることができる手順と時期を定める。とりわけ買主が複数存在する場合は、売主は買収全体のプロセスを完全にコントロールするためにこれらの手順と時期をあらかじめ設定する。③買収が不成功に終わった場合、その後の一定期間秘密情報の取扱いを含む買主の行動を制限する。

(b) 秘密保持契約の内容

　事業買収における秘密保持契約の内容は一般的に定型的なものであり、売主が起案するだけに売主有利となっているのが通常である。しかし、あまりに売主に有利すぎる場合は、かえって買主を過剰に不安にさせることになる。買主の立場からは、次のような点について十分な検討が必要である。①秘密情報の定義について、売主が提供するすべての情報を対象とすべきではなく、書面によるものでかつ秘密扱いと明示されたものに限定する。②秘密情報の利用について、売主は包括的な表現でその利用を制限しようとするが、特定された明確な表現による文言でその利用を制限する。③買収交渉を公に開示することは禁止されるが、売主と買主双方を拘束する義務とする。もっとも、法の要求に従う場合は例外とする。④上場会社に関する秘密保持義務契約において、その締結後一定期間買主が売主の株式を取得する、あるいは売主の経営に圧力をかけることを禁止するような条項が定められる場合、第三者が売主に対して買付けのオファーを出したときには、買主はそのような条項に拘束されないものとする。⑤買主による契約違反については、買主の損害賠償責任の範囲から付随的損害や結果的損害を除外し、その責任に制限を設ける。

3　買収契約

(1) 買収契約の基本構造

　買収の手法は、大きく分けて株式を取得するものと事業を取得するものに分けられる。

　ここでは、売主が保有する対象会社の発行済株式すべてを買主へ譲渡する、買収契約の基本である株式譲渡契約を取り上げる。

(a) 譲渡価額の合意

　株式譲渡契約においては、株式譲渡の対価（譲渡価額）についての合意が必須の条件となる。譲渡価額は、売主および買主がそれぞれ対象会社の企業価値を評価し、両者の協議・交渉によって決定されることになるが、企業価値の手法にはさまざまなものがあり、会社の事業または資産のどの点に着目しているかによって採用される手続は異なってくる。一般的には、純資産法、ディスカウンテッド・キャッシュ・フロー法（DCF法）、類似会社法等により企業価値の評価が行われる [14]。

(b) クロージング

　契約締結日から一定の期間を空けてクロージングが行われることが一般的である。株式譲渡契約におけるクロージングに関する規定としては、株式譲渡の実行に係る手続を中心に、これに付随・関連する手続に関する事項が定められる。株式譲渡の実行に係る手続としては、株券の交付、代金の支払い、その他各種書類の交付が行われる。

(c) 前提条件

　株式譲渡契約においては、クロージングに関する売主および買主の義務の履行に係る前提条件が規定されることが通例である。前提条件は、売主と買主に分けて規定されることが多く、各当事者は、自己の義務履行の前提条件が充足されない場合には、クロージングを行わないことができる。前提条件の機能は、その具体的な内容によってさまざまであるが、典型的には、当事者が取引の前提としていた事実に誤りが判明し、あるいは変動が生じた場合に、それにより不利益を被る当事者に、取引の実行を拒む権利を与えるという機能を有するものといえ

る[15]。

(ⅰ)　表明保証の正確性

　売主・買主ともに、相手方の表明保証の正確性が前提条件として定められることが多い。両当事者とも、表明保証が正確であることを前提に取引実行の有無や条件に合意しており、表明保証違反がある場合には、その前提が成り立たなくなる可能性があるからである[16]。

(ⅱ)　義務の遵守

　売主・買主ともに、相手方の誓約条項その他の義務の履行が、クロージングに係る義務履行の前提条件として定められることが多い。相手方がクロージング前に遵守すべき義務を履行しない場合には、取引実行の当否やその条件の検討の前提が成り立たなくなる可能性があるからである[17]。

(ⅲ)　許認可・競争法上の届出等

　株式譲渡の実行に先立って法令上必要とされる手続の履行も、両当事者に共通の前提条件とされるのが通常である。典型例としては、独占禁止法上の株式取得届出や、外為法上の事前届出が問題となる[18]。

(ⅳ)　株式譲渡の承認

　対象会社が会社法上の譲渡制限会社の場合には、株式譲渡を対象会社に主張するためには、対象会社の株主総会（取締役会設置会社の場合には取締役会）による譲渡承認を要する。そこで、対象会社の譲渡承認が得られていることを買主の前提条件として定めることが多い[19]。

(ⅴ)　関連契約の締結等

　株式譲渡に当たっては、株式譲渡契約以外にも、これに付随・関連する契約が締結されることがある。これらの契約の内容は、案件ごとに多種多様であるが、たとえば、売主のほかに新株予約権者が存在する場合に、当該新株予約権者から新株予約権を買い取るための契約、買主以外に株主が残る場合（一部譲渡の場合等）における株主間契約、売主が対象会社に提供していた各種サービスをクロージング後一定期間継続して提供する旨の移行サービス契約等がある[20]。

(ⅵ)　辞任役員の辞任届

　株式譲渡に当たって、売主側から派遣されていた取締役等、対象会社の役員の全員または一部が辞任することとされる場合がある。このような場合、辞任役

員は、基本的には売主側の関係者であるため、対象会社に対して辞任届を提出させることを売主の誓約事項とするとともに、辞任届の提出を買主側の義務履行の前提条件とすることが多い[21]。

（vii）第三者の同意の取得等

株式譲渡に当たって、第三者の同意を得ること等が必要である場合には、売主の誓約事項として、クロージングまでに必要な同意を得るよう努力する義務が規定されることが多い。株式譲渡に際して必要となる第三者の同意の取得が買主の義務履行の前提条件とされることがある[22]。

（viii）ファイナンス・アウト条項

株式譲渡の代金支払いに必要な資金の調達が買主の義務履行の前提条件とされることがある。いわゆるファイナンス・アウト条項と呼ばれるものであり、特に、買収ローン等の買収ファイナンスによる資金調達が想定されている場合に、当該資金調達が不調に終わった場合には買主は取引実行の義務を負わないこととする趣旨の規定である[23]。

（ix）MAC条項

株式譲渡契約の締結日からクロージングまでの間に、対象会社の事業等に重大な影響（Material Adverse Change）を及ぼす事由が生じていないことが、買主の義務履行の前提条件として定められることがある。MAC条項は、株式譲渡契約の締結後に重大な後発事象が生じた場合にクロージングを実行しないことを認めることによって、そのような後発事象に係るリスクを売主に負担させるものである[24]。

（x）必要書類の交付

一定の書面を買主が受領していることが、買主の義務履行の前提条件とされることが多い。このような書面としては、たとえば、株式譲渡の承認に係る対象会社の取締役会の議事録の写しや、辞任役員の辞任届の写し等である。また、クロージング日において前提条件をすべて充足している旨の売主代表者による証明書の提出が求められることがある[25]。

(d) 表明および保証

(i) 表明保証とは

　表明保証とは、株式譲渡契約の各当事者が、一定の事項が真実かつ正確であることを相手方当事者に対して表明し、保証するものである。売主による表明保証事項には、売主自らに関する事項および売買の目的物である対象会社の株式に関する事項に加えて、取引条件の決定に際して前提とされた対象会社に関する事項も含まれることが多い[26]。

(ii) 表明保証の機能

　表明保証の違反が判明した場合には、取引実行前においては、相手方当事者の義務の前提条件が不充足となり、相手方当事者は取引を中止することができる。また、表明保証の違反は下記の補償条項の原因として契約上規定されることとなるため、相手方当事者は、表明保証の違反を理由として、補償の請求を行うことが可能である。このように表明保証の主な機能は、特に売主による対象会社に関する表明保証に関しては、仮に表明保証の違反がある場合において、買主に対して、取引を中止する権利、または補償請求によって金銭的な救済を受ける権利が与えられることによって、売主および買主の間のリスク分担を行うことにある。これに加えて、表明保証は、売主による情報開示を促進し、買主による対象会社に対するデューディリジェンスを補完する機能を有する。すなわち、表明保証条項がなければ、譲渡価額その他の取引条件の前提となった事情を買主側のリスクにて確認することが必要となり、買主のデューディリジェンスの負担は過大となりかねない。一方、表明保証条項がある場合には、売主としても表明保証の違反を回避するために対象会社の状況を確認の上で表明保証の内容を精査することなり、売主が認識している事項については表明保証の対象外とするように開示別紙にて開示されることになるため、買主はその内容を認識することが可能となる。また、表明保証には、売主と買主の間にある情報の非対称性を克服して効率的な取引の実現を促進する機能があるとされる[27]。

(iii) 表明保証の時点

　一般的に、株式譲渡契約の当事者は、株式譲渡契約の契約締結日およびクロージング日を基準日として、各表明保証事項が真実かつ正確であることを表明保証する[28]。

（iv）表明保証の範囲または除外に関する事項

　表明保証を規定するに際しては、各個別項目ごとに、表明保証の内容・範囲を正確に吟味・検討する必要がある。表明保証の範囲を画する際には、別紙において表明保証の除外項目を定めたり、重要性・重大性の制約、または表明保証者その他の一定の者による認識に基づく制約（「知る限り」や「知りうる限り」の留保）を規定する場合がある[29]。

（v）開示別紙（Disclosure Schedule）

　表明保証条項に違反するような事実や事象（もしくはその可能性）がすでに認識されている場合、表明保証者は、開示別紙にこれらの事実等を記載することにより、表明保証の対象から除外することが行われる。一方、相手方当事者は、開示別紙に記載された事実について表明保障違反を理由とした請求等ができなくなる一方、当該事実を事前に認識できる結果、譲渡価額に反映させるよう交渉する等の対応をとることができる[30]。

（vi）デューディリジェンスでの開示

　一定の事項を表明保証の対象から除外する方法として、開示済みの情報をより広範に除外したいとの要請がある場合、または契約締結に向けた時間的制約から開示別紙の作成を避けたい場合において、デューディリジェンスの過程で開示した情報を包括的に表明保証から除外することもある[31]。

（vii）売主に関する事項

　売主に関する表明保証としては、売主が株式譲渡を行う法的な能力を有していること、および売主について株式譲渡の障害となることが存在しないことに加え、売主が譲渡対象となる対象会社の株式を保有していることについての表明保証が規定されることが一般的である。いずれも取引の前提となる事項であり、実務上、契約の当事者間の交渉において問題となることは多くない[32]。

①対象会社に関する基本的な事項

　買収の対象となる会社が適法かつ有効に設立され、有効に存在しており、事業を行うための権限および権能を有しているというもっとも基本的な事項の表明保証である[33]。

②計算書類等

　計算書類は、対象会社の財政状態や経営成績を示す基礎的な資料であり、株式譲渡の当事者が対象会社の企業価値・株式価値を算定するための重要な前提となる。算定の前提とされた財務諸表や計算書類の正確性が表明保証の対象とされることが多い[34]。

③法令遵守

　買収の対象会社が法令等に違反している場合、その是正のためのコスト等により対象会社の企業価値・株式価値に悪影響がありうる他、買主自身のレピュテーションの悪化等、重大な影響が生じる可能性がある。対象会社グループによる法令等の遵守が表明保証の対象とされることが多い[35]。

④資産

　資産といっても、不動産、動産、債権、知的財産権等種類もさまざまであり、また使用形態もさまざまである。表明保証を検討するに際しては、対象会社グループがいかなる資産を保有しているか、そのうち重要な資産は何かという観点から、重点的に特定の資産について表明保証を求めることを検討することになる[36]。

⑤契約等

　対象会社グループが締結している契約は、事業の基礎をなすものであり、企業価値の源泉であることから、その適法性・有効性等やその遵守状況に問題が生じれば、従前どおりの事業遂行が困難となり、対象会社の企業価値・事業価値に悪影響が生じうる。対象会社グループが不利な契約を締結している場合や、株式譲渡に伴って契約が解約される可能性がある場合も同様である。対象会社グループが締結している契約について、さまざまな表明保証が規定されることがある[37]。

⑥人事労務

　人事労務に関する表明保証については、対象会社の人事労務に関して、偶発債務の不存在や法令遵守等を確認するために規定される。主に対象会社と雇用関係にある従業員を対象としていることが多いが、役員についても表明保証の対象に含めることもある[38]。

⑦公租公課

　対象会社に税金の未払いが存しないことについては、他の偶発債務と同様に、取引価額等の前提となるため、表明保証の対象とすることがある。また、対象会社の過去の税務申告の正確性等に関しては、法令遵守の観点でも重要であるし、かつ、今後の税務申告の前提ともなるため、これらも表明保証の対象とすることがある[39]。

⑧保険

　買主としては、対象会社の資産および事業に関するリスク管理の観点から、火災保険、運送保険、PL（製造物責任）保険等に関する特別の表明保証を要求する場合がある。

⑨環境

　環境に関する表明保証としては、環境法令および環境基準の遵守、環境に関する司法・行政機関等からの指導、命令、勧告もしくは調査（またはこれらの原因事実）の不存在、環境に関する第三者からのクレームもしくは訴訟等（またはこれらの原因事実）の不存在、規制物質や危険物質の使用もしくは流出の不存在、および、PCB（ポリ塩化ビフェニル）廃棄物等の個別法に対応する事項が挙げられる[40]。

⑩紛争

　対象会社において、訴訟等が係属していないことおよび訴訟等が提起されるおそれがないことが表明保証の対象とされる。

⑪関連当事者取引等

　買主にとって想定外のキャッシュ・アウトが売主に対してなされ、または想定外の債務を対象会社が売主に負担しているというような事態を防ぐことを目的として、売主関係者との取引の不存在に関する表明保証が規定される[41]。

（viii）買主に関する事項

　買主に関する表明保証としては、設立および存続、契約の締結および履行、法令等との抵触の不存在、許可等の取得、反社会的勢力について、売主の表明保証と実質的に同じ内容が規定されることが一般的である。さらに、買主が株式譲渡契約に基づく義務（譲渡価額の支払義務を含む）を履行し、株式譲渡を完了するに足る十分な資金を有している旨の表明保証が規定される[42]。

(e) 誓約条項

誓約事項とは、買収に付随・関連して、各当事者が、相手方当事者に対して一定の行為をすること、またはしないことを約する合意である[43]。

(i) クロージング前の誓約事項

①対象会社の運営に関する義務

対象会社の運営に関する義務は、契約締結日からクロージングまでの間に、譲渡価額の前提となった対象会社の状況を確保するための規定である。対象会社をして、善管注意義務をもって、契約締結日以前と実質的に同一であって、通常の業務の範囲内において、業務の執行および財産の管理・運営を行わせる旨の規定が置かれることが多い[44]。

②取引実行のために必要となる手続に関する義務

具体的には、取締役会における株式譲渡の承認決議、独占禁止法等の法令に基づき必要となる手続の実行および株式譲渡について承諾を要する契約に係る承諾の取得に関する義務が規定される。

③対象会社の役員に関する義務

売主が、対象会社をして、退任する役員からクロージング前に辞任届を取得させる義務が規定される。

④対象会社の事業・権利関係に基づく義務

株式譲渡の実行に伴い、対象会社は、売主の子会社でなくなることになる。売主の子会社であることに基づく、権利関係等をクロージング日までに解消することが望ましい場合があり、このような解消について売主のクロージング日までの義務として規定されることがある[45]。

⑤関連契約の締結

株式譲渡契約において、移行サービス契約の締結、株主間契約の締結や業務提携契約の締結を当事者の義務として定めた上、株式譲渡の義務履行の前提条件として規定することがある。

⑥買収資金のファイナンスに関する義務

買主において、株式の買収資金を金融機関からの借入れや増資により外部調達する場合、買主の義務として、ファイナンスに係る契約の締結および実行に関する義務が規定されることがある[46]。

⑦取引保護条項

　株式譲渡と矛盾または抵触する取引等について、その実行はもちろんのこと、協議や交渉またはデューディリジェンスのための情報提供等についても禁止する旨の規定（独占交渉義務）が設けられることがある[47]。

⑧その他の一般的な義務

　表明保証違反・義務違反・前提条件不充足の場合の通知義務、買主の情報アクセスおよび前提条件を充足するための努力義務が規定されることがある。

(ⅱ) クロージング後の誓約事項

①競業避止義務

　競業避止義務とは、株式譲渡を行った後、売主側が対象会社を通じて行っていた事業と同一または類似の事業を行わないようにさせるものである[48]。

②勧誘禁止義務

　対象会社の企業価値の重要な一部を対象会社の役職員が占めている場合、買主としては、株式譲渡後に、売主が対象会社の役職員を引き抜く行為を禁止したいと考えることが多い。売主による対象会社の役職員の引抜き行為を一定期間禁止する条項を設けることがある[49]。

③雇用・年金等に関する義務

　株式譲渡後も対象会社の役職員の雇用の維持や年金・健康保険に関する買主の義務を規定する。

④派遣役員・従業員の責任免除

　対象会社の役員は、売主の従業員が管理のために派遣されているという場合も多い。このような場合に、株式譲渡前に当該役員が行った行為について、株式譲渡後に責任を追及することが可能であるが、売主としては、買主によるそのような責任追及を禁止するべく当該役員の責任を免除する規定を定めることがある[50]。

⑤商号・商標等に関する義務

　買主の義務として、クロージング後一定の期間内に対象会社の商号・商標等を変更する旨を規定する。

⑥売主による情報アクセス

　株式譲渡前の買主による対象会社への情報アクセスと反対に、株式譲渡後、売主による対象会社の情報へのアクセスを定めることがある [51]。

(f)　補償

(i)　補償とは

　補償とは、ある当事者に株式譲渡契約の表明保証違反、誓約条項違反またはその他の義務違反があった場合に、当該違反による損害を填補または賠償等する旨の合意である [52]。

(ii)　補償の限定

　補償の金額による制限としては、補償の下限と上限が問題となる。補償の下限としては、個別事由の下限および損害の累計額の下限が検討される。補償の上限は、違反当事者による補償の最大限であり、これを超える金額については、仮に違反があったとしても違反当事者は補償義務を負わない [53]。

(iii)　補償の期間

　補償の期間についても、半永久的に補償が可能となるのではなく、一定の時期的制限が設定され、それ以降は補償請求は認められない旨が規定される場合がある [54]。

(iv)　第三者請求

　補償請求の対象となりうる事項について第三者から請求がなされまたは紛争となるような場合の手続の詳細が規定される場合もある。その主な目的は、補償義務を負う可能性がある者に第三者との紛争等への一定の関与の機会を与えることによって、補償請求者（被補償当事者）によるモラルハザードを避ける点にある [55]。

(v)　その他の補償責任の限定等

　補償義務の根拠となった事項と同一の事由によって、対象会社または買主が別途利益を受けた場合には、売主による補償義務を軽減する旨が規定される場合もある [56]。

（g）解除

（i）解除が可能な期間

　株式譲渡契約の解除は、クロージング前までに限って行うことや、クロージング後は、補償請求による金銭的な処理のみを認める場合が多い[57]。

（ii）解除事由

　株式譲渡契約においては、解除事由として、相手方について表明および保証の違反がある場合、相手方に義務違反がある場合、相手方について法的倒産手続が開始された場合、一定の日までにクロージングが行われない場合が規定されることが一般的である[58]。

（2）買収におけるデューディリジェンスの重要性

　買主は、買収において次のような基本的な懸念ないしリスクに直面している。第1に、買主が当該買収によって目指している一定の目的（たとえば、新しい市場への進出、事業基盤の拡大、新しい技術の獲得、競争力の強化など）を達成できるかどうかである。第2に、買収後、買主が当該事業を継続し、経営するだけの能力を維持することができるかどうかである。これらの能力は、たとえば、買収した設備の操業、既存の顧客とののれんの維持、主要な供給者や金融機関との関係の継続、買主の経営スタイルの下における既存の従業員のつなぎとめなどのために必要である[59]。したがって、買主はこれらのリスクを評価してできるだけ軽減する、あるいはこれらに対応するために十分なデューディリジェンスが不可欠であり、その成果を買収取引の交渉の過程において反映させなければならない。

（a）デューディリジェンスの目的

　デューディリジェンスの目的は、買収の対象とする事業の業種と性格、買主の事業目的などによって大きく異なってくるが、一般的に次のように挙げることができる。①対象企業の事業について売主により適正な表明保証がなされているかどうかを評価する。②対象企業の事業上および収益面における強さと弱さを評価する。③偶発債務ないし責任が発生する可能性とその影響を評価する。④当該買収取引を壊すような重大な問題、あるいは買収価格の評価に影響するような問題の存否とその影響を評価する。⑤特定の懸念がある分野を取り扱うのに適切な

表明保証および補償条項を検討する。⑥当初考えていた買収形態またはその一部を変更する必要がないかどうかを検討する。

　(b)　デューディリジェンスの方法と時期

　デューディリジェンスは、売主の観点からは短い期間内に実施することが要求され、買主の観点からはできるだけ効率的に実施しなければならない。買主は、デューディリジェンスの手順と方法について次のように十分な検討が必要である。①買主は、当該デューディリジェンスの目的を明らかにし、その範囲と重要なポイント、とりわけ作業の優先順位を関係者全員に指し示す。②デューディリジェンスを実施するチームのメンバーそれぞれの役割分担とその責任を明らかにする。③買収企業内で専門家を結集するのみならず、社外の専門家、たとえば、弁護士や公認会計士はもちろんのこと、不動産鑑定士、環境コンサルタント、技術コンサルタント等を活用する[60]。④メンバー間の円滑な意思疎通と協力の体制を構築する。

　デューディリジェンスは、それぞれの専門家による作業の集積であるが、相互に密接に関連しており、その成果は、社内の中核となる専門家グループが社外の弁護士や公認会計士をデューディリジェンス全体の調整役としてどのように有効に使うことができるかどうかにかかっている。

　買主は、デューディリジェンスを買収契約の交渉中に実施する必要がある。デューディリジェンスの過程は、基本的に買収契約書のドラフティングと契約交渉の過程に完全に統合されるべきである。たとえ売主の立場が強い場合であっても、買主は、売主との交渉を通じて明らかとなった対象企業の事業に対する懸念事項をデューディリジェンスにおいて調査する必要があり、納得のいくデューディリジェンスを完了するまでは買収契約の締結を延ばすべきである。買主は、デューディリジェンスの成果を買収契約の交渉に活かさなければならない。

　(c)　デューディリジェンスの対象

　デューディリジェンスの対象も、対象企業の事業の業種と性格、買主の買収目的などによって変わってくるのはいうまでもないが、次のような 3 つの観点からその対象を一般的に検討することができる。

(i) 法的観点からのデューディリジェンス

　法的観点から対象となる典型的な項目は、会社の基本的な構造に関する書類（たとえば、登記書類、基本定款、付属定款、株主総会議事録、取締役会・経営会議等の議事録とその運営規則等）、株式関係の書類（たとえば、株主名簿、転換社債、株式の種類とその権利内容、自己株式、株主間契約等）、事業活動に関する許認可や契約に関する書類等であり[61]、定型的なものであるが、以下のような項目については十分な吟味が必要である。

①株式譲渡・事業譲渡に対する制限

　株式譲渡・事業譲渡に対する法令上ならびに売主および対象企業内の要件（株主総会・取締役会の決議要件等）はどうか、また対象企業における支配の状況の変化または重要な資産の売却に対し第三者の承認を得ることを義務づける契約があるかどうかを明らかにする。

②重要な契約の開示

　すべての重要な契約（とりわけ停止条件・解除条件、譲渡制限、解除、有効期間、契約違反、債務不履行およびその他の通常でない条項を含む契約）を開示させる。

③コンプライアンス・プログラム

　事業活動に必要なすべての政府の認可を得ているか、法令遵守のためのコンプライアンス・プログラムを含むコンプライアンス・システムは機能しているかなどを確認する。

④係争問題の発生

　現在生じている、そして将来発生しそうなすべての係争問題（民商事、労働、行政、刑事を含む）、とりわけ雇用問題、競争法問題、知的財産係争、製造物責任や環境問題についてその詳細な状況を開示させる。

(ii) 経理的観点からのデューディリジェンス

　すべての財務諸表（営業報告書、監査報告書を含む）、税務申告書類（税務クレームを含む）、予算と事業計画書、資金収支表、資金調達と融資関係書類（融資契約を含む）などは経理的観点からの定型的な対象項目であるが、以下のような点については十分な調査・検討が必要である。

①会計基準

　当該事業に用いられている会計原則・基準が健全なものかどうか、その基準の採用によりなんらかの問題や影響を生じる可能性があるかどうかを確認する。

②簿外債務・偶発債務

　簿外債務がないかどうか、どのような偶発債務があるか、そしてそれが顕在化する可能性と影響はどの程度のものかを開示させる。

③担保・保証

　売主が与えている担保・保証（履行ボンド、コンフォート・レターを含む）の詳細を開示させる[62]。

④内部統制システム

　財務に関連する情報を適正に収集し開示するための内部統制システムがどのように構築されているか、そして有効に機能しているかを調査する。

（iii）経営的観点からのデューディリジェンス

　事業経営の観点からは、当該事業の現状と将来、他企業との提携関係、グループ企業との関係、売主と取締役・株主間の契約、当該事業に関する市場と業界の状況、主要な顧客とディストリビューターのリスト、原材料供給者との契約関係などが典型的な項目であるが、以下のような点については十分な検討が必要である。

①買収に伴って生じる負担

　当該買収に伴って、対象企業が締結していた既存の契約は解除されるのか、買主はどのような義務・責任を負うことになるのか、そしてその影響がどのような事業上の問題になるかを把握する。

②保険

　付保している保険の内容、どのようなリスクが付保されていないか、過去および現在の保険クレームなどを明らかにする[63]。

③雇用・従業員問題

　取締役との契約、社会保険負担、労働組合との契約、ストック・オプション、秘密保持契約、労働・雇用係争、年金・信託制度等の内容を開示させる[64]。

(d) デューディリジェンスと表明保証

　買主が売主から獲得する表明保証は、デューディリジェンスに代替するものである。あるいは完全なデューディリジェンスを実施する機会が買主に与えられている場合は、買主は売主による表明保証を期待すべきではないとしばしばいわれる。売主は、一般的な表明保証（買主にとって満足できるものとはいえない）を与えていることを理由に、十分なデューディリジェンスの機会を買主に与えようとしない傾向がみられる。しかしながら、表明保証とデューディリジェンスは、相互に排他的であるというわけではない。両者の間にある種の相互依存関係が存在するが、それぞれは異なる目的を有するものの、補完的な目的に資するものと考えられる[65]。

　デューディリジェンスの目的は、リスクを特定してその程度を測ることであり、一方表明保証の目的は、しばしば特定されていないリスクを買主または売主に配分することである。デューディリジェンスのプロセスは、買主に十分な情報を与えることによりリスクと責任を買主と売主に割り当てる機会を提供するので、両者の利益に適うものとなりうる。

　買主が完全なデューディリジェンスを実施する機会を与えられている場合であっても、表明保証が機能する場が存在する。たとえば、効果的なデューディリジェンスは、表明保証の焦点を絞り、売主に対して特定の表明保証を要求する争点を実際に明らかにすることができる。売主による十分で適切な情報開示と買主による十分なデューディリジェンスの実施は、買収後の表明保証に関するクレームや係争の発生を減少させると考えられる。

事例　大成建設が三菱系を買収

　大成建設は、2023年11月、中堅ゼネコンのビーエス三菱を買収すると発表した。TOB（現金公開買い付け）を通じて、議決権ベースで最大50.20％の株式を取得し、連結子会社化する。取得額は最大で240億円規模である。建設業界は残業規制が適用される「2024年問題」もあり人手不足が深刻化している。人手不足の解消を目的としたM&A（合併・買収）が動き始めた。

　買い付け価格は1株当たり1,010円である。8日終値（785円）より29％のプレミアムとなる。買い付けの下限は42.94％、上限は50.20％である。議決権の過半数を取得できなかった場合は市場内取得や第三者割当増資などにより議決権割合が50.1％に

なるようにする。

　ビーエス三菱株の 33.46％をもつUBE三菱セメントと、9.48％をもつ太平洋セメントとの 2 社の間ではTOBも応じることで合意したという。

　ビーエス三菱はともに三菱グループだった中堅ゼネコンの三菱建設とビーエスが合併して 2020 年に発足した。2023 年 3 月期の連結売上高は 1,093 億円、純利益は 37 億円である。橋梁施工で使う耐久性の高い「プレストレスト（PC）」に強みをもつ。高速道路会社などから老朽化したインフラの補修工事の発注が高水準で推移しており、大成建設を通じて技術者を確保し受注拡大につなげる。

　建設業では都心再開発や製造業の設備投資、国土強靱化に伴う土木需要が堅調で、2022 年度の国内建設受注額は過去 20 年でもっとも多い 16 兆 2,609 億円だった。

　ビーエス三菱は高速道路会社が発注したリニューアル工事を多数手がける。大成建設はビーエス三菱の橋梁技術を取り込んで土木工事の受注拡大を目指す。

　大成建設は 2021 年にM&Aやアライアンス戦略立案を担当する部署を新設した。中期経営計画では 2021 年 3 月期に 1 兆 4,801 億円だった連結売上高を 2031 年 3 月期までに 2 兆 5,000 億円に増やすため、M&Aを積極的に進める方針を示した。

　ゼネコン業界では現場監督や技術者、下請け業者の職人の数が減少している。中堅・中小ゼネコンほど人手不足に直面する。ビーエス三菱も同様の問題を抱えている。同社は今回のTOBに賛同表明を出しており、大成建設の傘下に入ることによって、人手不足解消に向けたシナジー（相乗）効果を期待する。

事例　エムスリーが福利厚生のベネフィット・ワンを買収

　医療情報サイト運営のエムスリーは、2023 年 11 月、福利厚生代行のベネフィット・ワンを約 1,400 億円で買収すると発表した。TOB（株式公開買い付け）を実施して、親会社のパソナグループなどから株式の 5 割超を取得する。ベネフィット・ワンの顧客基盤を生かし、健康経営サービスの事業を拡大する。

　買い付け価格は 1,600 円、ベネフィット・ワンの株の 14 日終値を 4 割上回るものの、株価は足下で大きく下落しており、1,600 円でも 2 月につけた年初来高値からは 3 割以上安い。買い付け期間は 15 日から 12 月 13 日までである。買収に必要な約 1,400 億円のうち最大 900 億円を借り入れで賄う。

　ベネフィット・ワン株の 51％を保有するパソナは 14 日、TOBへの賛同を表明し、応募契約を締結した。エムスリーによる買収後もベネフィット・ワンは上場を維持する。エムスリーはベネフィット・ワン株の 55％を買い付けの上限としており、パソナは保有株をすべて売却できない可能性もある。

　ベネフィット・ワンは 1996 年にパソナの社内ベンチャーとして設立された。企業が

従業員に提供する福利厚生の代行サービスを手がける。企業が会費を負担する従業員は旅行やレジャー施設を割安な料金で利用できる。大企業を中心に約950万人の会員数をもつ。

エムスリーは社員の健康診断の内容から健康度合いをスコア化するサービスなどを手がける。今回の買収を通じてベネフィット・ワンの顧客基盤を取り込み、自社のサービスを加速させる。

買収の背景には企業の間で健康経営の重要性が増していることがある。投資家も人的資本を充実させる企業の取り組みを注視している。エムスルーは2022年に病気の予防に注力する方針を打ち出し、健康診断の運営会社を買収していた。

エムスリーは医師の9割が登録する医師向け情報サイト運営などが主力だが、成長が鈍化している。新型コロナウィルスのワクチン接種支援などの需要減少を受けて、2023年4〜9月期の売上収益（国際会計基準）3%増にとどまった。2ケタ台の高い成長を続けてきた従来ペースから遅れており、次の成長の柱の育成が急務である。

ベネフィット・ワンがヘルスケア事業を拡大するなど、パソナは「より企業価値を高められる最適なパートナー」としてエムスルーへの売却を決めた。

パソナはベネフィット・ワン株の売却益を2024年5月期に特別利益として計上する見通しである。売却株数が決定次第業績予想の修正を発表する。ベネフィット・ワンの時価総額は約1,800億円で、パソナグループの約3倍である。2012年にベネフィット・ワンがパソナを上回って以降、「親子逆転」状態が続いていた。

事例　インフォニアが日本風力開発を買収

前田建設工業の持ち株会社、インフロニア・ホールディングス（HD）は、2023年12月、風力大手の日本風力開発を買収する方針を固めたと発表した。米投資ファンドのベインキャピタルから全株を2024年1月下旬に取得する。買収金額は2,031億円である。買収資金は手元資金のほか、借り入れ金で調達する。脱炭素の流れで市場拡大が見込まれる風力発電関連の建設や保守事業を拡大する。建築主体の会社からサービスまでも手がける欧米型の建築会社へ変身する狙いがある。

日本風力開発を巡っては創業者の塚脇正幸前社長が衆議院議員の秋本真利被への贈賄罪で在宅起訴され、会社は法令順守体制を検証するよう行政指導を受けた。インフロニアHDは会社が組織的に贈賄容疑に関与したのではないため買収への影響は限定的であり、子会社化でガバナンス（企業統治）も強化できると判断したようである。

日本風力開発は2015年にンキャピタルなどがTOBを実施し、上場廃止となった。現在は約3,300メガワットの新規開発案件を抱え、風力発電を保守・維持管理を手掛ける子会社

事例　JIC が新光電工を買収

　政府系ファンドの産業革新機構（JIC）は、2023 年 12 月、富士通の子会社で、半導体基板を手がける新光電気工業を 7,000 億円程度で買収すると発表した。JIC 傘下で投資判断を担う JIC キャピタルの池内省五社長は 13 日に「次世代半導体技術に重点投資し、国際競争力を高める」と買収の狙いを語った。

　JIC キャピタル大日本印刷や三井化学と共同で、2024 年 8 月を目途に TOB を実施する。新光電工が信号処理を光りのまま実現する「光電融合」向けの半導体技術に強みをもつことが買収の決め手になった。光電融合使った半導体は生成 AI（AI）や高速通信規格「5G」向けに需要が高まる見込みである。

　「2030 年頃には光電融合技術で国際競争力をもちたい」と強調し、研究開発に重点投資すると説明した。

　顧客企業への供給力を高めるため、国内の工場も増やす。JIC は民間ファンドと比べて「長期的な時間軸で投資ができる強みがある」と述べ、研究開発への親和性が高いと訴えた。

　最終的には新規株式公開（IPO）を目指す。JIC は月内にも、半導体素材の JSR に TOB を実施する。投資対象を絞っていないものの「社会的な意義や日本の産業強化に見合う案件」を考えたところ、結果的に半導体企業への投資が続いたと明らかにした。

(3) 買収防衛策

(a) 買収防衛策の原則

　買収防衛策には、平時導入型買収防衛策と有事導入型買収防衛策がある。

　平時導入型買収防衛策は、買収者が登場する前にあらかじめ導入して有事に備えておく買収防衛策であり、有事導入型買収防衛策は、買収者が現に登場してから導入する買収防衛策である。

　『企業価値・株主共同の利益の確保または向上のための買収防衛策に関する指針（2005 年 5 月 27 日経済産業省・法務省）』において、買収防衛策は、企業価値、ひいては、株主共同の利益を確保し、または向上させるものとなるよう、以下の原則に従うものとしなければならないとして、買収防衛策の 3 つの原則が掲げられている。

①企業価値・株主共同の利益の確保・向上の原則

　買収防衛策の導入、発動および廃止は、企業価値、ひいては、株主共同の利益を確保し、または向上させる目的をもって行うべきである。

②事前開示・株主意思の原則

　買収防衛策は、その導入に際して、目的、内容等が具体的に開示され、かつ、株主の合理的な意思に依拠すべきである。

③必要性・相当性確保の原則

　買収防衛策は、買収を防止するために、必要かつ相当なものとすべきである。

(b) 買収防衛策の類型

(i) 第三者割当てによる新株発行

　募集株式の発行等を第三者である友好的企業に対して行うことは、敵対的買収に対する防衛策としてしばしば行われる。このような募集株式の発行等は、敵対的買収を受ける前に事前の予防策として行われる場合と、敵対的買収を受けた後に事後の対抗策として行われる場合とがある。公開会社である株式会社は、取締役会決議限りで機動的に募集株式の発行等を決定することができることから、事後の対抗策としても有効である。募集株式の発行等をこのような事後の対抗策として利用することはこれまでにもしばしば行われた[66]。

(ii) 自己株式の取得

　事前の予防策として、自己株式の取得を行う場合は、株主還元策として自己株式取得を行うことにより、株価を高め、敵対的買収が起こるのを未然に防ぐことを目的とするような場合である。事後の対抗策として自己株式の取得を行う場合は、実際に敵対的買収が起きた場合に、敵対的買収者の公開買付けに対抗して自社株の公開買付けを行って、敵対的買収者による買付けを阻止することを目的とするような場合である[67]。

(iii) 新株予約権を用いたライツ・プラン

　敵対的買収に対する防衛策として、新株予約権を友好的企業に発行する場合がある。

　事前の予防策として発行するものとしては、①拒否権付株式を目的とする新株予約権を友好的な企業に発行する方法（拒否権型ライツ・プラン）、②信託を利用したスキームで信託銀行等に普通株式を目的とする新株予約権を発行する方法（信託型ライツ・プラン）、③対象会社が設定するルールを遵守しない場合には、対抗手段として新株予約権を発行することをあらかじめ警告する方法（対抗措置事前警告型防衛策）、④新株予約権を条件付決議で発行しておく方法（条件

付決議方式）がある。公開会社である株式会社は、取締役会決議限りで迅速に新株予約権の発行を決定することができることから、事後の対抗策としても有効である[68]。

(iv)　種類株式による防衛策

　敵対的買収に対する防衛策として、種類株式を友好的企業に発行する場合がある。

①拒否権付株式

　拒否権付株式を利用した防衛策として、たとえば、株主総会の合併承認決議や取締役の解任決議に対して拒否権を有する株式を友好的企業に対して発行することが考えられる[69]。

②取得条項付株式・全部取得条項付種類株式

　株式会社が一定の事由が生じたことを条件として当該種類株式を取得できる取得条項付株式や、株式会社が株主総会決議によって当該種類株式の全部を取得できる全部取得条項付種類株式を友好的企業に対して発行することが考えられる（会社法 108 条 1 項 6 号、7 号）。

(v)　定款変更による防衛策

①授権資本の増加

　株式等の発行を伴う防衛策を採用する機会を最大限確保しておくために、定款を変更して発行可能株式総数（授権枠）を発行済株式総数の 4 倍まで拡大しておくものである[70]（会社法 113 条 3 項）。

②期差取締役

　取締役の任期は 2 年とすることができるので（会社法 332 条 1 項、2 項、6 項、監査等委員会設置会社の取締役（監査等委員であるものを除く）および指名委員会等設置会社の取締役を除く）、毎年半数ずつ改選することにすれば、過半数を確保するためには、2 回の定時株主総会で委任状合戦を制する必要がある。もっとも、取締役の解任が普通決議でできるので、期差選任制のみでは、現任取締役を解任すればあらたな取締役を選任することができる。そこで、解任要件を加重して特別決議とする定款変更も合わせて行う必要がある[71]。

4 買収後の統合

買収企業は、買収直後から買収した事業の経営責任を担う。一見成功したかのようにみえる買収が、買収後の経営に失敗する例はきわめて多い。当該買収の成否は、この買収後の経営の成果によって決まるのであり、買収企業は、買収の戦略・戦術とともに、買収後の経営計画をたてる必要がある。買収企業の経営陣の真価が問われるのは、むしろ買収後の統合・経営にあるといえる。

(1) 統合の基本的プロセス

(a) 戦略統合プロセス

被買収企業に対して、財務目標の共有はあっても、戦略の共有がない場合が見受けられる。戦略統合プロセスでは、単に財務目標の合意形成だけではなく、経営資源の活用や顧客への価値提供といった戦略面での合意形成も重要になる[72]。

(b) 業務統合プロセス

上記の戦略を企業活動の各業務に落とし込むことが必要である。そのためには、被買収企業の日常の経営活動を、各業種別に目標値に落とし込むことである。具体的には、開発、製造、販売・サービス、経理、人事、購買などの各業務の現場のリーダーを中心に、戦略実現のために各業務がすべきことの議論を進めていくことが必要である[73]。

(c) モニタリングプロセス

業務統合プロセスまで進めば、戦略と一貫性のある目標値が設定されているため、モニタリングプロセスは比較的容易である。このプロセスでは、月次での目標値と各業務の統合状況を確認し、PDCA（計画・実行・評価・改善）を確実に回していくことが必要である[74]。

(2)　機能統合プロセス

(a)　販売・マーケティング機能統合

買収後の統合において非常に重要なのが、販売・マーケティング機能の統合である。販売機能においては、買収企業が被買収企業と同じ地域にすでに販売拠点をもっている場合は、拠点の統合が重要になる。また、地域別に製品ブランドをどのように統合していくかということも重要な論点となる。販売地域における販売力、保有顧客、地域シェアなどを勘案して、地域での販売拠点の統合、ブランド統合の方針を検討しなければならない[75]。

(b)　購買・物流機能統合

統合後、購買の業務プロセスを統合することが必要となる。その際には、戦略統合プロセスで明示した事業戦略を実現するために、あるべき購買の将来像を明確にすることが重要であり、これに基づいて、需要予測業務、生産計画との連携の仕方、在庫のもち方、物流機能などについて、どのように統合するのかの検討を進める[76]。

(c)　製品開発機能統合

製品開発については、お互いがもつ経営資源を生かし、あらたな付加価値を創造していくプロセスを構築することが求められる。買収企業・被買収企業が、お互いがもつ製品、技術、プロセスをもち寄ることで、あらたな製品・サービスを実現することが重要である[77]。

(d)　人材基盤・ガバナンス統合

さらに統合において重要なのは、人材基盤の統合とガバナンスの統合である。人材基盤の統合としては、価値観の共有、重要人材の可視化と育成の仕組みが重要であり、ガバナンスの統合としては、責任権限の明確化、透明性の確保、主体性・当事者意識の向上が重要な論点となる[78]。

4　事業売却

1つの企業がかかえる多くの事業がすべて国際的に競争力を有することはほとんどありえない。しかも企業の経営資源には限りがあり、どの事業を中核の事業として育てるかは経営ポリシーの要である。企業が買収によってその事業全体

を強化、補充しつつ、一方で中核から外れる事業または弱い事業を維持していくことは経営的にきわめて困難である。企業がグローバル市場で生き残るためには、新陳代謝を図ることが必要であると考えられる。当該企業にとって不必要なまたは弱い事業も他の企業にとっては魅力的な買物になりうる。

　このような事業売却は、買収のための原資を提供し、企業の新陳代謝を可能にする。この意味において事業売却は、まさに買収と表裏一体の関係にあり、これらを効果的に選択することによって事業の再編を速やかに実現することが可能である。企業は、事業買収とともに事業売却を重要な経営戦略として位置づける必要がある。

事例　不振の百貨店事業を分離するための事業売却

　セブン＆アイ・ホールディングスは、2022年2月、傘下の百貨店事業会社、そごう・西武を売却する方向で最終調整に入ったと発表した。複数の投資ファンドや事業会社が候補になる見通しである。2月中に条件を含めた交渉に入り、売却先の選定を始める。売却額は現時点で2,000億円以上を想定しているもようである。

　同年7月、投資ファンドの米フォートレス・インベストメント・グループが優先交渉権を得た。今回の売却を巡っては、投資ファンドの米ローンスターとシンガポール政府系ファンドのGICとも交渉を続けてきた。金額などの条件面でフォートレスが上回ったとみられる。フォートレスの提示額は2,000億円を大きく超えたもようである。フォートレスは、家電量販店大手のヨドバシHDとの連携に向けた協議も進めている。西武池袋本店の施設内でヨドバシHDが営業することも検討しているもようである。

　セブン＆アイは不振が続いていた百貨店事業を切り離し、海外を中心に成長を見込むコンビニ事業に経営資源を集中する。

事例　電動化対応に向けた事業売却

　デンソーは、2023年7月、内燃機関に関連する2事業について、日本特殊陶業への譲渡に向けた協議をすることで基本合意したと発表した。ガソリンエンジンを点火するスパークプラグと排ガス用センサー事業の売却を検討する。2024年2月の最終合意を目指す。デンソーは車の電動化に向けた開発に注力し、日特はシェアの高い内燃機関分野の競争力を高める。

　デンソーが売却する2事業は内燃機関向けのセラミック製品で、いずれもガソリン車に欠かせない。日特はスパークプラグで世界シェア5割を握り、デンソーも有数の規模をもつ。センサーは排ガスの酸素などを検出するのに使う。今後、両社で国内外の

生産販売体制や譲渡額などについて協議する。譲渡の実現に向けては各国当局の承認が前庭となる。

　電動化対応を急ぐデンソーは内燃機関向け事業の売却を進めている。2022年にはエンジンの駆動力で発電する「オルタネーター」と呼ぶ機械の一部を中国企業に売却した。

　日特は売上高の8割を内燃機関向けが占める。電動化で市場規模縮小が見込まれる一方、既存のガソリン車が走る間は補修などの部品が必要で、安定収益が見込める。

【注】

1) 木俣貴光『企業買収の実務プロセス第2版』（中央経済社、2020）155頁。

2) 同上、156頁。

3) 同上、167-168頁。

4) 同上、170頁。

5) 同上、180-181頁。

6) 同上、205-206頁。

7) 同上、187頁。

8) 同上、188-189頁。

9) 同上、190頁。

10) 対象企業の経営陣の誰に、どのようなタイミングおよびどのような内容の申入れを行うかは、弁護士および投資銀行との十分な検討を経て、その助言に従った行動が必要である。

11) 投資銀行は、対象企業の価値を算定する方法に関して、その株式市場価格に加えるべきプレミアムや対象企業の株主が受け入れることが可能な株価について当然のことながら精通している。

12) 投資銀行が、買収企業に当該買収を止めるよう助言する、あるいは対象企業が主張している高い価格に対し買収企業のオファー価格を引き上げないように助言することはまれである。

13) 投資銀行に買収価格の引下げのインセンティブを与える方法として、たとえば、実際の買収価格が買収企業の予想価格を下回った場合、その節約額の一定割合を報酬として与えることも考えられる。

14) 戸嶋浩二・内田修平・塩田直也・松下憲『M&A契約　モデル条項と解説』（商事法務、2018）29頁。

15) 同上、58頁。

16) 同上、60頁。

17) 同上、62頁。

18) 同上、62頁。

19) 同上、63頁。

20) 同上、64頁。

21) 同上、64-65頁。

22) 同上、65 頁。

23) 同上、65-66 頁。

24) 同上、66 頁。

25) 同上、68 頁。

26) 同上、72 頁。

27) 同上、73-74 頁。

28) 同上、74 頁。

29) 同上、76 頁。

30) 同上、79 頁。

31) 同上、81 頁。

32) 同上、83 頁。

33) 同上、90 頁。

34) 同上、92 頁。

35) 同上、98 頁。

36) 同上、100-101 頁。

37) 同上、108 頁。

38) 同上、111 頁。

39) 同上、115 頁。

40) 同上、119 頁。

41) 同上、121 頁。

42) 同上、125-126 頁。

43) 同上、127 頁。

44) 同上、131 頁。

45) 同上、141-142 頁。

46) 同上、146 頁。

47) 同上、147 頁。

48) 同上、150 頁。

49) 同上、152 頁。

50) 同上、155 頁。

51) 同上、157 頁。

52) 同上、158 頁。

53) 同上、164-165 頁。

54) 同上、167 頁。

55) 同上、168 頁。

56) 同上、170 頁。

57) 同上、178 頁。

58) 同上、178 頁。

59) Michael Whalley & Thomas Heymann ed., *International Business Acquisitions: Major Legal Issues and Due Diligence* (Kluwer Law International, 1996), at 321.

60) これら以外に、保険プログラムについて保険ブローカー（insurance broker）、年金基金の評価やその積み立ての義務等について保険数理士（actuary）の起用も考えられる。買収企業がこれらの専門家と直接の契約を結ぶ必要はなく、法律事務所や会計事務所を経由するので十分である。

61) 売主が株式会社である場合は、委任勧誘状や証券法上の関係書類等。

62) 売主が金融機関等に出しているコンフォート・レター（comfort letter）の内容と程度はさまざまであるが、買収企業の立場からは基本的に売主の保証義務を構成するものとして吟味すべきである。

63) 保険事故の分析や保険に関する係争の調査は、対象企業の事業活動上の問題点を明らかにする手がかりとなりうる。付保範囲についての潜在的なギャップや保険プログラムの内容等の保険ポリシーもリスク分析に有用である。

64) 年金基金が過少ではないか、生命保険や医療保険プランにおける退職者に対する義務など対象企業の年金・福利厚生制度については、買収後に予想外の重い負担となることがあり、事前の専門家による分析・調査を欠かすことはできない。

65) Whalley & Heymann ed., supra note 59, at 322.
たとえば、売主が環境責任について包括的、詳細かつ具体的な表明保証を明記し、それらが買収後も一定の期間（たとえば 2 年間）残存し、その責任を担保する確実な方策を約束するならば、デューディリジェンスの範囲、すなわちそれによって開示される情報は買主にとって十分でなくてもよいと一般的にはいえるが、売主がこのように不利な表明保証条項を受け入れることはほとんどの場合期待できない。

66) 松本真輔『敵対的買収と防衛策』（税務経理協会、2006）113-114 頁。

67) 同上、213-214 頁。

68) 同上、138-139, 141 頁。

69) 同上、129 頁。

70) 同上、226 頁。

71) 同上、222-223 頁。

72) 青嶋稔『海外M&Aを成功に導くPMIの進め方』（中央経済社、2019）9-10 頁。

73) 同上、11 頁。

74) 同上、12 頁。

75) 同上、12 頁。

76) 同上、13 頁。

77) 同上、13 頁。

78) 同上、14 頁。

第6章 事業戦略3

　独占禁止法（私的独占の禁止および公正取引の確保に関する法律（以下「法」という）4章は、株式の保有、役員の兼任、合併、分割および事業の譲受け等の行為（以下これらを「企業結合」という）によって一定の取引分野における競争を実質的に制限することとなる場合および不公正な取引方法による企業結合が行われる場合に、これを禁止している。禁止される企業結合については、独占禁止法17条の2の規定に基づき、排除措置が講じられることになる。

　公正取引委員会は、企業結合審査に関する独占禁止法の運用指針（令和元年12月17日改定、以下「本運用指針」という）を定めている。買収に関して、本運用指針が審査の対象としている形態は、株式保有、合併、分割、共同株式移転および事業譲受け等である。

　公正取引委員会は、これまでの企業結合審査の経験を踏まえ、企業結合審査に関する独占禁止法運用の透明性を一層確保し、事業者の予測可能性を高めるため、本運用指針を策定することとした。

1　企業結合審査の対象

　法4章は、一定の取引分野における競争を実質的に制限することとなる場合には、企業結合を禁止している。これは、複数の企業が株式保有、合併等により一定程度または完全に一体化して事業活動を行う関係（以下「結合関係」という）が形成・維持・強化されることにより、市場構造が非競争的に変化し、一定の取引分野における競争になんらかの影響を及ぼすことに着目して規制しようとするものである。

　なお、企業結合を行う会社を「当事会社」という。

（1）株式保有

（a）会社の株式保有

ア　会社が他の会社の株式を保有することにより、株式を所有する会社（以下「株式所有会社」という。以下同じ）と株式を所有される会社（以下「株式発行会社」という。以下同じ）との間に結合関係が形成・維持・強化され、企業結合審査の対象となるのは、次のような場合である。

①株式発行会社の総株主の議決権に占める株式所有会社の属する企業結合集団（法 10 条 2 項に規定する企業集団をいう。以下同じ）に属する会社等が保有する株式に係る議決権を合計した議決権の割合が 50％を超える場合。ただし、株式発行会社の総株主の議決権のすべてをその設立と同時に取得する場合は、企業結合審査の対象とはならない（後述（4）ア参照）。

②株式発行会社の総株主の議決権に占める株式所有会社の属する企業結集団に属する会社等が保有する株式に係る議決権を合計した議決権の割合が 20％を超え、かつ、当該割合の順位が単独で第 1 位となる場合。

イ　ア以外の場合については、通常、企業結合審査の対象とはならない場合が多いと考えられるが、次に掲げる事項を考慮して結合関係が形成・維持・強化されるか否かを判断する。ただし、議決権保有比率（株式発行会社の総株主の議決権に占める株式所有会社の保有する株式に係る議決権の割合をいう。以下同じ）が 10％または議決権保有比率の順位が第 4 位以下のときは、結合関係が形成・維持・強化されず、企業結合審査の対象とならない。

①議決権保有比率の程度

②議決権保有比率の順位、株主間の議決権保有比率の格差、株主の分散の状況その他株主相互間の関係

③株式発行会社が株式所有会社の議決権を有しているかなどの当事会社相互間の関係

④一方当事会社の役員または従業員が、他方当事会社の役員となっているか否かの関係

⑤当事会社間の取引関係（融資関係を含む）

⑥当事会社間の業務提携、技術援助その他の契約、協定等の関係

⑦当事会社と既に結合関係が形成されている会社を含めた①～⑥の事項

ウ　共同出資会社（2以上の会社が、共通の利益のために必要な事業を遂行することを目的として、契約等により共同で設立し、または取得した会社をいう。以下同じ）の場合は、当事会社間の取引関係、業務提携その他の契約等の関係を考慮して企業結合審査の対象となる企業結合か否かを判断する（共同出資会社の場合には、共同出資している株式所有会社間には、直接の株式所有関係はなくとも、共同出資会社を通じて間接的に結合関係が形成・維持・強化されることとなる。また、共同出資会社の設立に当たり株式所有会社同士の事業活動が共同化する場合には、そのこと自体競争に影響を及ぼすことにも着目する（後述4（2）(a) ウおよび（3）(a) エ参照）。

(b)　会社以外の者の株式所有

「会社以外の者」とは、会社法等で規定される株式会社、相互会社、合名会社、合資会社、合同会社または外国会社以外の者をいい、事業者であるか否かを問わない。具体的には、財団法人、社団法人、特殊法人、地方公共団体、金庫、組合、個人等株式を保有しうるすべての者が含まれる

会社以外の者の株式保有の場合についても、(a) に準じて判断する。

(c)　結合関係の範囲

株式保有により当事会社（者）間に結合関係が形成・維持・強化される場合には、各当事会社（者）とすでに結合関係が形成・維持・強化されている会社（者）を含めて結合関係が形成・維持・強化されることとなる。

(d)　企業結合審査の対象とならない株式保有

次のアの場合は、原則として、結合関係が形成・維持・強化されるものではないので、通常、企業結合審査の対象とはならない。また、次のイの場合についても、原則として、結合関係が形成・維持・強化されるものではないので、通常、企業結合審査の対象とはならない場合が多いと考えられるが、当事会社の属する企業結合集団に属する会社等以外の他の株主と当該企業結合集団に属する会社等との間に結合関係が形成・維持・強化される場合には、その結合関係が企業結合審査の対象となる。

ア　株式発行会社の総株主の議決権のすべてをその設立と同時に取得する場合（前述（1）ア①参照）

イ　株式所有会社と株式保有会社が同一の企業結合集団に属する場合

(2)　合併

(a)　合併

　合併の場合は、複数の会社が 1 つの法人として一体となるので、当事会社間でもっとも強固な結合関係が形成されることとなる。したがって、株式保有や役員兼任を通じて一定の結合関係がありながら、競争への影響をみる上では、結合関係がそれほど強くないことから問題ないとされた場合でも、合併により結合関係が強まり、問題とされる場合もありうる。

(b)　結合関係の範囲

　合併後の会社は、各当事会社とすでに結合関係が形成されている会社とも結合関係が形成・維持・強化されることとなる。

(c)　結合審査の対象とならない合併

　次のアの場合は、原則として、結合関係が形成・強化されるものではないので、通常、企業結合審査の対象とはならない。また、次のイの場合についても、原則として、結合関係が形成・強化されるものではないので、通常、企業結合審査の対象とはならない場合が多いと考えられるが、当事会社の属する企業集団に属する会社等以外の他の株主と結合関係が形成・強化される場合には、その結合関係が企業結合関係審査の対象となる。

ア　もっぱら株式会社を合名会社、合資会社、合同会社もしくは相互会社に組織変更し、合名会社を株式会社、合資会社もしくは合同会社に組織変更し、合資会社を株式会社、合名会社もしくは合同会社に組織変更し、合同会社を株式会社、合名会社もしくは合資会社に組織変更し、または相互会社を株式会社に組織変更する目的で行う合併

イ　すべての合併しようとする会社が同一の企業結合集団に属する場合

(3)　分割

(a)　共同新設分割・吸収分割

　共同新設分割または吸収分割の場合には、事業を承継させようとする会社の分割対象部分（事業の全部または重要部分）が、事業を承継しようとする会社に包括的に承継されるので、競争に与える影響は合併に類似するものである。

(b) 結合関係の範囲

共同新設分割または吸収分割により、事業を承継しようとする会社と当該会社の株式を割り当てられる会社との間に結合関係が形成・維持・強化される場合には、これらの会社とすでに結合関係が形成されている会社を含めて結合関係が形成・維持・強化されることとなる。

(c) 事業の重要部分

共同新設分割または吸収分割によって事業の重要部分を分割する場合における「重要部分」とは、事業を承継しようとする会社ではなく、事業を承継させようとする会社にとっての重要部分を意味し、当該承継部分が1つの経営単位として機能しうるような形態を備え、事業を承継させようとする会社の事業の実態からみて客観的な価値を有していると認められる場合に限られる。

このため、「重要部分」に該当するか否かについては、承継される事業の市場における個々の実態に応じて判断されることになるが、事業を継承させようとする会社の年間売上高（またはこれに相当する取引高等。以下同じ）に占める承継対象部分に係る年間売上高の割合が5％以下であり、かつ、承継対象部分に係る年間売上高が1億円以下の場合には、通常、「重要部分」に該当しないと考えられる。

(d) 企業結合審査の対象とならない分割

すべての共同新設分割または吸収分割をしようとする会社が同一の企業結合集団に属する場合は、原則として、結合関係が形成・強化されるものではないので、通常、企業結合審査の対象とはならない場合が多いものと考えられるが、当事会社の属する企業結合集団に属する会社等以外の他の株主と結合関係が形成・強化される場合には、その結合関係が企業結合審査の対象となる。

(4) 共同株式移転

(a) 共同株式移転

共同株式移転は、あらたに設立される会社が複数の会社の株式の全部を取得するので、合併と同様に、当事会社間で強固な結合関係が形成されることとなる。

したがって、株式保有や役員兼任を通じて一定の結合関係がありながら、競

争への影響をみる上では、結合関係がそれほど強くないことから問題ないとされた場合でも、共同株式移転により結合関係が強まり、問題とされる場合もありうる。

(b) 結合関係の範囲

共同株式移転後の複数の当事会社は、株式移転により新設する会社を通じて、各当事会社とすでに結合関係が形成されている会社とも結合関係が形成・維持・強化されることとなる。

(c) 企業結合審査の対象とならない共同株式移転

すべての共同株式移転をしようとする会社が同一の企業結合集団に属する場合は、原則として、結合関係が形成・強化されるものではないので、通常、企業結合審査の対象とはならない場合が多いものと考えられるが、当事会社の属する企業結合集団に属する会社等以外の他の株主と結合関係が形成・強化される場合には、その結合関係が企業結合審査の対象となる。

(5) 事業譲受け等

(a) 事業等の譲受け

事業の全部譲受けは、譲渡会社の事業活動が譲受会社と一体化するという意味では、競争に与える影響は合併に類似するものであるが、譲受け後は譲渡会社と譲受会社との間につながりはないので、譲渡対象部分が譲受会社にあらたに加わる点に着目すれば足りる。事業の重要部分の譲受けおよび事業上の固定資産についても、同様である。

(b) 結合関係の範囲

譲受対象部分に関しては、譲受会社とすでに結合関係が形成されている会社を含めて結合関係が形成・維持・強化されることとなる。

(c) 事業または事業上の固定資産の重要部分

事業の重要部分および事業上の固定資産の重要部分の譲受けにおける「重要部分」の考え方は、前述分割(c)と同様である。

(d) 企業結合審査の対象とならない事業等の譲受け

次のアの場合は、原則として、結合関係が形成・強化されるものではないので、通常、企業結合審査の対象とはならない。また、次のイの場合についても、

原則として、結合関係が形成・強化されるものではないので、通常、企業結合審査の対象とはならない場合が多いと考えられるが、当事会社の属する企業集団に属する会社等以外の他の株主と結合関係が形成・強化される場合には、その結合関係が企業結合審査の対象となる。

ア　100％出資による分社化のために行われる事業または事業上の固定資産の譲受け（以下「事業等の譲受け」という）

イ　事業等の譲受けをしようとする会社と事業等の譲渡をしようとする会社が同一の企業結合集団に属する場合

(e)　事業の賃借等

事業の賃借（賃借人が賃借した事業を自己の名および自己の計算において経営し、賃貸人に賃借料を支払う賃貸借契約の履行として行われる行為をいう）、事業についての経営の受任（会社が他の会社にその経営を委託する契約の履行として行われる行為をいう）、および事業上の損益全部を共通にする契約の締結（2社以上の会社間において一定の期間内の事業上の損益全部を共通にすることを約定する契約の締結をいう）についても、事業等の譲受けに準じて取り扱うこととする。なお、これらの契約の内容いかんによっては、前述（i）で述べることと異なり、両当事会社とすでに結合関係にある会社すべての間に結合関係が形成・維持・強化される場合がありうる。

2　一定の取引分野

企業結合審査の対象となる企業結合については、当該企業結合により結合関係が形成・維持・強化されることとなるすべての会社（以下「当事会社グループ」という。また、単に「当事会社」という場合、企業結合を行う一方の会社に、当該会社とその時点で結合関係が形成されているすべての会社を加えた会社群を指す）の事業活動について、後述3〜6の考え方に従い、当該企業結合が一定の取引分野における競争に与える影響を判断する。

この場合における一定の取引分野については、以下の判断基準によって画定される。

(1)　一定の取引分野の画定の基本的考え方

　一定の取引分野は、企業結合により競争が制限されることとなるか否かを判断するための範囲を示すものであり、一定の取引の対象となる商品の範囲（役務を含む。以下同じ）、取引の地域の範囲（以下「地理的範囲」という）等に関して、基本的には、需要者にとっての代替性という観点から判断される。また、必要に応じて供給者にとっての代替性という観点も考慮される。

　また、必要に応じて供給者にとってのという観点から判断される。

　需要者にとっての代替性をみるに当たっては、ある地域において、ある事業者が、ある商品を独占して供給しているという仮定の下で、当該独占事業者が、利潤最大化を図る目的で、小幅ではあるが、実質的かつ一時的ではない価格引き上げ[1)-2)]をした場合に、当該商品および地域について、需要者が当該商品の購入を他の商品または地域に振り替える程度を考慮する。他の商品または地域への振替の程度が小さいために、当該独占事業者が価格引上げにより利潤を拡大できるような場合には、その範囲をもって、当該企業結合によって競争上なんらかの影響が及びうる範囲ということとなる。

　供給者にとっての代替性については、当該商品および地域について、小幅ではあるが、実質的かつ一時的でない価格引き上げがあった場合に、他の供給者が、多大な追加的費用やリスクを負うことなく、短期間（1 年以内を目途）のうちに、別の商品または地域から当該商品の製造・販売に転換する可能性の程度を考慮する。そのような転換の可能性が小さいために、当該独占事業者が価格引上げにより利潤を拡大できるような場合には、その範囲をもって、当該企業結合によって競争上なんらかの影響が及びうる範囲ということとなる。

　また、第三者にサービスの「場」を提供し、そこに異なる複数の需要者層が存在する多面市場を形成するプラットフォームの場合、基本的に、それぞれの需要者層ごとに一定の取引分野を画定し、後述 4（2）(a) キのとおり多面市場の特性を踏まえて企業結合が競争に与える影響について判断する。

　なお、一定の取引分野は、取引実態に応じ、ある商品の範囲（または地理的範囲等）について成立すると同時に、それより広い（または狭い）商品の範囲（または地理的範囲等）についても成立するというように、重層的に成立することがある。たとえば、プラットフォームが異なる需要者層の取引を仲介し、間接ネッ

トワーク効果（後記4（2）(a) キ参照）が強く働くような場合は、それぞれの需要者層を包含した1つの一定の取引分野を重層的に画定する場合がある。また、当事会社グループが多岐にわたる事業を行っている場合には、それらの事業のすべてについて、取引の対象となる商品の範囲および地理的範囲をそれぞれ画定していくこととなる。

(2) 商品の範囲

　商品の範囲については、前述（1）で述べたように、まず、需要者からみた商品の代替性という観点から画定される。商品の代替性の程度は、当該商品の効用等の同種性の程度と一致することが多く、この基準で判断できることが多い。

　たとえば、甲商品と乙商品が存在する場合、需要者にとって両商品の効用等の同種性の程度が大きければ大きいほど、甲商品の価格引き上げによって需要者が甲商品に代えて乙商品を購入する程度が大きくなり、当該価格引き上げが甲商品の供給者の利潤の拡大につながらないことが予測されることから、乙商品が甲商品の価格引き上げを妨げることになると考えられる。このような場合、甲商品および乙商品は同一の商品の範囲に属することとなる。

　このような場合において、当該商品の需要者とは、当事会社グループの事業活動の対象となる取引先であって、たとえば、当事会社グループが、生産財のメーカーであれば当該商品を加工して次の商品の製造等を行う者、消費財のメーカーであれば一般消費者、流通業者であれば次の流通段階にある者がこれに当たる。

　また、たとえば、ある目的に用いられる甲商品と効用等が同種である乙商品群のうち、その目的の一部である特定の目的については、その効用等において甲商品との同種性の程度がとくに高い丙商品が区別されうる場合には、甲商品および乙商品群をもって商品の範囲が画定されると同時に、甲商品および丙商品をもって商品の範囲が画定される場合がある。

　さらに、商品の範囲を画定するに当たり、需要者からみた代替性のほかに、必要に応じて、供給者が多大な追加的費用やリスクを負うことなく、短期間のうちに、ある商品から他の商品に製造・販売を転換しうるか否かについても考慮される。たとえば、供給に要する設備等の相違や切換えに要する費用の大きさを検

討した結果、甲商品と乙商品について、甲所品の価格が上昇した場合に、乙商品の広範な範囲の供給者が乙商品の生産設備や販売網等を、多大な追加的費用やリスクを負うことなく、短期間のうちに、甲商品へ切り換えることが可能と認められるときには、甲商品および乙商品をもって商品の範囲が画定される場合がある。

　商品の効用等の同種性の程度について評価を行う場合には、次のような事項を考慮に入れる。

　(a)　内容・品質等

　商品の内容・品質等が考慮される場合がある。

　たとえば財の場合、大きさ・形状等の外形的な特徴や、強度・可塑性・耐熱性・絶縁等の物性上の特性、純度等の品質、規格・方式等の技術的な特徴などを考慮して判断される（ただし、これらの特徴がある程度異なっていても、効用等が同種であると認められる場合がある（後記 (c) 参照））。

　また、店舗等を拠点とする小売業・サービス業等の場合、取扱商品のカテゴリー、品質、品揃え・営業時間・店舗面積等の利便性などを考慮して判断される。

　さらに、通信回線等を経由してサービスを提供する通信サービスやインターネット付随サービス等の場合、利用可能なサービスの種類・機能等の内容面の特徴、音質・画質・通信速度・セキュリティレベル等の品質、使用可能言語・使用可能端末等の利便性などを考慮して判断される。

　なお、商品が複数の目的に用いられている場合には、それぞれの目的ごとに、同一の目的に用いられているか、または用いることができるか否かが考慮される。たとえば、ある目的については甲商品と乙商品の効用等が同種であると認められ、別の目的については甲商品と丙商品の効用等が同種であると認められる場合がある。

　(b)　価格・数量の動き等

　価格水準の違い、価格・数量の動き等が考慮される場合がある。

　たとえば、甲商品と乙商品は同一の目的に用いることは可能ではあるが、価格水準が大きく異なり、甲商品の代わりとして乙商品が用いられることが少ないために、甲商品と乙商品は効用等が同種であると認められない場合がある。

　また、甲商品と乙商品は同一の用途に用いることは可能ではあり、かつ、価格水準にも差はないが、甲商品の使用から乙商品の使用に切り替えるために設備の変更、従業員の訓練等の費用を要することから、事実上、甲商品の替わりとして乙商品が用いられることが少ないために、甲商品と乙商品は効用等が同種であると認められない場合がある。

　他方、甲商品と乙商品が同種であれば、甲商品の価格が引上げられた場合、需要者は甲商品に代えて乙商品を購入するようになり、その結果として、乙商品の価格が上昇する傾向があると考えられるので、甲商品の価格が上昇した場合に乙商品の販売数量が増加し、または乙商品の価格が上昇するときには、乙商品は甲商品と効用等が同種であると認められる場合がある。

　(c) 需要者の認識・行動

　需要者の認識等が考慮される場合がある。たとえば、甲商品と乙商品の内容等に違いがあっても、需要者が、いずれでも同品質の商品丙を製造するための原料として使用することができるとして甲商品と乙商品を併用しているため、甲商品と乙商品は効用等が同種であると認められる場合がある。

　また、過去に甲商品の価格が引上げられた場合に、需要者が甲商品に替えて乙商品を用いたことがあるか否かが考慮される場合もある。

(3) 地理的範囲

　(a) 基本的考え方

　地理的範囲についても、商品の範囲と同様に、まず、需要者からみた各地域で供給される商品の代替性の観点から判断される。各地域で供給される商品の代替性は、需要者および供給者の行動や当該商品の輸送に係る問題の有無等から判断できることが多い。すなわち、甲地域における供給者が、ある商品について価格を引き上げた場合に、甲地域の需要者が、乙地域の供給者から当該商品を購入することが予測されるために、甲地域における価格引き上げが妨げられることとなるときは、甲地域と乙地域は同一の地理的範囲に属することとなる。

　また、商品の範囲を確定する場合と同様に、たとえば、ある商品について、甲地域の一部である乙地域の需要者が特に乙地域の供給者から購入する傾向がみられる場合には、甲地域について一定の取引分野の地理的範囲が画定されると同

時に、乙地域について一定の地理的範囲が画定されることがある。

　さらに、需要者からみた代替性のほかに、供給者にとっての代替性についても、前述（2）の商品の範囲の考え方に準じて判断される。

　需要者が通常どの範囲の地域の供給者から当該商品を購入することができるかという観点について評価を行う場合には、次のような事項を考慮に入れる。

ア　供給者の事業地域、需要者の買い回る範囲等

　需要者が通常どの範囲の地域から当該商品を購入することができるかという点については、たとえば、事業者間で取引される財の場合、需要者の買い回る範囲や、供給者の販売網等の事業地域および供給能力などを考慮して判断される。その際、鮮度の維持の難易の程度、破損のしやすさや重量物であるか否かのなどの特性、輸送に要する費用が価格に占める割合や輸送しようとする地域間における価格等より大きいか否かなども考慮される。

　また、店舗等を拠点とする小売業・サービス業等の場合、主に需要者の買い回る範囲などを考慮して判断される。

　さらに、通信回線等を経由してサービスを提供する通信サービスやインターネット付随サービス等の場合、需要者が同一の条件・内容・品質等で供給者からサービスを受けることが可能な範囲や供給者からのサービスが普及している範囲などを考慮して判断される。

イ　価格・数量の動き等

　前述（2）の商品の範囲と同様、価格水準の違い、価格・数量の動き等が考慮される場合がある。

ウ　需要者の認識・行動

　前述（2）の商品の範囲と同様、需要者の認識等が考慮される場合がある。

（b）国境を越えて地理的範囲が画定される場合についての考え方

　前述（a）の基本的な考え方は、国境を越える場合にも当てはまる。すなわち、ある商品について、内外の需要者が内外の供給者を差別することなく取り引きしているような場合には、日本において価格が引き上げられたとしても、日本の需要者が海外の供給者にも当該製品の購入を代替しうるために、日本における価格引上げが妨げられることがありうるので、このような場合には、国境を越えて地理的範囲が画定されることとなる。

たとえば、内外の主要な供給者が世界（または東アジア）中の販売地域において実質的に同等の価格で販売しており、需要者が世界（または東アジア）各地の供給者から主要な購入先を選定しているような場合は、世界（または東アジア）市場が画定されうる。

(4) その他

取引段階、特定の取引の相手方等その他の要素についても、当事会社グループとその取引の相手方との取引の実態に応じて、前述（2）および（3）と同様の考え方に基づいて、一定の取引分野が画定される。

たとえば、当事会社グループと甲商品を直接取引している需要者に大口需要者と小口需要者が存在し、それぞれに特有の取引が行われている場合がある。このような場合において、物流面の制約等のために、小口需要者向けの甲商品の価格が引き上げられたとしても、小口需要者が大口需要者向けの甲商品を購入することができず、大口需要者向けの甲商品が小口需要者向けの甲商品の価格引上げを妨げる要因とならないときは、甲商品の大口需要者向け取引分野と小口需要者向け取引分野が、それぞれ画定されることとなる。

3 競争を実質的に制限することとなる場合

(1)「競争を実質的に制限することとなる」の解釈

(a)「競争を実質的に制限する」の考え方

判例（東宝株式会社ほか1名に対する件（昭和28年12月7日東京高等裁判所判決））では、「競争を実質的に制限する」について、次のような考え方が示されている。

ア　株式会社新東宝（以下「新東宝」という）は、自社の制作する映画の配給について自ら行うこともできたが、東宝株式会社（以下「東宝」という）との協定により、当該配給をすべて東宝に委託することとし、自らは、映画の制作のみを行っていた。新東宝は、当該協定失効後も引き続き当該協定の内容を実行していたが、昭和24年11月に、右協定の失効を理由として、新東宝の制作した映画は自らこれを配給することを言明したことから、東宝との間

に紛争が生じた。この紛争の中で、右の協定が法違反であるとして、公正取引委員会による審判が開始され、公正取引委員会は、昭和 26 年 6 月 5 日の審決において、東宝と新東宝の協定は、法 3 条（不当な取引制限）および 4 条 1 項 3 号[3] の規定に違反すると認定した。

イ　被審人東宝の審決取消しの訴えに対して、東京高等裁判所は、競争の実質的制限に関し、「競争を実質的に制限するとは、競争自体が減少して、特定の事業者または事業者集団がその意思で、ある程度自由に、価格、品質、数量、その他各般の条件を左右することによって、市場を支配することができる状態をもたらすことをいう」と判示した。

(b)「こととなる」の考え方

法 4 章の各規定では、法 3 条または法 8 条の規定とは異なり、一定の取引分野における競争を実質的に制限する「こととなる」場合の企業結合を禁止している。この「こととなる」とは、企業結合により、競争の実質的制限が必然ではないが容易に現出しうる状況がもたらされることで足りるとする蓋然性を意味するものである。したがって、法 4 章では、企業結合により市場構造が非競争的に変化して、当事会社が単独でまたは他の会社と協調的行動をとることによって、ある程度自由に価格、品質、数量、その他各般の条件を左右することができる状態が容易に現出しうるとみられる場合には、一定の取引分野における競争を実質的にすることとなり、禁止される。

(2) 企業結合の形態と競争の実質的制限

企業結合にはさまざまな形態があるが、

(ア) 水平型企業結合（同一の一定の取引分野において競争関係にある会社間の企業結合をいう。以下同じ）

(イ) 垂直型企業結合（たとえば、メーカーとその商品の販売業者との間の合併など取引段階を異にする会社間の企業結合をいう。以下同じ）

(ウ) 混合型企業結合（たとえば、異業種に属する会社間の合併、一定の取引分野の地理的範囲を異にする会社間の株式保有など水平型企業結合または垂直型企業結合のいずれにも該当しない企業結合をいう。以下同じ）

に分類することができる。

　水平型企業結合は、一定の取引分野における競争単位の数を減少させるので、競争に与える影響が直接的であり、一定の取引分野における競争を実質的に制限することとなる可能性は、垂直型企業結合や混合型企業結合に比べ高い。これに対し、垂直型企業結合および混合型企業結合は、一定の取引分野における競争単位の数を減少させないので、水平型企業結合に比べて競争に与える影響は大きくなく、一定の場合を除き、通常、一定の取引分野における競争を実質的に制限することとなるとは考えられない。

　企業結合審査の対象となる企業結合が、水平型企業結合、垂直型企業結合、混合型企業結合のいずれに該当するかによって、当該企業結合が一定の取引分野の競争を実質的に制限することとなるか否かを判断する際の検討の枠組みや判断要素が異なる。

　以下では、水平型企業結合、垂直型企業結合、混合型企業結合に分けて、当該企業結合が一定の取引分野における競争を実質的に制限することとなるか否かを判断する際の検討の枠組みや判断要素を明らかにする。

　なお、たとえば、水平型企業結合に該当する側面と垂直型企業結合に該当する側面を併せもつ企業結合については、それぞれの側面に応じて、以下に示す検討の枠組みや判断要素に即して検討を行うこととなる。

4　水平型企業結合による競争の実質的制限

(1)　基本的考え方等

　水平型企業結合は、一定の取引分野における競争単位の数を減少させるので、競争に与える影響がもっとも直接的であり、一定の取引分野における競争を実質的に制限することとなる企業結合は、水平型企業結合に多い。

　水平型企業結合が一定の取引分野における競争を実質的に制限することとなるのは、当事会社グループの単独行動による場合と、当事会社グループとその一または複数の競争者（以下「競争者」という）が協調的行動をとることによる場合があり、個々の事案においては、2つの観点から問題となるか否かが検討される。したがって、たとえば、企業結合について、単独行動による競争の実質的制限の観点からは問題とならなくても、協調的行動による競争の実質的制限の観点

からは問題となる場合がある。

（a）単独行動による競争の実質的制限

　水平型企業結合が単独行動により一定の取引分野における競争を実質的に制限することとなるのは、商品が同質的か差別化されているかに応じて、典型的には、次のような場合である。

ア　商品が同質的なものである場合

　商品が同質的なものである場合、たとえば、当事会社グループが当該商品の価格を引き上げたとき、他の事業者が当該商品の価格を引き上げなければ、需要者は購入先をそれらの他の事業者に振り替えるので、通常、当事会社グループの売上げは減少し、他の事業者の売上げが拡大することになる。したがって、当事会社グループが当該商品の価格等をある程度自由に左右することは困難である場合が多い。

　しかし、当事会社グループの生産・販売能力が大きいのに対し、他の事業者の生産・販売能力が小さい等の事情から、当事会社グループが当該商品の価格を引き上げた場合に、他の事業者が当該商品の価格を引き上げないで売上げを拡大することや、需要者が購入先をそのような他の事業者に振り替えることができないときがある。

　このような場合には、当事会社グループが当該商品の価格等をある程度自由に左右する状態が容易に現出しうるので、水平型企業結合が、一定の取引分野における競争を実質的に制限することとなる。

イ　商品が差別化されている場合

　たとえば、商品がブランドで差別化されている場合において、あるブランドの商品の価格が引き上げられた場合、需要者はそれに代わるものとして他のブランドの商品を一様に購入の対象とするわけではなく、価格が引き上げられたブランドの商品の次に需要者にとって好ましい（代替性の高い）ブランドの商品が購入されることになると考えられる。

　このような場合、当事会社グループがあるブランドの商品の価格を引き上げたとしても、当事会社グループが当該商品と代替性の高いブランドの商品を販売しているときには、価格を引き上げた商品の売上げが減少しても当該商品と代替性の高いブランドの商品の売上げの増加で償うことができるので、当事会社グ

ループ全体としては売上げを大きく減少させることなく、商品の価格を引き上げることができると考えられる。

したがって、商品がブランド等により差別化されている場合、代替性の高い商品を販売する会社間で企業結合が行われ、他の事業者が当該商品と代替性の高い商品を販売していないときには、当事会社グループが当該商品の価格等をある程度自由に左右することができる状態が容易に現出しうるので、水平型企業結合が、一定の取引分野における競争を実質的に制限することとなる。

(b) 協調的行動による競争の実質的制限

水平型企業結合が協調的行動により一定の取引分野における競争を実質的に制限することとなるのは、典型的には、次のような場合である。

たとえば、事業者甲が商品の価格を引き上げた場合、他の事業者乙、丙等は当該商品の価格を引き上げないで、売上げを拡大しようとし、それに対し、事業者甲は、価格を元の価格まで引き下げ、あるいはそれ以上に引き下げて、事業者乙、丙等が拡大した売上げを取り戻そうとすることが多いと考えられる。

しかし、水平型企業結合によって競争単位の数が減少することに加え、当該一定の取引分野の集中度等の市場構造、商品の特性、取引慣行等から、各事業者が互いの行動を高い確率で予測することができるようになり、協調的な行動をとることが利益となる場合がある。このような場合、事業者甲の価格引上げに追随して他の事業者が商品の価格を引き上げたときに、たとえば、事業者乙が当該商品の価格を引き上げないで売上げを拡大しようとしても、他の事業者が容易にそれを知り、それに対抗して、当該商品の価格を元の価格まで引き下げ、あるいはそれ以上に引き下げて、奪われた売上げを取り戻そうとする可能性が高い。したがって、事業者乙が当該商品の価格を引き上げないことにより獲得できると見込まれる一時的な利益は、事業者甲に追随して価格を引き上げたときに見込まれるものより小さなものとなりやすい。

このような状況が生み出される場合には、各事業者にとって、価格を引き上げないで売上げを拡大するのではなく互いに当該商品の価格を引き上げることが利益となり、当事会社とその競争者が協調的行動をとることにより当該商品の価格等をある程度自由に左右することができる状態が容易に現出しうるので、水平型企業結合が一定の取引分野における競争を実質的に制限することとなる。

（c）競争を実質的に制限することとならない場合

　水平型企業結合が一定の取引分野における競争を実質的に制限することとなるか否かについては、個々の事案ごとに後述（b）および（c）の各判断要素を総合的に勘案して判断するが、企業結合後の当事会社グループが次の①〜③のいずれかに該当する場合には、水平型企業結合が一定の取引分野における競争を実質的に制限することとなるとは通常考えられない[4]。

　①企業結合後のハーフィンダール・ハーシュマン指数（以下「HHI」という）が 1,500 以下である場合[5]

　②企業結合後のHHIが 1,500 超 2,500 以下であって、かつ、HHIの増分が 250 以下である場合[6]

　③企業結合後のHHIが 1,500 を超え、かつHHIの増分が 150 以下である場合

　なお、これらの基準に該当しない場合であっても、直ちに競争を実質的に制限することとなるものではなく個々の事案ごとに判断されることとなるが、過去の事例に照らせば、企業結合後のHHIが 2,500 以下であり、かつ、企業結合後の当事会社グループの市場シェアが 35％以下の場合には、競争を実質的に制限することとなるおそれは小さいと通常考えられる。

（2）単独行動による競争の実質的制限についての判断要素

　次の判断要素を総合的に勘案して、水平型企業結合が単独行動により一定の取引分野における競争を実質的に制限することとなるか否か判断する。

　（a）当事会社グループおよび競争者の地位ならびに市場における競争者の状況等

ア　市場シェアおよびその順位

　企業結合後の当事会社グループの市場シェアが大きい場合には、それが小さい場合に比べ、当事会社グループが商品の価格を引き上げようとしたときに、他の事業者が当該商品の価格を引き上げないで、当事会社グループに代わって当該商品を十分に供給することは容易ではないので、当事会社グループの当該商品の価格引上げに対する他の事業者の牽制力は弱くなると考えられる。

　したがって、企業結合後の当事会社グループの市場シェアが大きい場合および企業結合による市場シェアの増分が大きい場合には、それだけ当該企業結合の

競争に及ぼす影響が大きい。

　同様に、企業結合後の当事会社グループの市場シェアの順位が高い場合および企業結合により順位が大きく上昇する場合には、それだけ当該企業結合の競争に及ぼす影響が大きい。

　たとえば、市場シェアの順位が上位である会社間の企業結合は、その順位が下位である会社間の企業結合に比べ、競争に及ぼす影響は大きい。

　企業結合による市場シェアの変化の算定に当たっては、入手可能な最新の当事会社グループの市場シェアを基に計算することを原則とするが、より長期的な販売数量や売上高の変化、需要者の選好の変化、技術革新の速さや程度、商品の陳腐化の状況、市場シェアの変動の状況等によって、当該企業結合後の市場シェアに大きな変動が見込まれる場合や競争者が投資の減退傾向を背景にすでに競争圧力を形成していない状況にある場合には、その点も加味して競争に与える影響を判断する。

イ　当事会社間の従来の競争の状況等

　従来、当事会社間で競争が活発に行われてきたことや当事会社の行動が市場における競争を活発にしてきたことが、市場全体の価格引下げや品質・品揃えの向上などにつながってきたと認められる場合には、企業結合後の当事会社グループの市場シェアやその順位が高くなかったとしても、当該企業結合によりこうした状況が期待できなくなるときには競争に及ぼす影響が大きい。

　たとえば、当事会社間で競争が活発に行われており、一方の市場シェアの拡大が他方の市場シェアの減少につながっていたような場合、企業結合後は、一方当事者の売上げの減少を他方当事者の売上げの増加で償うことができ、当事会社グループ全体としては売上げを大きく減少させることなく、商品の価格を引上げることができると考えられるので、当該企業結合の競争に及ぼす影響が大きい。

　また、商品がブランド等により差別化されている場合であって各当事会社の販売する商品間の代替性が高い場合には、企業結合後は、一方の商品の売上げの減少を当該商品と代替性の高い商品の売上げの増加で償うことができ、当事会社グループ全体としては売上げを大きく減少させることなく、商品の価格を引上げることができると考えられるので、当該企業結合の競争に及ぼす影響が大きい。

ウ　共同出資会社の扱い

　出資会社が行っていた特定の事業部門の全部を共同出資会社によって統合することにより、出資会社の業務と分離させる場合には、出資会社と共同出資会社の業務の関連性は薄いと考えられる。

　したがって、たとえば、ある商品の生産・販売、研究開発等の事業すべてが共同出資会社によって統合される場合には、共同出資会社について市場シェア等を考慮することとなる。

　他方、出資会社が行っていた特定の事業部門の一部が共同出資会社によって統合される場合には、共同出資会社の運営を通じ出資会社相互間に協調関係が生じる可能性がある。出資会社間に協調関係が生じるかどうかについては、共同出資会社に係る出資会社間の具体的な契約の内容や統合の実態、出資会社相互間に取引関係がある場合にはその内容等を考慮する。

　たとえば、ある商品の採算部門のみが共同出資会社によって統合され、出資会社は引き続き当該商品の販売を行う場合、共同出資会社の運営を通じ出資会社相互間に協調関係が生じるときには、出資会社の市場シェアを合算する等して競争に及ぼす影響を考慮することになる。他方、出資会社は引き続き当該商品の販売を行うが、共同出資会社の運営を通じ出資会社相互間に協調関係が生じることのないよう措置が講じられている場合には、競争に及ぼす影響は小さいと考えられる（ただし、後述（3）(a) 参照）。

エ　競争者の市場シェアとの格差

　企業結合後の当事会社グループの市場シェアと競争者の市場シェアとの格差が大きい場合には、それが小さい場合に比べ、当事会社グループが商品の価格を引き上げようとしたときに、競争者が当該商品の価格を引き上げないで、当事会社グループに代わって当該商品を十分供給することが容易で はないので、当事会社グループの当該商品の価格引上げに対する牽制力は弱くなると考えられる。

　したがって、企業結合後の当事者グループの市場シェアと競争者の市場シェアとの格差が大きい場合には、それだけ当該企業結合の競争に及ぼす影響が大きい。

　他方、企業結合後の当事会社グループと同等以上の市場シェアを有する競争者が存在する場合には、当事会社グループがある程度自由に価格等を左右することを妨げる要因となりうる。

　なお、競争者の市場シェアとの格差を考慮するに当たっては、競争者の供給余力や競争者の販売する商品と当事会社グループの販売する商品との代替性の程度を考慮する（次のオ参照）。

オ　競争者の供給余力および差別化の程度

　競争者の供給余力が十分でない場合には、当事会社グループが当該商品の価格を引き上げたとき、当該商品の価格を引き上げないで売上げを拡大することができず、当事会社グループが当該商品の価格を引き上げることに対して牽制力が働かないことがある。このように、競争者の供給余力が十分でない場合には、企業結合後の当事会社の市場シェアと競争者の市場シェアとの格差がさほど大きくないときであっても、当該企業結合後の競争に及ぼす影響が小さいとはいえないことがある。

　逆に、当該商品の需要が継続的構造的に減少しており、競争者の供給余力が十分である場合には、当事会社グループの価格引上げに対する牽制力となりうる。

　また、商品がブランド等により差別化されている場合であって当事会社の販売する商品の代替性が高い場合には、競争者の販売する商品と当事会社グループが販売する商品との代替性の程度を考慮する。代替性が低い場合には、企業結合後の当事会社の市場シェアと競争者の市場シェアとの格差がさほど大きくないときであっても、当該企業結合の競争に及ぼす影響が小さいとはいえないことがある。

カ　研究開発

　各当事会社が競合する財・サービスの研究開発を行っている場合には、当該研究開発の実態も踏まえて企業結合が競争に与える影響を判断する。

　たとえば、一方当事会社が財・サービス（以下「α」という）を市場に供給しており、他方当事会社がαと競合する財・サービス（以下「β」という）の研究開発を行っている場合において、他方当事会社のβが当該市場に供給された後に、一方当事会社のαと競合する程度が高いと見込まれるときには、そうでない場合と比較して、企業結合がなければ実現したであろう一方当事会社のαと他方当事会社のβの間の競争が減少することにより、当該企業結合の競争に及ぼす影響が大きい。また、他方当事会社のβが当該市場に供給された後に、一方当事会

社の α と競合が高いと見込まれるときには、そうでない場合と比較して、企業結合により他方当事会社の研究開発の意欲が減退する可能性が高く、当該企業結合の競争に及ぼす影響が大きい。各当事会社が競合する財・サービスの研究開発を行っている場合も同様に、企業結合による各当事会社の財・サービスの当該市場への供給後の競争の消滅や、研究開発の意欲の減退を踏まえて、企業結合が競争に与える影響を判断することとなる。

キ　市場の特性

　企業結合が一定の取引分野における競争に及ぼす影響について、当該一定の取引分野におけるネットワーク効果や規模の経済性等を踏まえて判断することがある。たとえば、企業結合後に当事会社グループが一定数の需要者を確保すること自体により商品の価値が高まり、その結果当事会社グループの商品の需要者が更に増加すると見込まれるような場合（いわゆる直接ネットワーク効果が働く場合）には、当該直接ネットワーク効果も踏まえて企業結合が競争に与える影響を判断する。特に、需要者の多くが1つのサービスしか利用しない場合（シングル・ホーミング）には、需要者の多くが複数のサービスを同等に利用する場合（マルチ・ホーミング）と比較して、直接ネットワーク効果も踏まえて企業結合の競争に与える影響について判断する。

ク　国境を越えて地理的範囲が画定される商品の扱い

　2の一定の取引分野に係る検討の結果、国境を越えて地理的範囲が画定されうる商品として、たとえば、国境を越える取引における制度上・輸送上の条件が日本国内取引に比較して大きな差異がないものであって、品質面等において内外の商品の代替性が高い商品や、非鉄金属など鉱物資源のように商品取引所を通じて国際的な価格指標が形成されている商品がある。このような商品については、当該地理的範囲における当事会社グループの市場シェア・順位、当事会社間の従来の競争の状況、競争者の市場シェアとの格差、競争者の供給余力・差別化の程度等を加味して、競争に与える影響を判断する。

　(b)　輸入

　輸入圧力が十分働いていれば、当該企業結合が一定の取引分野における競争を制限することとなるおそれは小さいものとなる[7]。

　需要者が当事会社グループの商品から容易に輸入品に使用を切り替えられる

状況にあり、当事会社グループが当該商品の価格を引き上げた場合に、輸入品への切替えが増加する蓋然性が高いときには、当事会社グループは、輸入品に売上げを奪われることを考慮して、当該商品の価格を引き上げないことが考えられる。

　輸入圧力が十分働いているか否かについては、現在輸入が行われているかどうかにかかわらず、次の①〜④のような輸入に係る状況をすべて検討の上、商品の価格が引き上げられた場合に、輸入の増加が一定の期間[8]に生じ、当事会社グループがある程度自由に価格等を左右することを妨げる要因となりうるか否かについて考慮する。

①制度上の障壁の程度

　輸入圧力を評価するに当たっては、当該商品について、関税その他の輸入に係る制限等の制度上の規制が存在し、それが今後とも障壁として作用するか否かを検討する必要がある。制度上の障壁が存在しなければ、それだけに輸入圧力が働きやすい。また、制度上の障壁が存在するために現時点で輸入が少ない場合であっても、近い将来に制度上の障壁が除かれることが予定されているような場合には、輸入がより容易に行われるようになり、輸入圧力が強まる可能性がある。

　他方、制度上の障壁が存在し、それが維持されるような場合には、当事会社グループが価格を引き上げたとしても、輸入が増加する余地は小さく、輸入圧力は低いものにとどまると考えられる。

　現在、相当量の輸入が行われている場合には、通常、制度上の障壁が低いことが推認されるが、たとえば、輸入割当制度の存在により、輸入増加の余地が限られるような場合には、輸入圧力は限定的なものにとどまる点に留意する必要がある。

②輸入に係る輸送費用の程度や流通上の問題の有無

　輸入に係る輸送費用が低く、かつ、輸入に係る流通上の問題が存在しない場合には、それだけ国内製品の価格が引き上げられたときに輸入品が日本国内に流入しやすい環境にあると考えられる。

　他方、重量物で付加価値が低い商品など、輸入に係る輸送費がかさむ場合には、需要者にとって輸入品を購入する誘引は小さい可能性がある。また、輸入に当たって、物流・貯蔵設備等、日本国内における流通・販売体制が整備されてい

ないために、輸入品の安定供給が期待できない場合にも、需要者は輸入品の購入を敬遠する可能性がある。このような場合には、当事会社グループが商品の価格を引き上げたとしても輸入が増加せず、輸入圧力が働きにくいと考えられる。

　現在、相当量の輸入品が国内に入ってきている場合には、このような輸送や流通上の問題が少ないことを示唆しているものと考えられる。

③輸入品と当事会社グループの商品の代替性の程度

　輸入品と当事会社グループの商品との代替性が高い場合には、それだけ需要者は躊躇なく輸入品を購入・使用することが可能と考えられる。

　他方、輸入品と当事会社グループの商品に品質差がある場合、輸入品の品揃えに問題がある場合、または需要者の使い慣れの問題がある場合には、輸入品が選好されない可能性がある。このような場合には、当事会社グループが商品の価格を引き上げたとしても輸入が増加せず、輸入圧力は働きにくいと考えられる。

　輸入品と当事会社グループの商品との代替性の程度を評価するに当たっては、輸入品と当事会社グループの商品との価格水準の違いや価格・数量の動き等の過去の実績を参考にする場合がある。

　たとえば、当事会社の商品の価格が上昇した場合に、輸入品の販売数量が増加した実績があるときには、輸入品との代替性が高いと認められることがある。

　また、主な需要者が輸入品を使用した経験の有無やその評価、輸入品採用の意向などから、当事会社グループの商品と輸入品との代替性が高いか否かを判断できる場合がある。

④海外の供給可能性の程度

　当事会社グループが商品の価格を引き上げた場合の輸入増加の可能性の程度を評価する必要がある。

　海外の事業者が安い生産費用で十分な供給余力を有している場合には、それだけ国内価格の上昇に応じて輸入品が増加する蓋然性が高いと考えられる。海外製品の輸入や海外の事業者の日本向け輸出への具体的な計画がある場合には、そうでない場合に比べて、輸入増加の蓋然性が高い。また、海外に有力な事業者が存在し、すでに相当程度、国内への供給を行っている場合や、近い将来にその事業者が国内に物流・販売拠点を設け、商品を供給する具体的な計画を有しており、その実現可能性が高い場合には、輸入圧力が働きやすいと考えられる。

　また、日本以外の市場へ当該商品を供給しているが、国内価格次第で日本へ仕向地を変更する蓋然性が高い海外事業者が存在する場合や、国内価格次第で設備能力等の増強を行い日本への供給を行う蓋然性の高い海外事業者が存在する場合には、国内価格の上昇に応じて輸入が増加する可能性が高く、輸入圧力の要因となりうる。さらに、海外の有力な事業者が生産能力を増強する結果、海外における供給量が増加する場合に、海外での市場価格が下落し、国内製品との間に内外価格差が生じることがあるが、こうした内外価格差が生じるときには、輸入圧力が高まる可能性がある。

　（c）参入

　参入が容易であり、当事会社グループが商品の価格を引き上げた場合に、より低い価格で当該商品を販売することにより利益を上げようとする参入者が現れる蓋然性があるときには、当事会社グループは、参入者に売上げを奪われることを考慮して、商品の価格を引き上げないことが考えられる。したがって、参入圧力が十分働いていれば、当事会社グループがある程度自由に価格等を左右することを妨げる要因となる。

　参入圧力が十分働いているか否かについては、前述（ii）の輸入に係る分析と同様に、次の①～④のような参入に係る状況をすべて検討の上、参入が一定の期間に行われ、当事会社グループがある程度自由に価格等を左右することを妨げる要因となりうるか否かについて考慮する。

①制度上の参入障壁の程度

　参入圧力を評価するに当たっては、当該商品について、法制度上の参入規制が存在し、それが参入の障壁となっているか否か、また、今後とも当該規制が維持されるか否かを検討する必要がある。法制度上の参入規制が存在しなければ、それだけ参入圧力が働きやすい。また、参入規制が参入の障壁となっている場合であっても、近い将来に当該規制が除かれることが予定されているような場合には、参入がより容易になり、参入圧力が高まる可能性がある。

　他方、参入規制が参入の障壁となっており、それが維持されるような場合には、当事会社グループが商品の価格を引き上げたとしても、参入が行われず、参入圧力が低いものにとどまるものと考えられる。

　近時、一定の参入が行われている場合には、通常、参入規制が存在しないか、

存在したとしても参入の障壁となっていないものと考えられる。

②実態面での参入障壁の程度

　参入のための必要資本量が小さく、参入者にとって技術条件、原材料調達の条件、販売面の条件等において問題が存在しない場合には、それだけ参入が容易な環境にあると考えられる。また、生産設備に重要な変更を加えることなく当該商品を供給しうるような事業者が存在すれば、当該事業者にとって参入は容易であると考えられる。

　参入に相当な資本量が必要である場合には、当事会社グループが商品の価格を引き上げた場合に参入が行われるか否かの企業行動について評価することとなる。

　また、立地条件、技術条件、原材料調達の条件、販売面の条件等において参入者が既存事業者に比べて不利な状況に置かれているような場合には、参入が期待できない要因となる。

　他方、近時、一定の参入が行われ、それが成功しているような場合には、通常、実態面での参入障壁が低いことを示唆しているものと考えられる。

③参入者の商品と当事会社グループの商品の代替性

　参入者が供給するであろう商品と当事会社グループの商品との代替性が高い場合には、それだけ需要者は躊躇なく参入者の商品を購入・使用することが可能と考えられる。

　他方、参入者が当事会社グループと同等の品質の商品を同等の品揃えで製造・販売することが困難であるような場合、または需要者の使い慣れの問題から参入者の商品が選好されないような場合には、参入が行われにくくなる可能性があり、また、参入が行われたとしても当事会社グループの商品に対する十分な競争圧力とはなりにくいと考えられる。

④参入可能性の程度

　当事会社グループが商品の価格を引き上げた場合の参入の可能性の程度を評価する必要がある。

　現に他の事業者が十分な規模で参入を計画している場合や、当該一定の取引分野における価格次第で設備の新設や変更等を行い、当該取引分野への供給を行う蓋然性の高い参入者が存在する場合には、そうでない場合に比べて、参入圧力

は高いと考えられる。

　また、一般的に、今後大きな需要拡大が見込まれる蓋然性の高い成長市場に供給される商品、技術革新が頻繁な商品、ライフサイクルが長い商品、既存技術を代替する有力な新技術に対する開発投資が旺盛な商品等、市場構造が動態的に変化しやすい場合には、そうでない場合よりも高い参入圧力が生じやすいと考えられる。

(d) 隣接市場からの競争圧力

　2（一定の取引分野）において画定された一定の取引分野に関連する市場、たとえば、地理的に隣接する市場および当該商品と類似の効用等を有する商品（以下「類似品」という）の市場についても考慮の対象となる。

　たとえば、隣接市場において十分に活発な競争が行われている場合や、近い将来において類似品が当該商品に対する需要を代替する蓋然性が高い場合には、当該一定の取引分野における競争を促進する要素として評価しうる場合がある。

　需要の減少により市場が縮小している商品について、類似品が当該商品に対する需要を代替するする蓋然性が高い場合も同様である。

ア　類似品

　当該商品と効用等は類似しているが別の市場を構成している類似品の市場が存在する場合には、販売網、需要者、価格等の面からみた効用等の類似性により、類似品が、当事会社グループがある程度価格等を左右することをある程度妨げる要因となりうる。

イ　地理的に隣接する市場の状況

　当該一定の取引分野の地理的範囲が限られている場合、それに隣接して同一の商品が供給されている別の地理的市場が存在するときには、その近接度、物流手段、交通手段、当該市場の事業者の規模等により、当該隣接市場における当事会社グループがある程度自由に価格等を左右することをある程度妨げる要因となりうる。

(e) 需要者からの競争圧力

　当該一定の取引分野への競争圧力は、次の取引段階に位置する需要者側から生じることもある。需要者が、当事会社グループに対して、対抗的な交渉力を有している場合には、取引関係を通じて、当事会社グループがある程度自由に価格

等を左右することをある程度妨げる要因となりうる。需要者側から競争圧力が働いているか否かについては、次のような需要者と当事会社グループの取引関係等に係る状況を考慮する。

①需要者の間の競争状況

　需要者の商品の市場における競争が活発であるときには、需要者は、供給者からできるだけ低い価格で当該商品を購入しようとする場合もあると考えられる。

　たとえば、原材料メーカーの企業結合の場合、当該原材料を使用する完成品の市場における競争が活発であるときには、当該原材料の需要者である完成品メーカーは、完成品の価格を低くするため、できるだけ低い価格で当該原材料を調達しようとするものと考えられる。この場合、当事会社グループが当該商品の価格を引き上げると売上げが大きく減少する可能性があるので、当事会社グループが価格等をある程度自由に左右することをある程度妨げる要因となりうる。

②取引先変更の容易性

　需要者が、ある供給者から他の供給者へ供給先の切替えを行うことが容易であり、切替えの可能性を当該供給者へ示すことによって価格交渉力が生じているときには、需要者からの競争圧力が働いていると考えられる。たとえば、需要者が、電子商取引や入札購買によって供給者を選択している場合、容易に内製に転換することができる場合、当該商品以外を含めて多様に取引を変更することが容易な状況にあり購買者圧力が形成されている場合、大規模な量販店のように取引規模が大きく複数の購買先を有している場合等、需要者の調達方法、供給先の分散の状況や変更の難易の程度などからみて、当該需要者の価格交渉力が強いときには、当事会社グループが価格等をある程度自由に左右することをある程度妨げる要因となりうる。

　他方、たとえば、ネットワーク効果の存在やスイッチングコスト等のために需要者が当事会社グループから他の供給者へ供給先の切換えを行うに当たっての障壁が高い場合など、需要者にとって当事会社グループから他の供給者への供給先の切換えを行うことが容易でない場合には、需要者からの競争圧力が働きにくいと考えられる。

③市場の縮小

当該商品の需要が減少して継続的構造的に需要量が供給量を大きく下回ることにより、需要者からの競争圧力が働いている場合には、当事会社グループが価格等をある程度自由に左右することをある程度妨げる要因となりうる。

(f) 総合的な事業能力

企業結合後において、当事会社グループの原材料調達力、技術力、販売力、信用力、ブランド力、広告宣伝力等の総合的な事業能力が増大し、企業結合後の会社の競争力が著しく高まることによって、競争者が競争的な行動をとることが困難となることが見込まれる場合は、その点も加味して競争に与える影響を判断する。

(g) 効率性

企業結合後において、規模の経済性、生産設備の統合、工場の専門化、輸送費用の軽減、研究開発体制の効率化等により当事会社グループの効率化が向上することによって、当事会社グループの効率性が見込まれる場合には、その点も加味して競争に与える影響を判断する。

この場合における効率性については、次の３つの観点から判断する。

なお、独占または独占に近い状況をもたらす企業結合を効率性が正当化することはほとんどない。

①企業結合固有の効率性向上であること

当該効率性の向上は、企業結合に固有の成果でなくてはならない。そのため、規模の経済性、生産設備の統合、工場の専門化、輸送費用の低減、次世代技術・環境対応能力など研究開発の効率性等予定される効率性に関する各要因について、それが、より競争制限的とはならない他の方法によっては生じえないものである必要がある。

②効率性の向上が実現可能であること

当該効率性の向上は、実現可能なものでなくてはならない。この点については、たとえば、当該企業結合を決定するに至るまでの内部手続に係る文書、予定される効率性に関する株主および金融市場に対する説明用の資料、効率性向上に関する外部専門家による資料等を検討することとなる。

③効率性の向上により需要者の厚生が増大するものであること

　当該効率性の向上により、製品・サービスの価格の低下、品質の向上、新製品の提供、次世代技術・環境対応能力など研究開発の効率化等を通じて、その成果が需要者に還元されなくてはならない。この点については、前述②に示した資料の他、たとえば、価格低下等の効果をもたらしうる能力向上に関する情報、需要・供給両面の競争圧力の下で価格低下、品質向上、新製品提供等を行ってきた実績等を検討することとなる。

（h）当事会社グループの経営状況

ア　業績不振等

　当事会社グループの一部の会社または企業結合の対象となったその事業部門が業績不振に陥っているか否かなどの経営状況も、当事会社グループの事業能力を評価する上において考慮する。

イ　競争を実質的に制限することとなるおそれは小さい場合

　企業結合が一定の取引分野における競争を実質的に制限することとなるか否かについては、個々の事案ごとに各判断要素を総合的に勘案して判断するが、次の場合には、水平型企業結合が単独行動により一定の取引分野における競争を実質的に制限することとなるおそれは小さいと通常考えられる。

①一方当事会社が継続的に大幅な経常損失を計上しているか、実質的に債務超過に陥っているか、運転資金の融資が受けられない状況であって、企業結合がなければ近い将来において倒産し市場から退出する蓋然性が高いことが明らかな場合において、これを企業結合により救済することが可能な事業者で、他方当事会社による企業結合よりも競争に与える影響が小さいものの存在が認め難いとき。

②一方当事会社の企業結合の対象となる事業部門が著しい業績不振に陥っており、企業結合がなければ近い将来において市場から退出する蓋然性が高いことが明らかな場合において、これを企業結合により救済することが可能な事業者で、他方当事会社による企業結合よりも競争に与える影響が小さいものの存在が認め難いとき。

(3) 協調的行動による競争の実質的制限についての判断要素

　次の判断要素を総合的に勘案して、水平型企業結合が協調的行動により一定の取引分野における競争を実質的に制限することとなるか否か判断する。

(a) 当事会社グループおよび競争者の地位等ならびに市場における競争者の状況等

ア　競争者の数等

　一定の取引分野における競争者の数が少ないまたは少数の有力な事業者に市場シェアが集中している場合には、競争者の行動を高い確度で予測しやすいと考えられる。

　また、各事業者が同質的な商品を販売しており、費用条件が類似している場合などには、各事業者の利害が共通することが多いため、協調的行動がとられやすくなり、また、競争者が協調的な行動をとるかどうかを高い確度で予測しやすいと考えられる。

　したがって、企業結合によりこのような状況が生じる場合には、競争に及ぼす影響が特に大きい。

イ　当事会社間の従来の競争の状況等

　互いに市場シェアを奪い合う関係にあった場合や一方が価格引下げに積極的であった場合など、従来、当事会社間で競争が活発に行われてきたことや当事会社の行動が市場における競争を活発にしてきたことが、市場全体の価格引下げや品質・品揃えの向上などにつながってきたと認められる場合には、企業結合後の当事会社グループの市場シェアやその順位が高くなかったとしても、当該企業結合によりこうした状況が期待できなくなるときには競争に及ぼす影響が大きい。

ウ　競争者の供給余力

　自社の供給余力が大きくない場合には、たとえば、価格を引き下げて市場シェアを拡大し、あるいは競争者の市場シェアを奪うことができる余地は限られるため、それによって得られる利益は大きくなく、競争者と協調的な行動がとられやすいと考えられる。

　他方、たとえば、商品の価格を引き下げて売上げを拡大しても、近い将来に競争者の価格引き下げにより奪われる売上げには限りがあり、当該商品の価格引下げで売上げを拡大することによる利益を期待しうるので、競争者と協調的な行

動をとる誘因は小さくなると考えられる。

エ　共同出資会社の扱い

　出資会社が行っていた特定の事業部門の全部を共同出資会社によって統合することにより、出資会社の業務と分離させる場合には、出資会社と共同出資会社の業務の関連性は薄いと考えられる。

　したがって、たとえば、ある商品の生産・販売、研究開発等の事業すべてが共同出資会社によって統合される場合には、共同出資会社について、競争者と協調的な行動をとるとみられるかどうかを考慮することとなる。

　他方、出資会社が行っていた特定の事業部門の一部が共同出資会社によって統合される場合等には、出資会社についても、競争者と協調的な行動をとるとみられるかどうかを考慮することとなる。

　出資会社間についても競争者と協調的な行動をとるとみられるかどうかを考慮すべきかどうかの判断に当たっては、共同出資会社に係る出資会社間の具体的な契約の内容や統合の実態、出資会社相互間に取引関係がある場合にはその内容等を考慮する。

　たとえば、ある商品の生産部門のみが共同出資会社によって統合され、出資会社は引き続き当該商品の販売を行う場合、共同出資会社の運営を通じ出資会社相互間に協調関係が生じることのないよう措置が講じられるときであっても、生産費用が共通となることから価格競争の余地が減少し、他の出資会社を含め競争者と協調的な行動をとる誘因が生じると考えられる。このような場合、出資会社が他の出資会社を含め競争者と協調的な行動をとるとみられるか否かを考慮することとなる。

　(b)　取引の実態等

ア　取引条件等

　事業者団体が構成事業者の販売価格や数量に関する情報を収集・提供している場合など、価格、数量など競争者の取引条件に関する情報が容易に入手することができるときには、競争者の行動を高い確度で予測しやすく、また、競争者が協調的行動をとっているかどうか把握することも容易であると考えられる。さらに、このような場合には、たとえば、価格を引き下げて売上げの拡大を図る行動がとられたときには、他の競争者は容易にそれを知り、価格引下げにより奪われ

た売上げを取り戻そうとする可能性が高いので、協調的な行動をとる誘因は小さくなると考えられる。

　他方、大口の取引が不定期に行われている場合には、たとえば、価格を引き下げて大口の取引を受注することによる利益が大きく、また、その機会も頻繁ではないので、競争者と協調的な行動をとる誘因は小さくなり、また、競争者の行動を予測することが困難であると考えられる。

　逆に、小口の取引が定期的に行われている場合には、競争者と協調的な行動がとられやすいと考えられる。

イ　需要動向、技術革新の動向等

　需要の変動が大きい場合や、技術革新が頻繁であり、商品のライフサイクルが短い場合などは、たとえば、価格を引き下げて売上げを拡大し、あるいは競争者の売上げを奪うことにより、大きな利益を得ることができる可能性が高いので、競争者と協調的な行動をとる誘因は小さくなり、また、競争者の行動を予測することが困難であると考えられるので、競争者と協調的な行動がとられにくいと考えられる。

ウ　過去の競争の状況

　協調的行動がとられることとなるか否かを判断するに当たっては、過去の市場シェアや価格の変動状況も考慮される。

　たとえば、市場シェアや価格の変動状況が激しい場合には、他の事業者がどのような行動をとるか予測することは困難であることが多いと考えられるので、競争者と協調的な行動がとられにくいと考えられる。

　他方、市場シェアや価格の変動があまりない場合には、他の事業者がどのような行動をとるか予測しやすく、競争者と協調的な行動がとられる可能性がより高いと考えられる。また、たとえば、価格改定について協調的な行動がとられたことがある場合には、当該商品について協調的行動がとられやすい取引実態等がある可能性が高いと考えられる。

　(c)　輸入、参入および隣接市場からの競争圧力等

　輸入圧力が十分に働いていれば、たとえば、協調的に国内品の価格を引き上げたとしても、輸入品が増加し、売上げが奪われることになるので、協調的行動がとられる可能性は低くなると考えられる。

　現在相当量の輸入が行われており、海外の事業者の生産費用や事業戦略等が国内の事業者と異なる場合には、海外の事業者と国内の事業者の利害が一致しにくく、協調的な行動がとられにくい可能性がある。このような状況において国内品の価格が引き上げられた場合には、輸入品が増加するので、当事会社グループとその競争者が協調的行動により価格等をある程度自由に左右することは困難であると考えられる。ただし、海外の事業者が国内において既存事業者として定着しているような場合等においては、当該事業者が当事会社を含む競争者と協調的行動をとることも考えられる、

　国内の事業者が価格を引き上げた場合に、輸入圧力が働くか否かは、前述 (2) (b) ①～④と同様の観点から、制度上の参入障壁の程度、輸入に係る輸送費用の程度や流通上の問題の有無、輸入品と国内品の代替性の程度および海外の供給可能性の程度を検討し、当事会社および他の国内の事業者が協調して価格を引き上げた場合に、需要者が国内品から海外品に容易に切り替えられるため、一定の期間[9]に輸入が増加し、価格引き上げが妨げられるか否かについて検討する。

　また、参入についても同様に考えられる。参入の可能性については、前述 (2) (c) ①～④と同様の観点から、制度上の参入障壁の程度、実態面での参入障壁の程度、参入者の商品と既存事業者の商品の代替性の程度および参入可能性の程度を検討し、当事会社および他の事業者が協調して価格を引き上げた場合に、一定の期間[10]に参入が行われ、価格引上げを妨げることになるか否かについて検討する。

　隣接市場からの競争圧力や需要者からの競争圧力も、同様に、協調的行動がとられることを妨げ、あるいは、当事会社グループとその競争者が協調的行動により価格等をある程度自由に左右することを妨げる要因となりうる。

　たとえば、需給状況、主な需要者の調達方法および供給先の分散の状況または変更の難易の程度などからみて、需要者の価格交渉力が強い場合には、当事会社グループとその競争者が協調的行動をとることが困難である場合が多いと考えられる。

(d)　効率性および当事会社グループの経営状況

　前述 (2)(g) および (h) に準じて判断する。

5 垂直型企業結合による競争の実質的制限

(1) 基本的考え方等

(a) 基本的考え方

前述3 (2) のとおり、垂直型企業結合は、一定の取引分野における競争単位の数を減少させないので、水平型企業結合に比べて競争に与える影響は大きくなく、市場の閉鎖性・排他性、協調的行動等による競争の実質的制限の問題を生じない限り、通常、一定の取引分野における競争を実質的に制限することとなるとは考えられない。垂直型企業結合についても、単独行動による競争の実質的制限と協調的行動による競争の実質的制限の2つの観点から検討される。

(b) 競争を実質的に制限することとならない場合

垂直型企業結合が一定の取引分野における競争を実質的に制限することとなるか否かについては、個々の事案ごとに後記 (2) および (3) の各判断要素を総合的に勘案して判断するが、企業結合後の当事会社グループの市場シェアが次の①または②に該当する場合には、垂直型企業結合が一定の取引分野における競争を実質的に制限することとなるとは通常考えられない[7]。

①当事会社が関係するすべての一定の取引分野において、企業結合後の当事会社グループの市場シェアが10％以下である場合。

②当事会社が関係するすべての一定の取引分野において、企業結合後のHHIが2,500以下の場合であって、企業結合後の当事会社グループの市場シェアが25％以下である場合。

なお、これの基準に該当しない場合であっても、直ちに競争を制限することとなるものではなく個々の事案ごとに判断されることとなるが、過去の事例に照らせば、企業結合後のHHIが2,500以下であり、かつ、企業結合後の当事会社グループの市場シェアが35％以下の場合には、競争を実質的に制限することとなるおそれは小さいと通常考えられる。

(注7)(注4) 参照。

(2) 単独行動による競争の実質的制限

　垂直型企業結合後、当事会社が当事会社グループ間でのみ取引を行い、事実上、他の事業者の取引の機会が奪われることなどにより、市場の閉鎖性・排他性の問題が生じる場合がある。その結果、当事会社グループが当該商品の価格等をある程度自由に左右することができる状態を容易に現出しうるような場合、垂直型企業結合は、一定の取引分野における競争を実質的に制限することとなる。

　垂直型企業結合が単独行動により一定の取引分野の競争を実質的に制限することとなるか否かについては、次の（a）および（b）に基づき市場の閉鎖性・排他性の問題が生じる程度を検討し、その上で（c）の判断要素も勘案して判断する。

　なお、たとえば、ある商品のメーカーとその商品の販売業者が垂直型企業結合を行う場合、当該メーカーの属する一定の取引分野を川上市場といい、当該販売業者の属する一定の取引分野を川下市場という。

（a）川下市場において市場の閉鎖性・排他性が生じる場合

ア　供給拒否等

　垂直型企業結合後、川上市場の当事会社が、川下市場の当事会社以外の事業者に対して商品の供給の拒否または企業結合がなかった場合の取引と比較して競争上不利な条件での取引（以下「供給拒否」という）を行うことにより、川下市場の競争者の競争力が減退し、これら競争者が川下市場から退出し、またはこれらの競争者からの牽制力が弱くなる場合がある。また、このような状況では、川下市場の潜在的競争者にとって参入が困難となり、または参入のインセンティブが低下する場合がある。このように、供給拒否等によって川下市場の閉鎖性・排他性の問題が生じる場合がある。川下市場の閉鎖性・排他性の問題をもたらす供給拒否を投入物閉鎖という[9]。

　投入物閉鎖が行われるか否かは、当事会社が投入物閉鎖を行う能力があるか否か、当事会社が投入物閉鎖を行うインセンティブがあるか否かを考慮して検討することとなる。

イ　秘密情報の入手

　垂直型企業結合後、川下市場の当事会社が、川上市場の当事会社を通じて、川上市場の当事会社と取引のある川下市場の競争者の商品の仕様や開発に関する

情報、顧客に関する情報、原材料の調達価格・数量・組成等の情報といった競争上の重要な秘密情報を入手し、当該情報を自己に有利に用いることにより、川下市場の競争者が不利な立場に置かれ、これら競争者が川下市場から退出し、またはこれらの競争者からの牽制力が弱くなるような場合には、川下市場において市場の閉鎖性・排他性の問題が生じる場合がある。

(b) 川上市場において市場の閉鎖性・排他性の問題が生じる場合

ア 購入拒否等

垂直型企業結合後、川下市場の当事会社が、川上市場の当事会社以外の事業者に対して、商品の購入の拒否または企業結合がなかった場合の取引と比較して競争上不利な条件での取引（以下「購入拒否」という）を行うことにより、川上市場の競争者の競争力が減退し、これら競争者が川上市場から退出し、またはこれらの競争者からの牽制力が弱くなる場合がある。また、このような状況では、川上市場の潜在的競争者にとって参入が困難となり、または参入のインセンティブが低下する場合がある。このように、購入拒否等によって川上市場の閉鎖性・排他性の問題が生じる場合がある。川上市場の閉鎖性・排他性の問題をもたらす購入拒否等を顧客閉鎖という[10]。

顧客閉鎖が行われるか否かは、当事会社が顧客閉鎖を行う能力があるか否か、当事会社が顧客閉鎖を行うインセンティブがあるか否かを考慮して検討することとなる。

イ 秘密情報の入手

垂直型企業結合後、川上市場の当事会社が、川下市場の当事会社を通じて、川下市場の当事会社と取引のある川上市場の競争者の商品の販売価格、数量、仕様等の情報といった競争上の重要な秘密情報を入手し、当該情報を自己に有利に用いることにより、川上市場の競争者が不利な立場に置かれ、これら競争者が川上市場から退出し、またはこれらの競争者からの牽制力が弱くなるような場合には、川上市場において市場の閉鎖性・排他性の問題が生じる場合がある。

(c) 競争圧力等の考慮

垂直型企業結合が単独行動により一定の取引分野における競争を実質的に制限することとなるか否かについては、前述（a）および（b）における川下市場および川上市場の閉鎖性・排他性の程度のほか、前述4（2）(a)〜(h) の各判断要

素について、当該部分に準じて判断する。

(3) 協調的行動による競争の実質的制限

　垂直型企業結合後、当事会社グループが競争者の秘密情報を入手することなどにより、協調的行動をとりやすくなる場合がある。その結果、当事会社グループとその競争者の協調的行動により、当該商品の価格等をある程度自由に左右することができる状態が容易に現出しうるような場合、垂直型企業結合は、一定の取引分野における競争を実質的に制限することとなる。

　垂直型企業結合により一定の取引分野における競争が実質的に制限することとなるか否かについては、次の (a) のように垂直型企業結合後に当事会社グループと競争者が協調的行動をとりやすくなる程度を検討し、その上で (b) の判断要素も勘案して判断する。

(a) 垂直型企業結合後に協調的行動をとりやすくなる場合

　垂直型企業結合後、川下市場の当事会社は、川上市場の当事会社を通じて、川上市場の当事会社と取引のある川下市場の競争者の競争上の重要な秘密情報を入手することが可能となる場合がある。同様に、垂直型企業結合後、川上市場の当事会社は、川下市場の当事会社を通じて、川下市場の当事会社と取引のある川上市場の競争者の競争上の重要な秘密情報を入手することが可能となる場合がある。

　このように垂直型企業結合後に当事会社グループが競争者の秘密情報を入手する結果、川下市場または川上市場において、当事会社グループと競争者間で協調的に行動することが高い程度で予測することができるようになり、協調的行動をとりやすくなり、競争を実質的に制限することとなる場合がある。

　また、垂直型企業結合後、当事会社グループによる投入物閉鎖または顧客閉鎖によって競争単位の数が減少する結果、川下市場または川上市場において、当事会社グループと競争者が協調的な行動をとりやすくなる場合がある。

(b) 競争圧力等の考慮

　垂直型企業結合が協調的行動により一定の取引分野における競争を実質的に制限することとなるか否かについては、前述 (1) における協調的行動がとりやすくなる程度のほか、前述 4 (3)(a)〜(c) ならびに (2)(g) および (h) の各判

断要素について、当該部分に準じて判断する。

6 混合型企業結合による競争の実質的制限

(1) 基本的考え方等

(a) 基本的考え方

前述3（2）のとおり、混合型企業結合は、一定の取引分野における競争単位の数を減少させないので、水平型企業結合に比べて競争に与える影響は大きくなく、市場の閉鎖性・排他性、潜在的競争の消滅、協調的行動等による競争の実質的制限の問題を生じない限り、通常、一定の取引分野における競争を実質的に制限することとなるとは考えられない。混合型企業結合についても、単独行動による競争の実質的制限と協調的行動による競争の実質的制限の2つの観点から検討される。

(b) 競争を実質的に制限することとならない場合

前述5（1）(b) の垂直型企業結合と同様に判断する。

(2) 単独行動による競争の実質的制限

混合型企業結合後、当事会社それぞれの商品を技術的に組み合わせるなどして市場に供給すること、または当事会社それぞれの商品を契約上組み合わせて市場に供給したり、当事会社の商品をそれぞれ単独で供給する場合の価格の合計額よりも一括して供給する場合の価格を低い水準に設定して供給すること（以下「組合わせ供給」という）などにより、市場の閉鎖性・排他性の問題が生じる場合がある。また、混合型企業結合の一方の当事会社が具体的な参入計画を有していないとしても、仮に他方当事会社の商品市場や地域市場に一方当事会社が単独でまたは他の会社と企業結合を行った上で当該市場に参入することが可能であり、実際に参入した場合に他方当事会社の有力な競争者となることが見込まれる場合には、企業結合により一方当事会社の新規参入の可能性を消滅させることとなる結果、当事会社グループが当該商品の価格等をある程度自由に左右することができる状態が容易に現出しうる場合がある。

（a）市場の閉鎖性・排他性の問題が生じる場合

ア　組合わせ供給を行う場合

　需要者が同一である別の商品について、一方当事会社が甲商品を、他方当事会社が乙商品をそれぞれ市場に供給している場合に、企業結合後に当事会社グループが甲商品および乙商品を組合わせ供給することにより、市場における競争者の競争力が減退し、これら競争者が市場から退出し、またはこれらの競争者からの牽制力が弱くなる場合がある。また、このような状況では、潜在的競争者にとって参入が困難となり、または参入のインセンティブが低下する場合がある。このように、組合わせ供給によって市場の閉鎖性・排他性の問題が生じる場合がある。市場の閉鎖性・排他性の問題をもたらす組合わせ供給を混合型市場閉鎖という。

　混合型市場閉鎖が行われるか否かは、当事会社グループが混合型市場閉鎖を行う能力があるか否か、当事会社グループが混合型市場閉鎖を行うインセンティブがあるか否かを考慮して検討することとなる。

　たとえば、甲商品を供給する一方当事会社の市場における地位が相当程度高く、甲商品および他方当事会社の乙商品の補完性の程度も高い場合においては、甲商品と乙商品を組合わせ供給することにより、乙商品を供給する他方当事会社の市場における地位が高まり、乙商品の市場の競争者の競争力が減退し、これら競争者からの牽制力が弱くなる程度が大きくなり、乙商品市場の閉鎖性・排他性の問題が生じる蓋然性が大きくなると考えられる。

　また、これらの場合において、乙商品の市場規模が大きく、利益率も高いようなときには、組合わせ供給により当事会社グループの利益が増加する可能性が高くなると考えられる。

イ　秘密情報の入手

　当事会社グループがそれぞれ供給する甲商品および乙商品について、技術的要因により相互接続性を確保するために、甲商品の供給者と乙商品の供給者が競争上の重要な秘密情報を交換する必要がある状況等において、混合型企業結合後、乙商品を供給する他方当事会社を通じて、自社の競争者の競争上の重要な秘密情報を入手し、当該情報を自己に有利に用いることにより、一方当事会社の競争者の競争力が減退し、これら競争者からの牽制力が弱くなるような場合には、

一方当事会社の市場において市場の閉鎖性・排他性の問題が生じる場合がある。

(b) 潜在的競争者との企業結合

混合型企業結合の一方当事会社が具体的な参入計画を有していないとしても、仮に他方当事会社の商品市場や地域市場への参入障壁が低いことなどにより、一方当事会社が当該市場に参入すること [11] が可能であり、実際に参入した場合に他方当事会社の有力な競争者になることが見込まれる場合 [12] には、そうでない場合と比較して、当該企業結合が一方当事会社の新規参入の可能性を消滅させることによって競争に及ぼす影響が大きい。

たとえば、ある市場において既に事業を行う他方当事会社が、その事業を行っていないがデータ等の重要な投入財を有し、当該市場に参入した場合有力な競争者となることが見込まれる一方当事会社と混合型企業結合を行うことにより、一方当事会社の新規参入の可能性を消滅させる場合には、そうでない場合と比較して、競争に及ぼす影響が大きい [13]。

データの競争上の重要性や有力な潜在的競争者となるかの評価に当たっては、①一方当事会社がどのような種類のデータを保有・収集しているのか、②一方当事会社がどの程度の量のデータを保有しており、日々どの程度広い範囲からどの程度の量のデータを収集しているのか、③一方当事会社がどの程度の頻度でデータを収集しているのか、④一方当事会社が保有・収集するデータが、他方当事会社の商品市場におけるサービス等の向上にどの程度関連するのか、といった点を考慮に入れる。また、他方当事会社の商品市場の競争者が入手可能なデータと比較して、一方当事会社の保有・収集するデータが前述①～④の観点からどの程度優位性があるのかを考慮に入れる。

(c) 競争圧力等の考慮

混合型企業結合が単独行動により一定の取引分野における競争を実質的に制限することとなるか否かについては、前述（1）における市場の閉鎖性・排他性の程度、前述（2）における潜在的競争の消滅による競争に与える影響の程度のほか、前述4（2）(a)～(h) の判断要素について、当該部分に準じて判断する。

(3) 協調的行動による競争の実質的制限

　混合型企業結合が協調的行動により一定の取引分野における競争を実質的に制限することとなるか否かについては、前記 (2)(a) イのように当事会社グループが競争者の秘密情報を入手する場合や、混合型市場閉鎖によって競争単位の数が減少する場合に、混合型企業結合後に当事会社グループと競争者が協調的な行動をとりやすくなるか否かを検討し、その上で前記4 (3)(a)〜(c) ならびに (2)(g) および (h) の判断要素について、当該部分に準じて判断する。

7　競争の実質的制限を解消する措置

(1) 基本的考え方

　企業結合が一定の取引分野における競争を実質的に制限することとなる場合においても、当事会社が一定の適切な措置を講じることにより、その問題を解消することができる場合がある（以下、このような措置を「問題解消措置」という）。

　問題解消措置としてどのような措置が適切かは、個々の企業結合に応じて、個別具体的に検討されるべきものであるが、問題解消措置は、事業譲渡等構造的な措置が原則であり、当事会社グループが価格等をある程度自由に左右することができないように、企業結合によって失われる競争を回復することができるものであることが基本となる。ただし、技術革新等により市場構造の変動が激しい市場においては、一定の行動に関する措置を探ることが妥当な場合も考えられる。

　また、問題解消措置は、原則として、当該企業結合が実行される前に講じられるべきものである。

　やむをえず、当該企業結合の実行後に問題解消措置を講じることとなる場合には、問題解消措置を講じる期限が適切かつ明確に定められていることが必要である。また、たとえば、問題解消措置として事業部門の全部または一部の譲渡を行う場合には、当該企業結合の実行前に譲受先等が決定していることが望ましく、そうでないときには、譲受先等について公正取引委員会の事前の了解を得ることが必要となる場合がある。

　なお、当事会社グループの申出に基づき、企業結合後の競争条件の変化を踏まえ、当該措置を継続する必要性を評価した結果、当該措置の内容を変更または

終了しても競争を実質的に制限することとなるおそれがない状況になったと判断される場合には、問題解消措置の内容を変更または問題解消措置を終了することを認めることがある。

(2) 問題解消措置の類型

典型的な問題解消措置としては、次のようなものが考えられる。これらが適切な措置となるよう、単独で、あるいは組み合わせて、講じることが考えられる。

(a) 事業譲渡等

企業結合によって一定の取引分野における競争が実質的に制限されることとなるという問題を解消するためにもっとも有効な措置は、新規の独立した競争者を創出し、あるいは、既存の競争者が有効な牽制力を有することとなるよう強化する措置である。

このような措置としては、当事会社グループの事業部門の全部または一部の譲渡、当事会社グループと結合関係にある会社の結合関係の解消(議決権保有の取止めまたは議決権保有比率の引下げ、役員兼任の取止め等)、第三者との業務提携の解消などがある。

なお、需要が減少傾向にあるなどのために、当事会社グループの事業部門(たとえば、製造販売・開発部門)の全部または一部の譲受先が容易に出現する状況になく、資本が成熟しており、研究開発、需要者の要求に応じた商品の改良などのサービス等が競争上あまり重要でないなど特段の事情が認められる場合には、競争者に対して当該商品の生産費用に相当する価格での引取権を設定する(長期的供給契約を締結する)ことを問題解消措置とすることが有効であると判断されるときもある。

(b) その他

ア 輸入・参入を促進する措置等

需要が減少傾向にある等のために、当事会社グループの事業部門の全部または一部の譲受先が容易に出現する状況にないなどの理由から、事業譲渡等を問題解消措置として講じることができないと認められる場合には、例外的に輸入・参入を促進する等によって、企業結合によって一定の取引分野における競争を実質

的に制限されることとなるという問題を解消することができると判断される場合がある。

　たとえば、輸入に必要な貯蔵設備や物流サービス部門等を当事会社グループが有している場合、それらを輸入業者等が利用することができるようにし、輸入を促進することにより、企業結合によって一定の取引分野の競争を実質的に制限することとなるという問題を解消することができると判断される場合がある。また、当事会社が有している特許権等について、競争者や新規参入者の求めに応じて適正な条件で実施許諾等をすることにより、企業結合によって一定の取引分野の競争を実質的に制限することとなるという問題を解消することができると判断される場合がある。

イ　当事会社グループの行動に関する措置

　前述（a）および（b）アの他、当事会社グループの行動に関する措置を講じることにより、企業結合によって一定の取引分野の競争を実質的に制限することとなるという問題を解消することができると判断される場合がある。

　たとえば、商品の生産は共同出資会社において行うが、販売は出資会社がそれぞれ行うこととしている企業結合の場合、出資会社相互間および出資会社および共同出資会社間において当該商品の販売に関する情報の交換を遮断すること、共同資材調達の禁止など独立性を確保する措置を講じることにより、企業結合によって一定の取引分野における競争が実質的に制限されることとなるという問題を解消することができる場合がある（ただし、前述 4（3）(a) 参照）。また、事業を行うために不可欠な設備の利用等について、結合関係にない事業者を差別的に取り扱うことを禁止することにより、市場の閉鎖性・排他性の問題が生じることを防止することができると判断される場合がある。

【注】
1)　「小幅であるが、実質的かつ一時的ではない価格引上げ」とは、通常、引き上げの幅については 5％から 10％程度であり、期間については 1 年程度のものを指すが、この数値はあくまで目安であり、個々の事案ごとに検討されるものである。
2)　一部のインターネットサービス付随サービスなどのように、専ら価格ではなく品質等を手段として競争が行われているような場合には、ある地域におけるある商品の品質等が悪化した場合に、または、ある地域におけるある商品の提供を受けるに当たり需要者が負担する費用が上

昇した場合に、当該商品および地域について、需要者が当該商品の購入を他の商品または地域に振り替える程度を考慮することがある。

また、供給者にとっての代替性も同様である。

この場合、後記（2）のとおり、商品の代替性の程度は、当該商品の効用等の同種性の程度と一致することが多く、また後記（3）のとおり、各地域で供給される商品の代替性は、需要者が通常どの範囲の地域から供給者から当該商品を購入することができるかという観点から判断できることが多い

3) 法4条1項（現行法では、この規定は存在しない。）

事業者は、共同して左の各号の一に該当する行為をしてはならない。

3号 技術、製品、販路または顧客を制限すること

4) 一定の取引分野における当事者の市場シェアが小さいため、水平的企業結合が前述①〜③のいずれかに該当するため場合であっても、たとえば当該当事会社が競争上重要なデータや知的財産等の資産を有するなど、市場シェアに反映されない高い潜在的競争力を有しているような場合には、当該企業結合が一定の取引分野における競争を実質的に制限することとなるか否かについて、後述（2）および（3）の判断要素に関する検討が必要となることがある。その際、データの競争上の重要性等の評価に当たっては、後述6（2）(b) の視点と同様の視点に基づき判断する。

なお、後述5 (1)(b) における競争を実質的に制限することとならない場合についても、同様の視点から、後述5（2）および（3）の各判断要素に関する検討が必要となることがある。

5) HHIは、当該取引分野における各当事者の市場シェアの2乗の総和によって算出される。市場シェアは、一定の取引分野における商品の販売数量（製造販売業の場合）に占める各事業者の商品の販売数量の百分比による。ただし、当該商品にかなりの価格差がみられ、かつ、価格で供給実績を算定するという慣行が定着していると認められる場合など、数量によることが適当でない場合には、販売金額により市場シェアを算出する。国内需要者向けの輸入があれば、市場シェアの算出に当たり国内への供給として算入する。

なお、各事業者の生産能力シェア、輸出比率または自己消費のウエートについても、需要に対応して余剰生産能力、輸出分または自己消費分を直ちに国内市場における販売に回し、その市場シェアを拡大することができると認められる場合があるので、必要に応じてこれらの点も考慮に入れる。

市場における事業者数が多いなどの理由で、市場シェアの上位の事業者の市場シェアしか把握できない場合には、HHIの理論上の最大値（市場シェアが判明していない下位事業者の合計シェア分について、市場シェアが判明している上位事業者のうち最下位の事業者と同じ市場シェアを有する事業者により占められていると仮定した場合）およびHHIの理論上の最小値（市場シェアが判明していない事業者について、市場シェアが僅少な事業者が多数存在すると仮定した場合で、当該事業者の市場シェアの2乗の合計はほぼ0となる）を勘案する（以下の例参照）。

（例）市場シェア1位の事業者40%、同2位の事業者が20%、同3位の事業者が10%の市場

シェアを有し、それ以外の事業者の市場シェアが不明の場合、HHI の理論上の最大値は、3 位の事業者の市場シェア 10％と同じ市場シェアを有する事業者 3 社が残りの 30％の市場シェアを占めていると仮定して、40 × 40 ＋ 20 × 20 ＋ 10 × 10 ＋ 10 × 10 × 3 ＝ 2,400 となる。また、HHI の理論上の最小値は、市場シェアが僅少な多数の事業者が残りの 30％の市場シェアを占めていると仮定して、40 × 40 ＋ 20 × 20 ＋ 10 × 10 ＝ 2,100 となる。

6)　企業結合による HHI の増分は、当事会社が 2 社であった場合、当事会社のそれぞれの市場シェア（％）を乗じたものを 2 倍することによって計算することができる。

7)　ここでいう「輸入」とは、前述 2（3）において画定された地理的範囲以外の地域から商品が供給されることをいう。このため、国境を越えた一定の地域が地理的範囲内と画定された場合は、当該地理的範囲以外の地域から当該地理的範囲内に向けて行われる商品の供給をもって「輸入」とみることとする。

8)　おおむね 2 年以内を目安とするが、産業の特性によりこれよりも短期間の場合もあれば長期間の場合もある。後述（iii）の参入における「一定の期間」についても同様である。

9)　投入物閉鎖により、川下市場の閉鎖性・排他性が生じる結果、川上市場の競争者の販売先が制限され、当該競争者の競争力が弱くなることで、川上市場の閉鎖性・排他性が生じる場合もある。

10)　顧客閉鎖により、川上市場の閉鎖性・排他性が生じる結果、川下市場の競争者の購入価格が上昇し、当該競争者の競争力が弱くなることで、川下市場の閉鎖性・排他性が生じる場合もある。

11)　一方当事会社が単独で参入する場合のほか、一方当事会社が他の当事会社と企業結合を行った場合を含む。

12)　一方当事会社等の参入の蓋然性や、実際に参入した場合に他方当事会社の有力な競争者になる蓋然性については、前記 4（2）(c) も踏まえて判断する。

13)　データに限らず、知的財産権等の競争上の重要な投入財についてもデータの考え方に準じて判断する。

第7章 知的財産管理

1 営業秘密保護

不正競争防止法は、「営業秘密」とは、秘密として管理されている生産方法、販売方法その他の事業活動に有用な技術上または営業上の情報であって、公然と知られていないものをいう、と定義しており（2条6項）、この3要件をすべて満たすことが不正競争防止法に基づく保護を受けるために必要である。

経済産業省は、不正競争防止法によって差止め等の保護を受けるために必要となる最低限の水準の対策を示すため、「営業秘密管理指針」（平成31年1月23日改訂）を公表している。

(1) 秘密管理性

(a) 秘密管理性要件の趣旨

営業秘密は、そもそも情報自体が無形で、その保有・管理形態もさまざまであること、また、特許権等のように公示を前提とすることができないことから、営業秘密たる情報の取得、使用または開示を行おうとする従業員や取引相手先（以下「従業員等」という）にとって、当該情報が不正競争防止法により保護される営業秘密であることを容易に知りえない状況が想定される。

秘密管理性要件の趣旨は、このような営業秘密の性質を踏まえ、企業が秘密として管理しようとする対象が明確化されることによって、当該営業秘密に接した者が事後に不測の嫌疑を受けることを防止し、従業員等の予見可能性、ひいては経済活動の安定性を確保することにある。

(b) 必要な秘密管理措置の程度

　秘密管理性要件が満たされるためには、営業秘密保有企業の秘密管理意思が秘密管理措置によって従業員等に対して明確に示され、当該秘密管理意思に対する従業員等の認識可能性が確保される必要がある。

　具体的に必要な秘密管理措置の内容・程度は、企業の規模、業態、従業員の職務、情報の性質その他の事情如何によって異なるものであり、企業における営業秘密の管理単位における従業員がそれを一般的に、かつ容易に認識できる程度のものである必要がある。

　秘密管理要件が満たされるためには、営業秘密保有企業が当該情報を秘密であると単に主観的に認識しているだけでは不十分である。

　すなわち、営業秘密保有企業の秘密管理意思（特定の情報を秘密として管理しようとする意思）が、具体的状況に応じた経済合理的な秘密管理措置によって、従業員に明確に示され、結果として、従業員が当該秘密管理意思を容易に認識できる（換言すれば、認識可能性が確保される）必要がある。

　取引相手先に対する秘密管理意思についても、基本的には、対従業員と同様に考えることができる。

　秘密管理措置の対象者は、当該情報に合法的に、かつ、現実に接することができる従業員等である。

　職務上、営業秘密たる情報に接することができる者が基本となるが、職務の範囲内か否かが明確でなくとも当該情報に合法的に接することができる者（たとえば、部署間で情報の配達を行う従業員、いわゆる大部屋勤務において無施錠の書庫を閲覧できる場合における他部署の従業員など）も含まれる。

　秘密管理措置は、対象情報（営業秘密）の一般情報（営業秘密ではない情報）からの合理的区分と当該対象情報について営業秘密であることを明らかにする措置で構成される。

　合理的区分とは、企業の秘密管理意思の対象（従業員にとっての認識の対象）を従業員に対して相当程度明確にする観点から、営業秘密が、情報の性質、選択される媒体、機密性の高低、情報量等に応じて、一般情報と合理的に区分されることをいう。この合理的区分とは、情報が化体した媒体について、たとえば、紙の1枚1枚、電子ファイルの1ファイルごとに営業秘密であるか一般情報であ

るかの表示等を求めるのではなく、企業における、その規模、業態等に即した媒体の通常の管理方法に即して、営業秘密を含む（一般情報と混在することもありうる）のか、一般情報のみで構成されるものであるか否かを従業員が判別できればよい。

　合理的区分に加えて必要となる秘密管理措置としては、主として、媒体の選択や当該媒体への表示、当該媒体に接触する者の限定、ないし、営業秘密たる情報の種類・類型のリスト化、秘密保持契約（あるいは誓約書）などにおいて守秘義務を明らかにする等が想定される。要するに、秘密管理措置の対象者たる従業員において当該情報が秘密であって一般情報とは取扱いが異なるべきであるという規範意識が生じる程度の取組であることがポイントとなる。

　秘密管理措置の具体的な内容・程度は、当該秘密情報に接する従業員の多寡、業態、従業員の職務、情報の性質、執務室の状況その他の事情によって当然に異なるものであり、営業秘密に合法的かつ現実的に接しうる従業員が少数である場合において、状況によっては従業員間で口頭により「秘密情報であること」の確認をしている等の措置で足りる場合もありうる。

　(c) 秘密管理措置の具体例

①紙媒体の場合

　ファイルの利用等により一般情報からの合理的区分を行った上で、基本的には、当該文書に「マル秘」など秘密であることを表示することにより、秘密管理意思に対する従業員の認識可能性は確保されると考えられる。

　個別の文書やファイルに秘密表示する代わりに、施錠可能なキャビネットや金庫等に保管する方法も、認識可能性を確保する手段として考えられる。

②電子媒体の場合

　データなどの電子媒体で保管している場合も基本的には紙媒体と同様であるが、電子情報の場合は、通常、次のような方法のいずれかによって、秘密管理性の観点から充分な秘密管理措置となりうるものと考えられる。

　・記録媒体へのマル秘表示の貼付

　・電子ファイル名・フォルダー名へのマル秘の付記

　・営業秘密たる電子ファイルを開いた場合に端末画面上にマル秘である旨が
　　表示されるように、当該電子ファイルの電子データ上にマル秘を付記（ド

キュメントファイルへのヘッダーにマル秘を付記等）
・記録媒体そのものに表示を付すことができない場合には、記録媒体を保管するケース（CDケース等）や箱（部品等の収納段ボール箱）に、マル秘表示の貼付

　また、外部のクラウドを利用して営業秘密を保管・管理する場合も、秘密として管理されていれば、秘密管理性が失われるわけではない。たとえば、階層制限に基づくアクセス制御などの措置が考えられる。

③物件に営業秘密が化体している場合

　製造機械や金型、高機能微生物、新製品の試作品など、物件に営業秘密が化体しており、物理的にマル秘表示の貼付や金庫等への保管に適さないものについては、たとえば、次のような方法のいずれかを講じることによって、秘密管理性の観点から秘密管理措置となりうるものと考えられる。

・扉に「関係者以外立入禁止」の張り紙を貼る。
・警備員を置いたり、入館IDカードが必要なゲートを設置したりして、工場内への部外者の立ち入りを制限する。
・写真撮影禁止の貼り紙をする。
・営業秘密に該当する物件を営業秘密リストとして列挙し、当該リストを営業秘密物件に接触しうる従業員内で閲覧・共有化する。

④媒体が利用されない場合

　たとえば、技能・設計に関するものなど従業員が体得した無形のノウハウや従業員が職務として記憶した顧客情報等については、従業員の予見可能性を確保し、職業選択の自由にも配慮する観点から、原則として、下記のような形で、その内容を紙その他の媒体に可視化することが必要となる。

・営業秘密のカテゴリーをリストにすること
・営業秘密を具体的に文書等に記載すること

　一方で、たとえば、未出願の発明や特定の反応温度、反応時間、微量成分、複数の物質の混合比率が営業秘密になっている場合（化学産業などで多く見られる）などで、その情報量、情報の性質、当該営業秘密を知りうる従業員の多寡等を勘案して、その営業秘密の範囲が従業員にとって明らかな場合には、必ずしも内容そのものが可視化されていなくとも、当該情報の範囲・カテゴリーを口頭な

いし書面で伝達することによって、従業員の認識可能性を確保することができると考えられる。

　なお、従業員が体得した情報が営業秘密に属する場合には、転職後の使用・開示によって、直ちに、民事上および刑事上の措置の対象となるわけではない。従業員が営業秘密保有企業との関係で信義則上の義務に著しく反するような形で当該営業秘密の取得・使用・開示した場合に限り、民事上または は刑事上の措置の対象となるのであり、その判断に当たっては、企業と従業員との間の信頼関係の程度、当該企業の利益、従業員の利益、営業秘密の内容等を踏まえた総合的な考慮によるものであることに留意が必要である。

⑤複数の媒体で同一の営業秘密を管理する場合

　同一の情報を紙および電子媒体で管理することが企業実務で多く見られるが、複数の媒体で同一の営業秘密を管理する場合には、それぞれについて秘密管理措置が講じられていることが原則である。

　ただし、従業員が同一の情報につき複数の媒体に接する可能性がある場合において、いずれかの媒体への秘密管理措置（マル秘表示等）によって当該情報についての秘密管理意思の認識可能性が認められる場合には、仮にそれ以外の媒体のみでは秘密管理意思を認識しがたいと考えられる場合であっても、秘密管理性は維持されることが通常であると考えられる。

　(d) 営業秘密を企業内外で共有する場合の秘密管理性の考え方

　企業内（支店、営業所等）、企業外（子会社、関連会社、取引先、業務委託先、フランチャイジー等）と営業秘密を共有する場合においては、次のように整理される。

①社内の複数箇所で同じ情報を共有しているケース

　秘密管理性の有無は、法人全体で判断されるわけではなく、営業秘密たる情報を管理している独立単位（以下「関知単位」という）ごとに判断される。当該管理単位内の従業員にとって、当該関知単位における秘密管理措置に対する認識可能性があればよい。

　支店など社内の複数箇所で同一の営業秘密を保有している場合、それぞれの箇所で状況に応じた秘密管理措置が講じられる必要がある。しかしながら、いずれかの箇所で秘密管理措置がなされていなければ、（当該箇所では秘密管理性が

否定されることは当然であるが)、その他の箇所でも当該情報の秘密管理性が否定されるわけではない。

　すなわち、管理単位（規模、物理的環境、業務内容も勘案しつつ、秘密管理措置の要否や内容の決定およびその遵守状況の監督（違反者の処分等）に関する自律的決定権限の有無その他の事情の有無から判断して、営業秘密の管理について一定の独立性を有すると考えられる単位。典型的には、「支店」「事業本部」など)ごとに、当該企業の秘密管理意思に対する認識可能性があればよい。

②複数の法人間で同一の情報を保有しているケース

　秘密管理性の有無は、法人（具体的には管理単位）ごとに判断され、別法人内部での情報の具体的な管理状況は、自社における秘密管理性には影響しないことが原則である。

　子会社をはじめとして、企業外の別法人については、会社法等の法令上、営業秘密保有企業自体が当該別法人の内部における秘密管理措置の実施を直接に実施・確保することはできないこと、不正競争防止法も「保有者」の概念を用いており、事業者単位での管理を想定していると考えられることを踏まえ、別法人内部での情報の具体的な管理状況は、自社における秘密管理性には影響しないのが原則である。

　自社の営業秘密について、子会社等の別法人が不正な利用を行っている場合に、自社が別法人に対して差止請求権等を行うためには、当該別法人（具体的には自社から当該営業秘密情報を共有した担当者）に対して、自社の従業員に対するのと同様に、自社の秘密管理意思が明確に示されている必要がある（不正競争防止法 2 条 1 項 7 号等の「営業秘密を保有者から示された」ことが必要）。

　具体的には、営業秘密を特定した秘密保持契約（Non-Disclosure Agreement, NDA）の締結により自社の秘密管理意思を明らかにする場合が典型的であるが、取引先との関係上それが困難な場合には、自社では営業秘密として管理しているという事実上の口頭による伝達や開示する文書へのマル秘表示によっても、自社の秘密管理意思を示すことは、理論上は可能である。ただし、立証を考慮すれば、口頭での秘密管理意思の伝達ではなく、なんらかの書面（送り状への記載等）が望ましい。

　また、複数企業で共同研究開発を実施する場合、複数の他の企業に自社の営

業秘密たる情報を開示することが想定されるが、その場合、自社の秘密管理意思を示すためには、開示先である複数企業等を当事者としてNDAを締結することが有効であると考えられる。

逆に、たとえば、別法人と営業秘密を特定したNDAを締結せずに営業秘密を共有した場合など、別法人に対して自社が秘密管理措置を講じていないことをもって、自社における従業員との関係での秘密管理性には影響しないことが原則である。

(2) 有用性

「有用性」が認められるためには、その情報が客観的にみて、事業活動にとって有用であることが必要である。一方、企業の反社会的な行為などの公序良俗に反する情報は、「有用性」が認められない。

「有用性」の要件は、公序良俗に反する内容の情報（脱税や有害物質の垂れ流し等の反社会的な情報）など、秘密として法律上保護されることに正当な利益が乏しい情報を営業秘密の範囲から除外した上で、広い意味で商業的価値が認められる情報を保護することに主眼がある。

したがって、秘密管理性、非公知性要件を満たす情報は、有用性が認められることが通常であり、また、現に事業活動に使用・利用されていることを要するものではない。

同様に、直接ビジネスに活用されている情報に限らず、間接的な（潜在的な）価値がある場合も含む。たとえば、過去に失敗した研究データ（当該情報を利用して研究開発費用を節約できる）や、製品の欠陥情報（欠陥製品を検知するための精度の高いAI技術を利用したソフトウェアの開発には重要な情報）等のいわゆるネガティブ・インフォメーションにも有用性が認められる。

なお、当業者であれば、公知の情報を組み合わせることによって容易に当該秘密情報を作出することができる場合であっても、有用性が失われることはない。

(3) 非公知性

　「非公知性」が認められるためには、一般的には知られておらず、または容易に知ることができないことが必要である。

　「公然と知られていない」状態とは、当該営業秘密が一般的に知られた状態になっていない状態、または容易に知ることができない状態である。具体的には、当該情報が合理的な努力の範囲内で入手可能な刊行物に記載されていない、公開情報や一般に入手可能な商品等から容易に推測・分析されない等、保有者の管理下以外では一般的に入手できない情報である。

　営業秘密における非公知性要件は、発明の新規性の判断における「公然知られた発明」（特許法29条）の解釈と一致するわけではない。特許法の解釈では、特定の者しか当該情報を知らない場合であっても当該者に守秘義務がない場合は特許法上の公知となりうるが、営業秘密における非公知性では、特定の者が事実上秘密を維持していれば、なお非公知と考えることができる場合がある。

　また、保有者以外の第三者が同種の営業秘密を独立に開発した場合、当該第三者が秘密に管理しておれば、なお非公知である。

　また、当該情報が実は外国の刊行物に過去に記載されていたような状況であっても、当該情報の管理地においてその事実が知られておらず、その取得に時間的・資金的に相当のコストを要する場合には、非公知性はなお認められうる。もちろん、そのようなコストを投じて第三者が現に当該秘密情報を取得または開発した上で当該情報の管理地において公開等を行い、「公然と知られている」状態となれば、非公知性は喪失することになる。

　なお、「営業秘密」とは、さまざまな知見を組み合わせて1つの情報を構成しているのが通常であるが、ある情報の断片がさまざまな刊行物に掲載されており、その断片を集めてきた場合、当該営業秘密に近い情報が再構成されうるからといって、そのことをもって直ちに非公知性が否定されるわけではない。なぜなら、その断片に反する情報等も複数ありうる中、どの情報をどう組み合わせるかといったこと自体に価値がある場合には、営業秘密たりうるからである。複数の情報の総体としての情報については、組み合わせの容易性、取得に要する時間や資金等のコスト等を考慮し、保有者の管理下以外で一般的に入手できるがどうかによって判断することになる。

2　不正競争防止法

　不正競争法の目的は、不正競争によって営業上の利益を侵害され、または侵害されるおそれのある者に対し不正競争の停止・予防請求権等を付与することにより不正競争の防止を図るとともに、その営業上の利益が侵害された者の損害賠償に係る措置等を整備することにより、事業者間の公正な競争を確保しようとするものである。

(1) 不正競争

　不正競争法は、不正競争として 22 の類型を挙げている（2 条 1 項）。

(a) 混同惹起行為（1 号）

　混同惹起行為とは、他人の商品等表示（人の業務に係る氏名、商号、商標、標章、商品の容器もしくは包装その他の商品または営業を表示するものをいう。以下同じ）として需要者の間に広く認識されているものと同一もしくは類似の商品等表示を使用し、またはその商品等表示を使用した商品を譲渡し、引き渡し、譲渡もしくは引渡しのために展示し、輸出し、輸入し、もしくは電気通信回線を通じて提供して、他人の商品または営業と混同を生じさせる行為である。

　本号は、自己の商品・営業を他人の商品・営業と混同させる行為を不正競争の 1 類型として定めた規定である。具体的には、他人の氏名、商号、商標等、他人の商品等表示として需要者間に広く知られているものと同一または類似の表示を使用して、その商品または営業の出所について混同を生じさせる行為を規制する[1]。

　「需要者の間に広く認識されている」との周知性要件は、商品・役務の性質・種類、取引態様、需要者層、宣伝活動、表示の内容等の諸般の事情から総合的に判断される。認識されている程度が全国的であることを要するか、全国的に認識されていなくても一地方でよいかについては、一地方であっても保護すべき一定の事実状態が形成されていればその限りにおいて保護されるべきと解されている。混同は現に発生している必要はなく、混同が生じるおそれがあれば足りると解されている。「混同を生じさせる行為」には、被冒用者と冒用者との間に競業

関係が存在することを前提に直接の営業主体の混同を生じさせる狭義の混同惹起行為のみならず、緊密な営業上の関係や同一の表示を利用した事業を営むグループに属する関係があると誤信させるような広義の混同惹起行為をも包含するものと解されている[2]。

(b) 著名表示冒用行為（2 号）

著名表示冒用行為とは、自己の商品等表示として他人の著名な商品等表示と同一もしくは類似のものを使用し、またはその商品等表示した商品を譲渡し、引き渡し、譲渡もしくは　引渡しのために展示し、輸出し、輸入し、もしくは電気通信回線を通じて提供することである。

本号は、他人の著名な商品等表示の冒用行為を不正競争の 1 類型として定めた規定である。

現代の情報化社会において、さまざまなメディアを通じまったく品表示や営業表示が広められ、そのブランド・イメージがきわめてよく知られるものとなると、それがもつ独自のブランド・イメージが顧客吸引力を有し、個別の商品や営業を超えた独自の財産的価値をもつに至る場合がある。このような著名表示を冒用する行為によって、たとえ混同が生じない場合であっても、冒用者自らが本来行うべき営業上の努力を払うことなく著名表示の有している顧客吸引力に「ただのり」することができる一方で、永年の営業上の努力により高い信用・名声・評判を有するに至った著名表示とそれを本来使用してきた者との結びつきが薄められる（希釈化）ことになる。具体的にどの程度知られていれば「著名」といえるかについては、個別具体の事例に応じて判断される問題であるが、著名表示の保護が広義の混同さえ認められない全く無関係な分野まで及ぶものであることから、通常の経済活動において、相当の注意を払うことによりその使用を避けることができる程度にその表示が知られていることが必要であり、具体的には全国的に知られているようなものを想定している[3]。

(c) 商品の形態を模倣した商品を譲渡等する行為（3 号）

商品の形態を模倣した商品を譲渡等する行為とは、他人の商品の形態（当該商品の機能を確保するために不可欠な形態を除く）を模倣した商品を譲渡し、貸し渡し、譲渡もしくは貸渡しのために展示し、輸出し、輸入する行為である。

本号は、他人の商品の形態を模倣した商品の譲渡等の行為を不正競争の 1 類

型として定めた規定である。

　商品ライフサイクルの短縮化、流通機構の発達、複写・複製技術の発展を背景として、他人が市場において商品化するために資金・労力を投下した成果の模倣がきわめて容易に行いうる事態が生じている。このような模倣品・海賊版を放置すると、模倣者は商品化のためのコストやリスクを大幅に軽減することができる一方で、先行者の市場先行のメリットは著しく減少し、模倣者と先行者との間には競争上著しい不公正が生じ、個性的な商品開発、市場開拓への意欲が阻害されることになり、公正な競争秩序を崩壊させることになりかねない。

　こうした点を踏まえれば、個別の知的財産権の有無にかかわらず、他人が商品化のために資金・労力を投下した成果を他に選択肢があるにもかかわらずことさら完全に模倣して、なんらの改変を加えることなく自らの商品として市場に提供し、その他人と競争する行為は、競争上、不正な行為として位置づけられる必要がある[4]。

　(d) 営業秘密に係る不正行為

　不正競争防止法2条1項4号〜9号は、営業秘密に係る不正行為を不正競争の1類型として定めた規定である。

(i) 窃取、詐欺、強迫その他の不正の手段により営業秘密を取得する行為（以下「不正取得行為」という）または不正取得行為により取得した営業秘密を使用し、もしくは開示する行為（秘密を保持しつつ特定の者に示すことを含む。以下同じ）(4号)。

　本号は、窃取等の不正な手段により、保有者から営業秘密を取得しようとする行為および不正取得後に使用または開示する行為を「不正競争」と位置づけたものである。

(ii) その営業秘密について不正取得行為が介在したことを知って、もしくは重大な過失により知らないで営業秘密を取得し、またはその取得した営業秘密を使用し、もしくは開示する行為（5号）。

　本号は、4号の不正取得行為の介在について悪意・重過失の転得者の取得行為、その後の使用行為または開示行為を「不正行為」と位置づけたものである。

(iii) その取得した後にその営業秘密について不正取得行為が介在したことを知って、または重大な過失により知らないでその取得した営業秘密を使用し、ま

たは開示する行為（6 号）。

本号は、第三者が不正取得行為の介在について善意・無重過失で営業秘密を取得しても、その後悪意・重過失に転じた場合、その営業秘密を使用し、または開示する行為を「不正競争」と位置づけたものである。

たとえば、営業秘密を取得した後に、産業スパイ事件が大々的に報道されて不正取得行為が介在していた事実を知りながら、営業秘密を使用または開示する行為がこれに当たる（ただし、適用除外規定（19 条 1 項 6 号）の適用により、契約等に基づき取得した権原の範囲内であれば、営業秘密を使用または開示することができる）[5]。

(iv) 営業秘密を保有する事業者（以下「保有者」という）からその営業秘密を示された場合において、不正の競業その他の不正の利益を図る目的で、またはその保有者に損害を加える目的で、その営業秘密を使用し、または開示する行為（7 号）。

本号は、営業秘密の保有者が従業員、下請企業、ライセンシー等に対して営業秘密を開示した場合に、その従業員等が不正な競業その他の不正な利益を得る目的または保有者に損害を加える目的で、その営業秘密を使用または開示する行為を「不正競争」と位置づけたものである。契約により使用または開示の制限が課されていなくとも、このような目的で使用または開示が行われる場合には、信義則違反が認められるので、差止の対象としたものである[6]。

(v) その営業秘密について不正開示行為（前号に規定する場合において同号の規定する目的でその営業秘密を開示する行為または秘密を守る法律上の義務に違反してその営業秘密を開示する行為をいう。以下同じ）であることもしくはその営業秘密について不正開示行為があることを知って、もしくは重大な過失により知らないで営業秘密を取得し、またはその取得した営業秘密を使用しもしくは開示する行為（8 号）。

本号は、営業秘密を取得する際に、開示する側の行為が 7 号に規定する不正開示行為もしくは守秘義務違反による開示であること、もしくはそのような不正開示行為が介在したことについて悪意・重過失で営業秘密を取得する行為、その取得した営業秘密を使用または開示する行為を「不正競争」と位置づけたものである[7]。

(vi) その取得した後にその営業秘密について不正開示行為があったこともしく
はその営業秘密について不正開示行為が介在したことを知って、または重大
な過失により知らないでその取得した営業秘密を使用し、または開示する行
為（9号）。

　本号は、第三者が、営業秘密を取得した後に、その取得が不正開示行為による
ものであったこともしくは不正開示行為が介在したことについて悪意・重過
失で、その営業秘密を使用または開示する行為を「不正競争」と位置づけたも
のである。

　たとえば、営業秘密を取得した後に、保有者から警告を受けて不正開示行為が
介在していた事実を知りながら、営業秘密を使用または開示する行為がこれ
に当たる（ただし、適用除外規定の適用がありうる）[8]。

(vii) 4号から前号までに掲げる行為（技術上の秘密（営業秘密のうち、技術上
の情報であるものをいう。以下同じ）を使用する行為に限る。以下この号に
おいて「不正行為」という）により生じた物を譲渡し、引き渡し、譲渡もしく
は引渡しのために展示し、輸出し、輸入し、または電気通信回線を通じて提
供する行為（当該物を譲り受けた者がその譲り受けた時に当該物が不正使用行
為により生じた物であることを知らず、かつ知らないことにつき重大な過失
がない者に限るが当該物を譲渡し、引き渡し、譲渡もしくは引渡しのために
展示し、輸出し、輸入し、または電気通信回線を通じて提供する行為を除く）
（10号）。

　本号は、4号から9号までに掲げる不正使用行為により生じた物を譲渡し、引
き渡し、譲渡もしくは引渡しのために展示し、輸出し、輸入し、または電気
通信回線を通じて提供する行為を「不正競争」と位置づけたものである。

（e）限定提供データに対する不正行為

　平成30年改正不正競争防止法により、新しく「限定提供データ」の不正取得・
使用等に対する民事措置が創設された。「限定提供データ」とは、業として特定
の者に提供する情報として電磁的方法（電子的方法、磁気的方法その他人の知覚
によっては認識することができない方法をいう）により相当量蓄積され、および
管理されている技術上または営業上の情報（秘密として管理されているものを除
く）をいう（2条7項）。

(i) 窃取、詐欺、強迫その他の不正の手段により限定提供データを取得する行為（以下「限定提供データ不正取得行為」という）または限定提供データ不正取得行為により取得した限定提供データを使用し、もしくは開示する行為（11号）。

(ii) その限定提供データについて限定提供データ不正取得行為が介在したことを知って限定提供データを取得し、またはその取得した限定提供データを使用し、もしくは開示する行為（12号）。

(iii) その取得した後にその限定提供データについて限定提供データ不正取得行為が介在したことを知ってその取得した限定提供データを開示する行為（13号）。

(iv) 限定提供データを保有する事業者（以下「限定提供データ保有者」という）からその限定提供データを示された場合において、不正の利益を得る目的で、またはその限定提供データ保有者に損害を加える目的で、その限定提供データを使用する行為（その限定提供データの管理に係る任務に違反して行うものに限る）または開示する行為（14号）。

(v) その限定提供データについて限定提供データ不正開示行為（前号に規定する場合において同号に規定する目的でその限定提供データを開示する行為をいう。以下同じ）であることもしくはその限定提供データについて限定提供データ不正開示行為が介在したことを知って限定提供データを取得し、またはその取得した限定提供データを使用し、もしくは開示する行為（15号）。

(vi) その取得した後にその限定提供データについて限定提供データ不正開示行為があったことまたはその限定提供データについて限定提供不正開示行為介在したことを知ってその取得した限定提供データを開示する行為（16号）。

(f) 技術的制限手段に対する不正行為

平成30年改正不正競争防止法により、「技術的制限手段」の効果を妨げる行為に対する規律が強化された。いわゆる「プロテクト破り」（技術的制限手段の効果を妨げる行為）を助長する不正競争行為の範囲を、プロテクトを破る機器の提供だけでなく、代行サービスの提供等に拡大したものである。

(i) 営業上用いられている技術的制限手段（他人が特定の者以外の者に影像もしくは音の視聴、プログラムの実行もしくは情報（電磁的記録（電子的方式、磁

気的方式その他人の知覚によっては認識できない方式で作られる記録であって、電子計算機による情報処理の用に供されるものをいう）に記録されたものに限る。以下この号、次号および8項において同じ）により制限されている影像もしくは音の視聴、プログラムの実行もしくは情報の処理または映像、音、プログラムその他の情報の記録（以下この号において「映像の視聴等」という）を当該技術的制限手段の効果を妨げることにより可能とする機能を有する装置（当該装置を組み込んだ機器および当該装置の部品一式であって容易に組み立てることができるものを含む）、当該機能を有するプログラム（当該プログラムが他のプログラムと組み合わされたものを含む）、もしくは指令符号（電子計算機に対する指令であって、当該指令のみによって一の結果を得ることができるものをいう。次号において同じ）を記録した記録媒体もしくは記憶した機器を譲渡し、引き渡し、譲渡もしくは引渡しのために展示し、輸出し、もしくは輸入し、もしくは当該機能を有するプログラムもしくは指令符号を電気通信回線を通じて提供する行為（当該装置または当該プログラムが当該機能以外の機能を併せて有する場合にあっては、映像の視聴等を当該技術的制限手段の効果を妨げることにより可能とする用途に供するために行うものに限る）または映像の視聴等を当該技術的制限手段の効果を妨げることにより可能とする役務を提供する行為（17号）。

(ii) 他人が特定の者以外の者に影像もしくは音の視聴、プログラムの実行もしくは情報の処理または影像、音、プログラムその他の情報の記録をさせないために営業上用いている技術的制限手段により制限されている影像もしくは音の視聴、プログラムの実行もしくは情報の処理または影像、音、プログラムその他の情報の記録（以下この号において「映像の視聴等」という）を当該技術的制限手段の効果を妨げることにより可能とする機能を有する装置（当該装置を組み込んだ機器および当該装置の部品一式であって容易に組み立てることができるものを含む）、当該機能を有するプログラム（当該プログラムが他のプログラムと組み合わされたものを含む）もしくは指令符号を記録した記録媒体もしくは記憶した機器を当該特定の者以外の者に譲渡し、引き渡し、譲渡もしくは引渡しのために展示し、輸出し、もしくは輸入し、または当該機能を有するプログラムもしくは指令符号を電気通信回線を通じて提供する

行為（当該装置または当該プログラムが当該機能以外の機能を併せて有する場合にあっては、映像の視聴等を当該技術的制限手段の効果を妨げることにより可能とする用途に供するために行うものに限る）または映像の視聴等を当該技術的制限手段の効果を妨げることにより可能とする役務を提供する行為（18号）。

(g) ドメイン名に係る不正行為

不正の利益を得る目的で、または他人に損害を加える目的で、他人の特定商品等表示（人の業務に係る氏名、商号、商標、標章その他の商品または役務を表示するものをいう）と同一もしくは類似のドメイン名を使用する権利を取得し、もしくは保有し、またはそのドメイン名を使用する行為（19号）。

本号は、主観的要件として、「不正の利益を得る目的」または「他人に損害を加える目的」（いわゆる図利目的または加害目的）という2つの類型を規定している。前者は、公序良俗、信義則に反する形で自己または他人の利益を不当に図る目的を、後者は、他者に対して財産上の損害、信用の失墜といった有形無形の損害を与える目的をそれぞれ指すものと考えられる。

いかなる場合に図利加害目的が認められるかについては、個別・具体の事案に応じた裁判所の判断に委ねられることとなるが、図利加害目的が認められる行為の例としては、①特定商品等表示の使用者がその特定商品等表示をドメイン名として使用できないことを奇貨として、当該商品等表示の使用者に不当な高額で買い取らせるために、当該商品等表示と同一または類似のドメイン名を先に取得・保有する行為、②他人の特定商品等表示を希釈化・汚染する目的で当該特定商品等表示と同一または類似のドメイン名のもと、アダルトサイトを開設する行為等が考えられる[9]。

(h) 誤認惹起行為

商品もしくは役務もしくはその広告もしくは取引に用いる書類もしくは通信にその商品の原産地、品質、内容、製造方法、用途もしくは数量もしくはその役務の質、内容、用途もしくは数量について誤認させるような表示をし、またはその表示をした商品を譲渡し、引き渡し、譲渡もしくは引渡しのために展示し、輸出し、輸入し、もしくは電気通信回線を通じて提供し、もしくはその表示をして役務を提供する行為（20号）。

本号は、商品の原産地等について誤認を生じさせるような表示を行う行為等を「不正競争」の１類型として定めた規定である。「誤認させるような表示」に該当するかどうかは、個別・具体の事案に応じて、当該表示の内容や取引界の実情等諸般の事情が考慮された上で、取引者・需要者に誤認を生じさせるおそれがあるかどうかという観点から判断される[10]。

(i) 信用毀損行為

競争関係にある他人の営業上の信用を害する虚偽の事実を告知し、または流布する行為（21 号）。

本号は、競争関係にある他人の営業上の信用を害する虚偽の事実を告知し、または流布する行為を「不正競争」の１類型として定めた規定である。

本号にいう「虚偽の事実」とは、客観的真実に反することである。したがって、行為者自らが虚構したものであると、他人が虚構したものであるとを問わず、また、表現を緩和したものであっても、表現の実質的内容が事実に反している場合には、これに含まれることになる[11]。

(j) 代理人等の商標冒用行為

パリ条約（商標法（昭和 34 年法律 127 号）4 条 1 項 2 号に規定するパリ条約をいう）の同盟国、世界貿易機関の加盟国または商標法条約の締約国において商標に関する権利（商標権に相当する権利に限る。以下この号において単に「権利」という）を有する者の代表者であった者が、正当な理由がないのに、その権利を有する者の承諾を得ないでその権利に係る商標と同一もしくは類似の商標をその他の権利に係る商品もしくは役務と同一もしくは類似の商品もしくは役務に使用し、または当該商標を使用したその権利に係る商品と同一または類似の商品を譲渡し、引き渡し、譲渡もしくは引渡しのために展示し、輸出し、輸入し、もしくは電気通信回線を通じて提供し、もしくは当該商標を使用してその権利に係る役務と同一もしくは類似の役務を提供する行為（22 号）。

本号は、外国（パリ条約の同盟国・世界貿易機関の加盟国・商標法条約加盟国）において商標に関する権利を有する者の代理人または代表者（その行為の 1 年以内に代理人または代表者であった者を含む）による商標冒用行為を「不正競争」の１類型として定めた規定である。本来、商標権は属地性の原則により、当該登録国においてのみ効力を有するのが原則であるが、本号は、国際的な「不正

競争」の禁止という観点からこの原則を拡張したものである[12]。

(2) 差止請求権

　不正競争によって営業上の利益を侵害され、または侵害されるおそれがある者は、その営業上の利益を侵害する者または侵害するおそれがある者に対し、その侵害の停止または予防を請求することができる（3条1項）。

　不正競争によって営業上の利益を侵害され、または侵害されるおそれがある者は、前項の規定による請求をするに際し、侵害の行為を組成した物（侵害の行為により生じた物を含む。5条1項において同じ）の破棄、侵害の行為に供した設備の除却その他の侵害の停止または予防に必要な行為を請求することができる（3条2項）。

　本条は、不正競争によって営業上の利益を侵害され、または侵害されるおそれがある者は、その営業上の利益を侵害する者または侵害するおそれがある者に対し、その侵害の停止または予防を請求することおよび侵害の行為を組成した物の破棄等を請求することを認めるものである[13]。

(3) 損害賠償請求権

　故意または過失により不正競争を行って他人の営業上の利益を侵害した者は、これによって生じた損害を賠償する責めに任ずる。ただし、15条の規定により同条に規定する権利が消滅した後にその営業秘密を使用する行為によって生じた損害については、この限りでない（4条）。

　2条1項4号から9号までに掲げる不正競争のうち、営業秘密を使用する行為に対する3条1項の規定による侵害の停止または予防を請求する権利は、その行為を行う者がその行為を継続する場合において、その行為により営業上の利益を侵害されまたは侵害されるおそれがある保有者がその事実およびその行為を行う者を知った時から3年間行わないときは、時効によって消滅する。その行為の開始の時から20年を経過したときも、時効によって消滅する（15条）。

(4) 損害の額の推定等

2条1項1号から10号までまたは22号に掲げる不正競争（同項4号から9号にまで掲げるものにあっては、技術上の秘密に関するものに限る）によって営業上の利益を侵害された者（以下この項において「被侵害者」という）が故意または過失により自己の営業上の利益を侵害した者に対しその侵害により自己が受けた損害の賠償を請求する場合において、その者がその侵害の行為を組成した物を譲渡したときは、その譲渡した数量（以下この項において「譲渡数量」という）に、被侵害者がその侵害の行為がなければ販売することができた物の単位数量当たりの利益の額を乗じて得た額を、被侵害者の当該物に係る販売その他の行為を行う能力に応じた額を超えない限度において、被侵害者が受けた損害の額とすることができる。ただし、譲渡数量の全部または一部に相当する数量を被侵害者が販売することができないとする事情があるときは、当該事情に相当する数量に応じた額を控除するものとする（5条1項）。

不正競争によって営業上の利益を侵害された者が故意または過失により自己の営業上の利益を侵害した者に対しその侵害により自己が受けた損害の賠償を請求する場合において、その者が侵害の行為により利益を受けているときは、その利益の額は、その営業上の利益を侵害された者が受けた損害の額と推定する（5条2項）。

2条1項1号から9号まで、11号から16号まで、19号または22号に掲げる不正競争によって営業上の利益を侵害された者は、故意または過失により自己の営業上の利益を侵害した者に対し、次の各号に掲げる不正競争の区分に応じて当該各号に定める行為に対し受けるべき金銭の額に相当する額の金銭を、自己が受けた損害の額としてその賠償を請求することができる（5条3項）。

一　2条1項1号または2号に掲げる不正競争　当該侵害に係る商品等表示の使用

二　2条1項3号に掲げる不正競争　当該侵害に係る商品の形態の使用

三　2条1項4号から9号までに掲げる不正競争　当該侵害に係る営業秘密の使用

四　2条1項11号から16号までに掲げる不正競争　当該侵害に係る限定責任データの使用

五　2条1項12号に掲げる不正競争　当該侵害に係るドメイン名の使用

六　2号1項15号に掲げる不正競争　当該侵害に係る商標の使用

　前項の規定は、同項に規定する金額を超える損害の賠償の請求を妨げない。
この場合において、その営業上の利益を侵害した者に故意または過失がなかった
ときは、裁判所は、損害の賠償の額を定めるについて、これを参酌することがで
きる（5 条 4 項）。

　損害額の立証責任はその請求を行う被害者の側にあるのが原則である。この
点、「不正競争」による営業上の利益の侵害による損害は、経済活動を通じて発
生するため、損害額を立証することが困難であることに鑑み、本条は、被害者の
立証の負担を軽減するため、一定の「不正競争」の類型については侵害者が譲渡
した物の数量に、被侵害者がその侵害の行為がなければ販売することができた物
の単位数量当たりの利益の額を乗じた額を被侵害者の損害の額とすることができ
る（1 項）とする算定方式を導入するとともに、侵害者が侵害の行為により受け
た利益の額を損害の額と推定する（2 項）ほか、一定の「不正競争」行為類型に
ついては使用許諾料相当額を損害の額として請求できる（3 項）こととした。

(5) 信用回復の措置

　故意または過失により不正競争を行って他人の営業上の信用を害した者に対
しては、裁判所は、その営業上の信用を害された者の請求により、損害の賠償に
代え、または損害の賠償とともに、その者の営業上の信用を回復するのに必要な
措置を命ずることができる（14 条）。

　本条は、「不正競争」により、営業上の信用を害された者が、金銭賠償に代え、
または金銭賠償とともに営業上の信用を回復するのに必要な措置を請求すること
ができる。裁判所は、営業上の信用回復の措置として、新聞等への謝罪広告を認
めている[14]。

事例　不正競争防止法違反の容疑で「かっぱ寿司」社長逮捕

　回転ずし大手「はま寿司」の営業秘密を不正に取得したなどとして、警視庁は 2022
年 9 月 30 日、「かっぱ寿司」を運営するカッパ・クリエイト社長の田辺容疑者ら 3 人
を不正競争防止法違反（営業秘密領得）などの容疑で逮捕し、10 月 2 日送検した。競
合企業の営業秘密を侵害したとして、上場企業の現職社長が逮捕されるのは異例であ
る。10 月 3 日田辺社長は社長を辞任した。警視庁は持ち出された営業秘密がカッパ社

内で共有、活用されたとみて法人としてのカッパ社も同法違反容疑で書類送検する。田辺社長はゼンショーホールディングス（HD）出身で、子会社のはま寿司で取締役を務めた。2020年10月、コロワイド傘下のカッパ社顧問に転じ、副社長を経て2021年2月に社長に就いた。田辺社長の逮捕容疑は2020年9月末ごろ、はま寿司の仕入れ値などのデータファイルを外部サーバーにアップロードさせて不正に取得した。カッパ社に転職後の同年11～12に同僚に送信するなどして開示・使用した疑いである。

　警視庁は法人としてのカッパ社を10月2日に同法の両罰規定に基づき書類送検した。田辺社長が持ち込んだとされる競合他社はま寿司の内部データがカッパ社内で商品戦略などのために組織的に利用された疑いが強いとみて、異例の法人の立件に踏み切る。データファイルにはま寿司が扱う食材の仕入れ価格や取引先、商品の原価などに関する情報が含まれており、警視庁は営業秘密に当たるとみている。外食業界でも回転ずしは原価率が高いとされ、仕入れに関する情報は収益にかかわる重要なデータとなる。仕入れ先との価格交渉にも使える。警視庁はカッパ社が商品開発などに生かすため、競合するはま寿司の営業秘密を組織的に共有して活用していた疑いがあるとみて調べている。田辺社長がかけられている嫌疑は大きく2つある。第1が転職前のはま寿司の内部データの不正取得である。第2がカッパ社内での営業秘密の共有や活用である。

　警視庁によると、全国の警察が2021年に検挙した営業秘密侵害事件は23件である。大手企業が絡む刑事事件は主に技術情報の流出だったが、今回のように事業に有用などの要件を満たせば営業に関する情報も刑事罰の対象となる。情報処理推進機構（IPA）の2020年の調査で、漏洩対策として従業員と秘密保持契約を結んでいる企業は56.6％にとどまる。前回調査46.1％）から増えたものの、37.4％がなお「締結していない」と答えている。

　雇用の流動化が進むなか、同様の事件が増え、企業は営業秘密の漏洩リスクに直面する。

　海外でも機密情報の管理は厳格化の流れが強まっており、経営側と従業員側の双方で情報管理意識の徹底が急務である。

　その後の警視庁の調べで、10月7日、以下のことが分かった。

　田辺元社長は9月中旬、ゼンショーHDに退職の意向を伝え、同月下旬から有給休暇を取得した。職務で知った情報を外部に漏らさないとする秘密保持の誓約書に署名していた。

　元部下にはま寿司の内部データのファイルを外部サーバーにアップロードさせたのは、同月末ごろであった。データはその後、USメモリーに移され、田辺元社長の手に渡った。カッパ社への入社は11月1日だった。元部下がアップロードしたデータに

は、営業に関する情報など多数のファイルが含まれていた。警視庁はこの中で営業秘密と認定した仕入れに関する 2 つのファイルが不正競争防止法違反に当たると判断した。田辺元社長は転職後、同社商品企画部長で同法違反容疑で逮捕された大友容疑者とデータを使い、商品原価を比較した表を作成するなどした疑いがある。データの持ち出しが発覚したのは、田辺元社長が別ルートで情報を入手したいたことがきっかけだった。

　東京地検は、10 月 21 日、「かっぱ寿司」を運営する法人としてのカッパ・クリエイトを不正競争防止法違反罪で起訴した。元社長の田辺容疑者ら 2 人も同罪で起訴した。地検は競合他社「はま寿司」の営業秘密を組織的に業務で使用し、不正を防ぐ社内の管理体制も不十分だったとして、法人の責任は免れないと判断したもようである。営業秘密侵害罪の両罰規定による法人の起訴は異例である。事件は東証プライムに上場する業界大手企業と元トップが起訴される事態に発展した。

【注】

1)　経済産業省知的財産政策室『逐条解説不正競争防止法』（有斐閣、2006）44 頁。

2)　同上、47-48 頁。

3)　同上、51-53 頁。

4)　同上、54-55 頁。

5)　同上、62 頁。

6)　同上、63 頁。

7)　同上、64 頁。

8)　同上、65 頁。

9)　同上、79-80 頁。

10)　同上、87 頁。

11)　同上、88 頁。

12)　同上、90 頁。

13)　同上、93 頁。

14)　同上、125 頁。

第8章 取引管理

1 契約の総則

　国際物品売買契約に関する国連条約（The United Nations Convention on Contracts for the International Sale of Goods, CISG）は、1929年から始まった長年の作業の成果として1980年3月から4月にかけて開催されたウィーン外交会議で採択され、1988年1月1日に発効した。

　1968年に設けられたUNCITRAL（United Nations Commission on International Trade Law、国際連合国際商取引法委員会）は、当時の東ヨーロッパの社会主義国やいわゆる第三世界の新独立国を含むため、拘束力のある統一的立法を目指してスタートしたが、CISGは多くの妥協を経て成立に至ったのである。しかしながら、CISGでとられた統一的立法という選択は、起草者の戦略の余地を不可避的に制限した。交渉に参加した国々の法的な伝統における相違、そしてときにはより重要なものとしてそれらの国々の社会経済構造における相違により、ある問題は当初から対象範囲から除外され、また他の多くの問題については、対立する見解は、多かれ少なかれ未解決のまま残しておくという妥協策によって処理することしかできなかったのである。CISGには次のような重大な欠落やあいまいで不明確な規定があると指摘される[1]。

　①CISG自身がその適用のないことを明らかにしている事項がある。②対立する見解についてあまり説得的な解決策を定めていない規定の中には、抵触法に基づき適用される国内法に明確な答えを委ねているものがある。③原則の後に同様の幅広い例外を設けるという方法によって、個別のケースにおいてどちらの選択肢が最終的に適用されるのかという問題を未解決のままにしておく場合がある。④極端にあいまいで不明確な文言を用いることによって実際の合意の欠如を隠蔽

している場合がある。

　2008 年 7 月にわが国が本条約に加入することが国会で承認され、日本政府は 7 月 31 日付けで国連事務総長に加入書を寄託し、2009 年 8 月 1 日からわが国において本条約が発効した。

　わが国の企業は、物品の販売に際して、国内市場のみならず、海外市場において活発に活動している。さらに物品の購入に際しても、国内市場のみならず、その供給源を海外市場に大きく依存している。

　CISG には前述したような問題点があり、またその対象範囲についても限界があるが、アメリカを含めた各国の裁判所や各国の国際商事仲裁廷において、国際物品売買をめぐる紛争に関して CISG を紛争解決の基準として採用する例が数多くみられるようになっており、CISG を適用した判例や仲裁判断が多数報告され、蓄積されている。企業による国際的な売買取引に関して、CISG の原則や考え方を理解し、CISG の規定の活用により契約の交渉、履行や紛争などの売主・買主間の契約関係を規律することが必要であると考えられる。

(1) 対象範囲

　CISG は、営業所（place of business）が異なる国にある当事者間の物品売買に適用される（1 条）。すなわち、当事者の営業所が異なる国にあるという国際性が要求されており、国際契約が対象である。この国際性の要件は、当事者の国がいずれも条約の締約国（Contracting State）であるか（1 条 a 項）、あるいは一方の当事者の国が締約国ではないが、法廷地の国際私法のルールに従い締約国の法の適用が認められる場合には（1 条 b 項）満たされることになる。CISG は、物品売買の定義を積極的に定めていないが、消費者物品の売買は一般的に CISG の範囲外とされ、また競売や法の強制による売却、流通証券、船舶、電気等も除外されている（2 条）。さらに、買主が原材料の重要な部分を供給するような生産委託契約や物品とサービスが混合する契約でサービスの要素が顕著なものについては、CISG は適用されない（3 条）。

　CISG は、契約の成立および当事者の義務のみを対象とし、契約の有効性および売却された物品の権利に対する効果の問題は取り扱わない（4 条）。

　したがって、錯誤、詐欺、強迫などによる契約の有効性ないし強制可能性

（enforceability）の問題は、各国の裁判所が、法廷地の国際私法のルールを経て各国の国内法に従って決することになる。いいかえれば、CISGは合意成立のメカニズムを対象としており、成立した契約の強制に対する抗弁（defense）の問題を取り扱わないのである。売買契約が売却された物品の権原に及ぼす効果については、たとえば、買主が善意の買主として債権者等の第三者が有する権利から遮断されるかどうかの問題や物品の所有権の移転時期の問題は、CISGの対象外となる。

　CISGは、当該物品により引き起こされた人の死亡または人身傷害に対する売主の責任については適用されない（5条）。もっとも、買主の財産そのものに対する損害については除外されていないので、CISGに基づく契約上の救済として損害賠償請求の対象となりうる。不法行為としての製造物責任に対する損害賠償請求については、CISGの対象外である。

(2) 当事者間の基本的契約関係

(a) 契約の自由

　CISGは、契約自由の原則を基本的に承認している。契約方式自由の原則がCISGによって採用されている。CISGにおいて、売買契約は、書面により締結または立証されることを要せず、また方式についてその他のいかなる要件にも服さない。売買契約は、証人を含むいかなる方法によっても証明することができる（11条）。契約の変更については、当事者の合意のみで可能である（29条1項）。ところが、CISGは、96条に基づく留保宣言をした締約国にいずれかの当事者が営業所をもつ場合には、11条および29条1項の適用が制限され、有効な契約に必要な要件として書面を要求することを許容している（12条）。96条は、締約国としての条約上の義務の調整を行う国際法上の規定であるが、売買契約の締結または立証が書面によりなされることが制定法上要求される締約国は、契約に書面性を要求する旨の留保を宣言することができる（96条）。

(b) 排除

　CISGにおいて、当事者は、CISGの適用を排除し、または12条（書面性の例外的要求）に従って、その規定の効果を減じもしくは変更することができる（6条）。当事者は、各国国内法が許容する契約自由の範囲内で合意により、当該契

約をCISGの規定に従わせることもできるし、CISGを準拠法として選択した当
事者がそれを補足するものとして、国内法の契約のルールの一部を合意により当
該契約に織り込むこともできる。

(c) 解釈と補充

CISGの解釈に当たっては、その国際的性格ならびにその適用における統一
性、および国際貿易における信義誠実の遵守を促進する必要性が考慮されるべき
である。CISGにより規律される事項で、CISGの中に解決方法が明示されてい
ない問題については、CISGの基礎にある一般原則に従い、またかかる原則がな
い場合には、国際私法のルールにより適用される法に従って解釈されるべきであ
る（7条）。締約国の裁判所は、CISGの解釈についてそれ自身の主観的な見解に
のみ依拠することはできない。国際的な解釈の統一を促進するために、CISGに
関する締約国の裁判所の判例集が公刊されている。

(d) 信義誠実

CISGにおいては、CISGの解釈に当たって、国際貿易における信義誠実の遵
守を促進する必要性が考慮されるべきとされている（7条1項）にすぎず、その
役割は実質的にも限定されているようにみえる。もっとも、信義誠実に基づく解
釈は、CISGの一般原則の推論と連結しており、契約当事者に対して信義誠実に
よる行動を要求することは、CISGが基礎とする一般原則の1つであるというこ
とはできる。

(e) 慣習と慣行

CISGにおいて、当事者は、合意している慣習（usage）および当事者間で確
立させている慣行（practices）に拘束される。当事者は、暗黙のうちに、両当事
者が知りまたは知るべきであった慣習で、国際貿易において関連する特定の取引
分野で同じ種類の契約の当事者により広く知られ、かつ通常一般に遵守されてい
るものを、当事者間の契約またはその成立に適用したものとみなされる（9条）。

9条による国際慣習の認識はその黙示の適用により漠然としているが、国際
取引において適用される慣習はこのように広く知られ、かつ遵守されていること
が必要であり[2)]、当事者は、いずれの当事者も属していない取引分野内で発展し
てきた慣習や異なるタイプの契約に関する慣習を含む、いかなる慣習の適用にも
合意することができる。

(3) 契約の解釈

(a) 当事者の意思と行為

CISGにおいて、当事者によってなされた言明（statements）その他の行為は、相手方が知りまたは知らないはずはありえなかったその当事者の意思に従って解釈され（8条1項）、そうでない場合には、相手方と同じ部類に属する合理的な者（reasonable persons）が同じ状況の下でなしたであろう理解に従って解釈される（8条2項）。本条は、個別の陳述等のみならず、契約全体の解釈においても適用される。

(b) 考慮すべき事情

CISGによれば、当事者の意図または合理的な者がなしたであろう理解を決定するに当たっては、交渉経過、当事者が当事者間で確立させている慣行、慣習および当事者の事後の行為を含め関連する一切の状況が適切に考慮されるべきである（8条3項）。

2 契約の成立

(1) 契約の申込

(a) 申込の要件

CISGにおける申込の基本的条件は、特定性、確定性および拘束される意思の存在である。1人以上の特定の者に向けられた契約締結の申入れ（proposal）は、それが十分確定的であり、かつ承諾があった場合には拘束されるとの申込者の意思が示されているときは、申込となる。申入れは、物品を示し、かつ明示もしくは黙示に数量および代金を定め、またはその決定方法を規定している場合には、十分明確なものとする。不特定の者に向けられた申入れは、申込の単なる誘引とみなされるべきである。ただし、申入れをした者が異なった意向を明瞭に示している場合はこの限りでない（14条）。

もっとも、契約が有効に締結されている場合には、代金条項は申込の要件ではなく、未定の代金条項について、契約締結時における同種物品の一般的代金に暗黙の言及がなされているとの補充規定が定められている（55条）。CISGにおいて、代金未定の条項の有効性に関して、14条と55条の関係は規定上明確では

ないが、「当事者の意思」を尊重する8条の原則に従って、当事者が、実際に代
金条項がなくても拘束されることを意図しており、かつそのような契約が当事者
により選択された準拠法の下で有効であるときには、当事者の意図が優先し、契
約が有効に成立すると解すべきである。

　コモンローの原則に従い、CISGにおいて、申込は被申込者（offeree）に到達
したときに効力を生ずる（15条1項）。CISGは、申込の到達前に申込を中止す
ること（withdrawal）と到達後に申込を撤回すること（revocation）を区別して
おり、申込は、たとえ撤回不能（irrevocable）なものであっても、申込の到達前
またはそれと同時に中止の通知が被申込者に到達するときには、中止することが
できる（15条2項）。

（b）申込の撤回と拒絶

　申込の効力が生じた後、コモンローの原則に従い、CISGにおいて契約が締結
されるまでは、申込は、被申込者が承諾を発する前に撤回が被申込者に到達する
場合には、撤回することができる（16条1項）。しかしながら、次のいずれかに
該当する場合には申込を撤回することはできない。①申込が、承諾のための一定
期間の設定等により、撤回不能であることを示している場合。②被申込者が、申
込を撤回不能であると信頼したことが合理的であり、かつ被申込者がその申込を
信頼して行動していた場合（16条2項）。16条は、到達した申込はすくなくと
も合理的な期間は拘束力があり、撤回不能であるとする大陸法的な考え方と、申
込は出発点から拘束力がないとするコモンローの考え方との妥協を示している。

　申込が撤回不能であることの表示は、まず確定申込（firm offer）のようなそ
の旨の申込者による明示の言明によるのがもっとも明瞭であるが、申込者のその
他の言明や行為から推測することも可能である。一定の承諾期間の設定は、それ
自身で撤回不能である申込の黙示の表示になることも可能であるが、かならずし
もそうなるわけではない。その答えは個別のケースにおける契約の解釈の問題で
あるが、一般的に、承諾期間の設定は撤回不能を示すものと考えられる法制度の
下で申込者が営業を行っている場合には、申込者は撤回不能の申込を意図してい
ると推定される。反対に、承諾期間の設定は撤回不能であることを示すのに十分
でないとする法制度の下で申込者が営業を行っている場合には、申込者は通常そ
のような意図をもっていないとみなされる。

被申込者の信頼は、申込者の行為または申込自身の性質によって誘引される。被申込者が申込を信頼して行った行為としては、生産の準備、資材や機器の購買または賃借、費用負担などがありうる。もっとも、それらの行為が当該取引において通常のものとみなされる、または申込者によって予見されたもしくは知られたものでなければならない。

16条は、1980年にCISGを採択した時における締約国の不一致を反映しているといわれる。コモンローの法律家は、申込者の承諾期間の設定が、申込をそれ以後もはや承諾することはできないが、まだ撤回することができるタイムリミットであることを望んだ。大陸法の法律家は、承諾期間の設定を、その期間内は申込を撤回しないという申込者による約束とみなした。CISGの文言は両者の妥協であったといわれる。申込は撤回することができるとするが、その規定は、単なる承諾期間の設定が申込を撤回不能とするかどうかの論争について決着をつけていない。

申込は、拒絶の通知が申込者に到達したとき（17条）、または申込に定める承諾期間が満了したときに効力を失う。明示の拒絶がない場合には、被申込者の言明や行為は、被申込者が申込を承諾する意思をもっていないという申込者の確信を正当化するようなものでなければならない。可能な代替策があるかどうかを単に尋ねるような被申込者の返事は、通常そのような確信を正当化するには不十分である。

(2) 申込の承諾

(i) 承諾の様式

CISGによれば、承諾は、被申込者の同意を示す陳述その他の行為よりなる。CISGは、被申込者に返事を求める一般的義務を課してはおらず、沈黙または反応のないことはそれだけでは承諾とみなされることはない（18条1項）。したがって、被申込者は沈黙以上の行為をすることを要求されており、申込者は、沈黙を被申込者の同意を示すものとして取り扱うと事前に述べるだけでは、被申込者を拘束することはできない。

承諾は、同意の意思表示が申込者に到達したときに効力を生ずるが（18条2項前段）、CISGは、承諾の効力発生時期について到達主義（receipt theory）を

とり、通信伝達上のリスクを被申込者に負わせている。

　単なる行為による承諾は、その通知が申込者に到達したときにのみ効力を生ずるのが原則である。しかしながらその例外として、CISGによれば、申込に基づき、または当事者間で確立された慣行もしくは慣習の結果として、被申込者が申込者への通知をすることなく、物品の発送に関する行為や代金の支払いなどの行為を行うことにより同意を示すことができる場合には、その行為が行われたときに承諾としての効力が生ずる。ただし、その行為が 2 項に規定した期間内に行われた場合に限る（18 条 3 項）。

　承諾は、中止の通知が承諾の効力が生ずる以前に申込者に到達する場合には、中止することができる（22 条）。

(ii) 承諾期間と遅延した承諾

　CISGによれば、同意の意思表示は、申込者の定めた期間内に申込者に到達しないとき、また期間の定めがない場合においては、申込者が用いた通信手段の迅速性を含め取引の状況を十分に勘案した合理的な期間内に到達しないとき、承諾は効力を生じない。口頭による申込は、特段の事情がある場合を除き直ちに承諾されなければならない（18 条 2 項後段）。

　なお、申込の承諾期間の計算方法に関して、発信主義を原則とするが、瞬時的通信方法の場合は到達主義をとる（20 条）。

　CISGによれば、遅延した承諾といえども、申込者が、不当に遅滞することなく、被申込者にこれを有効なものとして扱うことを伝えるか、またはその旨の通知を与えた場合には、承諾として有効である。遅延した承諾を含む手紙その他の書面が、通信が通常であれば適切な時期に申込者に到達したであろう状況の下で発信されたことを示しているときには、申込者が不当に遅滞することなく、申込はすでに失効したものとして扱う旨を被申込者に口頭で通告するか、またはその旨の通知を発しない限り、遅延した承諾も承諾として有効である（21 条）。所定の承諾期間または合理的な期間後に申込者に到達した承諾は効力を有せず、申込者により無視されるのが原則であるが、本条は、その例外を定める。

(iii) 変更を含む承諾

　CISGにおいて、承諾と称してなされているが、付加（additions）、制限（limitations）その他の変更（modifications）を含んでいる申込に対する回答は、申込

の拒絶であり、反対申込（counter-offer）となる（19条1項）。しかしながら、承諾と称してなされた申込に対する回答が、付加的条件や異なった条件を含んでいても、申込の内容を実質的に（materially）変更するものでない場合には、申込者が不当に遅滞することなくその齟齬に口頭で異議を述べ、またはその旨の通知を発しない限り承諾となる。申込者が異議を述べない場合には、契約の内容は申込の内容に承諾中に含まれた修正を加えたものとする（19条2項）。

　承諾は申込のミラー・イメージ（mirror image、鏡像）でなければならないとする原則は、申込と承諾の間の重要でない齟齬さえも、いずれかの当事者が後になって契約の存在を疑問視することを可能とする。本条2項は、市場環境が不利に変化したという理由だけで、当事者がそのような結果を求めることを避けるために、1項の原則の例外を規定する。

　何が実質的な変更となるかは、抽象的に決定することはできないが、各ケースの状況いかんによっている。支払いの価格や仕方、非金銭的義務の履行の場所と時期、一方当事者の他方に対する責任の程度または紛争解決は、申込の実質的変更となるのが通常であるが、かならずしもそうなるわけではない。この点において考慮すべき重要な要素は、付加的条項や異なる条項が当該取引分野において共通に用いられているかどうか、そして申込者にとって不意打ち（surprise）とならないかどうかである。

　実質的な条項とは何かについて、CISGのようなリストを掲げることも考えられる。すなわち、「付加的または異なる条項であって、とくに代金、支払い、物品の品質または数量、引渡しの場所および時期、一方当事者の相手方に対する責任の限度、または紛争の解決に関するものは、申込の条項を実質的に変更するものとみなされる（19条3項）」。このように規定すると、ほとんどすべての変更はこれらの条項にかかわり、実質的ではない変更を想像することは困難である。したがって、このようなリストは、例示としてのみ存在しうると考えるべきであって、むしろこのような条項は不要と考えられる。たとえば、紛争の解決に関する条項はしばしば実質的ではあるが、当該国際取引の当事者間において、慣習的ではないものの、仲裁に紛争を付託することが通常であるならば、被申込者の回答における仲裁条項の付加は、契約の条項を実質的に変更するものではないと考えられる。

(e)　変更条項

　29 条 2 項によれば、書面による契約中に、合意による変更または解消は特定の方式（particular form）によるべき旨の条項が含まれるときには、その他の方法で合意により変更または解消することはできない。しかしながら、当事者は、相手方当事者がその行動に対し信頼を置いた限度において、そのような条項を援用することを妨げられる。本条は、そのような条項が口頭による変更や解消を効力のないものとし、口頭による変更または解消が書面による変更条項の黙示の廃棄とみなしうるという考えを拒否している。

(f)　書式の戦い

　実際の国際物品売買契約の締結は、かならずしも公式の場での相対の交渉の結果、1 つの分厚い契約書に当事者が署名するに至るというわけではない。実際の交渉の過程は、たとえば、買主が交渉の初めに送ってきた購入オーダーに応えて、売主がこれと形式が異なる売主の標準インボイスを送りつけたり、当事者はまず e-mail で交信して重要な契約条項を固め、その後でそれぞれの標準書式を交換したり、また物品や価格のような重要な契約条項については基本的な合意ができているが、それぞれの当事者の裏面約款である標準条項が食い違っている、といった状況である。

　現代においては物品・サービスの標準化された生産・提供は、事前に印刷された販売および購入の注文書の使用による標準化された契約締結の仕方を生み出した。当該書式には、物品・サービスの記述、品質、価格および引渡時期のための空白のスペースがあり、その他の条項はすべてあらかじめ印刷されている。各当事者は、それぞれにとって有利となる条項の書式を用いようとする。このように 2 つの書式は互いに抵触する規定を有するにもかかわらず、両当事者は、それぞれ自らの書式を用いて契約を締結していると称する事態がしばしば生じる。自らの書式に言及することにより、いずれの当事者も相手方の書式を承諾することを望まないが、しかし、両当事者とも契約の成立を望んでいるのである。当事者は、契約が後にその当事者にとって不利であることがわかったときにはじめて、契約の存在を否定しようとする。かかる書式は、ユニドロワ国際商事契約原則においては「定型条項」と称される。このような書式に関する規定は、契約を維持しつつ、書式の戦いに対して適切な解決策を提供すべく考案されたものであ

る。

　書式の戦いにおける契約の運命と内容については、次のような４つのアプローチが考えられる[3]。第１は、当事者間に合意はなく、契約は存在しないとするアプローチ。承諾が申込のミラー・イメージであるときにのみ契約が成立するという概念は広く行き渡っている。ほとんどの法制度は、変更を含む承諾が、反対申込とともに申込の拒絶を構成するというルールを有している。これを書式の戦いに厳格に適用するときには、契約が存在しないことを意味するのが通常である。このような解決策は、正確性を求めるルールにかかわらず、契約を締結したいとする両当事者の意思を無視することになる。

　第２は、最初に定型条項を申し入れた当事者の条項に基づいて契約が成立するとするアプローチ（first shot rule）[4]。このルールはいくつかの利点を有する。まず、ビジネス的な観点から契約が存在すること自体に意味がある。また、いずれの当事者がそれ自身の条項を主張した最後の者であるかを選別することよりも定型条項への最初の言及を特定することの方がより容易である。

　第３は、最後に定型条項を主張した当事者の条項に基づいて契約が成立するとするアプローチ（last shot rule）。このルールは、最後の申込が最終的に当事者の行為によってすべて承諾されたと解されるので、ミラー・イメージのルールに一致しているようにみえる。また、契約が存在しないという第１のルールよりもビジネス的な意味でより健全である。しかし、いずれの当事者がそれ自身の条項を主張した最後の者であるかはかならずしも明瞭でなく、また契約の締結をそれだけ遅らせることを奨励することになる。定型条項を最後に送る者を有利に取り扱うことになるがゆえに、恣意的な解決策となる。つまり、それは最後に定型条項を送る者、通常は売主に有利に与えられた保護策であり、締結された契約に適合する物品を売主が提供していないが、買主がその物品を受領したときには、買主は売主の定型条項を暗黙に承諾したことになるという買主の弱い立場をもたらす。また、このルールを適用する当事者の主たる目的が、市場条件の変化の結果を回避することにつながる。

　第４は、当事者間に契約は存在するが、交渉の間に言及された定型条項は、とくに交渉の対象となる、あるいは争いがない限りにおいてのみ契約の一部となるとするアプローチ。抵触する定型条項は効力を生じず、定型条項を含む契約の

成立に関するルールは契約に一般的に適用されるルールによって置き換えられる（knock out rule）[5]。このルールは国際的なレベルで支持を得ているといわれる。もっとも、CISGは例外であり、その19条（申込の条件付承諾）は問題を解決するよりもそのまま引き写している。このルールはミラー・イメージのルールに反対するが、当事者の意思をもっとも法的な現実に変えるものである。すなわち、当事者が合意しなかった特定の条項ではなく、実際に合意した条項については契約が存在する。一方、このアプローチの不利な点は、定型条項がしばしば拒絶されたときには、正確なところ当事者が何を合意したかを見いだすのが困難であり、かつ時間がかかることである。

3　契約の内容

(1) 履行の質など

　CISGは、売主の物品の契約適合性に関する義務について次のように定めている。売主は、契約で定めた数量、品質および記述に適合し、かつ契約で定める方法に従って容器に収められまたは包装された物品を引き渡す義務を負っている（35条1項）。数量については、実際の国際売買契約では、過不足条項を定めるのが通常であり、また、一定範囲の過不足を許容する慣習ないし慣行が広く存在している。

　品質および記述に関する黙示の義務（35条2項）については次のように定められる。①物品は、通常使用される目的に適合していなければならない。国際売買における買主は、たとえ契約が明示していなくても、物品がある一定の基本的な品質を有することを期待する権利があり、したがって、すくなくとも通常の使用目的に適するとの期待をもつ権利があるといえる。②物品は、契約締結時に売主に明示または黙示に知らされていた特定の目的に適合していなければならない。ただし、買主が売主の技量または判断に依存しなかった場合または依存することが不合理であった場合を除く。上記2つの義務は重なり合うことが多く、このただし書の合理的信頼の有無という要件は、売主の義務違反が成立する限り、かならずしも絶対的な要件というわけではない。③物品は、見本またはひな型として示した物品の品質を有していなければならない。この場合見本・ひな型

は、契約で明示的に定めた記述と同じ機能を果たすことになる。④物品は、保存または保護に適切な方法で容器に収められまたは包装されていることが要求される。もっとも、契約締結時に買主が物品の不適合を知りまたは知らないはずはありえなかった場合には、売主はその不適合について 35 条 2 項に基づく責任を負わない（35 条 3 項）。本条は、買主に調査の義務までも負わせるものではなく、「知らないはずはありえなかった」とは、眼前にある事実に基づく判断であり、事実上実際の知見に非常に近いものといえる。

売主は、リスクが買主に移転したときに存在した不適合について責任を負う。たとえその不適合がその後になって初めて判明した場合でも、売主が責任を負うのはリスク移転時以前に存在した不適合についてだけである。もっとも、その不適合が売主の義務違反に起因する場合には、売主はリスク移転後の不適合について責任を負わなければならない（36 条）。本条における不適合は、権原および書類における欠陥も対象とする。

買主は、状況に応じ実際上可能な限り短い期間のうちに、物品を検査しまたは検査させなければならない。契約が物品の運送を予定する場合、また運送中の物品の仕向地を変更し、または物品を転送した場合においては、検査は、物品が仕向地に到着した後まで延期できる（38 条）。本条は、買主の検査の時期のみを定めており、検査の程度には言及していない。しかし、要求される検査は、状況に応じて合理的なものであり、すべての欠陥を発見することまで要求するものではないと解される。

CISG において、買主の救済に対する権利は、適合しない物品を善意で引き渡した売主に対して、すくなくとも時宜を得た適切な契約違反の通知をすることを条件として与えられている。すなわち、買主が、物品の不適合を発見しまたは発見すべきであったときから合理的な期間内に、売主に対し不適合の性質を明確にした通知を与えない場合には、買主は物品の不適合に基づいて援用しうる権利をすべて失うことになる（39 条 1 項）。これらの権利とは、損害賠償請求権（45条 1 項）、履行請求権（46 条 1 項）、代替品の引渡請求権（46 条 2 項）、欠陥品の修理請求権（46 条 3 項）、履行のための付加期間の付与の権利（47 条）、契約解除権（49 条 1 項）、代金減額請求権（50 条）等である。しかも、いかなる場合においても、物品が買主に現実に送付された日から 2 年以内に通知がなされ

ないときには、買主は上記の権利を失うのであり、2年間の期間制限が定められている（39条2項）。発展途上国における買主は、複雑な機器の検査を外部の専門家に頼まざるをえないなど検査に時間がかかる、あるいは長い間欠陥を発見できないことがある。一方で売主の利益の保護を図る必要がある。39条の規定（とりわけ39条2項）は、これら2つの要請の妥協の産物といわれるが、いずれにしても買主にとって厳しい制裁となっている。

　このような厳しい結果を緩和するために、40条および44条が設けられている。売主が物品の不適合を知っており、それを買主に明らかにしなかった場合には、売主は38条および39条の規定を援用することはできない（40条）。この場合、買主は物品を検査しなかった、あるいは不適合の通知を売主に与えなかったとしても、その権利を留保できることになる。39条1項の規定にかかわらず、買主は、定められた通知を行わなかったことについて合理的な説明を与えることができる場合には、50条に基づき代金を減額し、またはうべかりし利益の喪失を除く損害の賠償を請求することができる（44条）。しかし、このようにして許容された買主の権利は限定されたものであり、39条2項による期間制限は影響を受けることはないのである。

(2) 価格

　CISGによれば、契約が有効に締結されているが、明示もしくは黙示により代金を定めていないか、またはその決定方法を規定していないときは、当事者は、別段の事情がない限り、契約締結時にその取引と対比しうる状況の下で売却されていた同種の物品につき一般的に請求されていた代金に黙示の言及をしているものとみなされる（55条）。

　このようにCISG55条は、代金が未定の場合には、「同種の物品につき一般的に請求されていた代金」を黙示の指標とする。本条に基づく合理的な価格の決定は、当事者間で争いが生じた場合には、最終的には裁判所または仲裁廷によって判断されることになる。

(3) その他の当事者の義務

　CISGは、物品売買に特有の売主・買主の義務を以下のように定めている。

①売主の物品引渡しの義務等

　売主は、物品を引き渡し、それに関する書類を交付し、かつ物品上の権原を移転しなければならない（30条）。物品の引渡しに付随する義務として、売主は、物品が特定されていない場合における特定の通知、運送契約の締結および保険契約に関する情報の提供をしなければならない（32条）。売主は、契約の定めるところに従い物品に関する書類の送付義務を負っており、契約で定められた交付の時期までは交付した書類の不適合を治癒することができる（34条）。

②買主の物品受領の義務

　買主は、売主による引渡しを可能にするため買主に合理的に期待されるすべての行為を行い、物品を引き取らなければならない（66条）。

③第三者の権利・請求に対する売主の担保責任

　CISGは物品の売買に特有の知的財産権にからむ問題について次のような規定を定めている。売主は、第三者の権利または請求から自由な物品を引き渡さなければならない（41条）。したがって、売主は第三者からの権利主張、請求または訴訟に対応する責任があり、本条の主たる目的は、第三者による潜在的な訴訟から買主を保護するためである。とくに42条は、知的財産権に基づく第三者の権利・請求から自由な物品の引渡義務について定めているが、41条に比し、第三者からのリスクを売主と買主の間で配分しようとする。国際物品売買では、知的財産権の侵害問題は、売主の直接の販売地域の外で生じることが多いからである。

　すなわち、第三者の権利・主張が知的財産権に基づくかどうかを判断する法が、物品が転売もしくは使用される国の法、または買主が営業所をもつ国の法に限定されている。さらに、買主が契約締結時においてその権利・請求を知りまたは知らないはずはありえなかった場合、またはその権利・請求が買主の提供した技術図面、デザイン、処方その他の規格に従った結果生じた場合には、そのような義務は生じない（42条）。前述の物品不適合の場合におけると同様に、第三者の権利・請求について買主の通知義務があること、その通知を与えない場合に買主の権利が喪失すること（43条1項）、および売主が第三者の権利・請求を知っていた場合には売主は43条1項を援用できないこと（43条2項）、さらに通知懈怠の合理的説明がある場合における買主の救済（44条）が定められている。

4 契約の履行・不履行

(1) 履行期と履行地

(a) 履行期

CISGにおいて、売主は、契約に定める期日、期間内のいずれかの日または契約締結後の合理的期間内に、物品を引き渡さなければならない（33条）。代金の支払時期については、契約に特定の時期が定められていない場合、買主の代金支払いと書類引渡しは同時履行の関係に置かれる（58条1項）。

(b) 履行地

CISGにおける物品の引渡場所については、31条の規定が設けられているが、実際の国際売買契約でCISGのルールが適用されることは少ない。引渡場所の正確な区分とこれに応じた当事者の義務がインコタームズによりルール化されている。代金支払いの場所は、国際売買において外国為替管理や支払義務にかかわる紛争の管轄権の問題にとって重要であるが、契約に特定の場所が定められていない場合には、売主の営業所または物品もしくは書類が引き渡される場所である（57条1項）。

(2) 契約の不履行一般

45条によれば、売主が契約またはこのCISGに定められた義務のいずれかを履行しない場合には、買主は、46条から52条までに規定された権利を行使すること、および74条から77条までの規定に従い損害賠償を請求することができる。売主の義務が履行されなかったという客観的な事実の存在で足りるのである。そして買主が損害賠償を請求する権利は、それ以外の救済を求める権利の行使によって失われることはない。ただし、買主が契約違反に対する救済を求める場合に、裁判所または仲裁廷は売主に猶予期間を与えてはならない。このような売主の契約違反に対する買主の救済方法に対応して、買主の契約違反に対する売主の救済方法が同様に規定されている（61条）[6]。

(a) 履行の確保

(i) 不履行の治癒

　CISGは、物品の引渡期日前と引渡期日後に分けて不履行の治癒を定めている。売主が、引渡期日前に物品を引き渡した場合には、その期日まで、買主に不合理な不便または不合理な出費をもたらさない限り、欠けている部分を引き渡しもしくは数量の不足を補い、または引き渡された不適合の物品を取り換えもしくは引き渡された物品における不適合を治癒することができる。ただし、このCISGに定められた損害賠償を請求する権利を失うことはない（37条）。このような売主の治癒権を認めることによって、重大な契約違反に対する買主の契約解除権を制限している。買主は、契約上の引渡期日が過ぎるまでは、契約を解除することができないからである。

　49条（契約の解除）に服することを条件として、売主は、引渡期日後であっても、不合理な遅滞を招くことなく、かつ買主に不合理な不便または買主の前払費用につき売主から償還を受けるに当たり買主に不安を生ずることなくなしうる場合には、自己の費用によりその債務のあらゆる不履行を治癒することができる。ただし、このCISGに定められた損害賠償を請求する権利を失わない。売主が買主に対して履行を受け入れるか否かにつき知らせるよう要請し、買主が合理的な期間内にその要請に従わないときには、売主は、要請の中で示した期間内に履行することができる。この期間中、買主は、売主による履行と両立しない救済を求めることができない。一定の期間内に履行する旨の売主の通知は、前項に基づき買主にその決定を知らせるようにとの要請を含むものと推定する。ただし、2項または3項の下での売主の要請または通知は、買主が受け取らない限りその効果を生じない（48条）。

　引渡期日後の治癒は、引渡前の治癒よりも適用の要件が厳しくなっている。売主が治癒の意思を有する限り、できるだけ不履行の治癒を許容することが国際取引契約の維持の観点からは望ましく、引渡期日の前後により要件を厳しくする必然性はかならずしもないと考えられる。一方で、この売主の権利は、すくなくともその治癒の意思が表明されている限りは、重大な契約違反によるものとして買主が急に契約解除の宣言を出したとしても、そのことにより直ちに失われることはないと解されるべきである。

(ii) 履行のための付加期間 (additional period)

　物品の引渡しが遅れている場合、その遅れがどの程度になれば重大な契約違反となるかどうかは定かではない。そこで、CISG によれば、売主による義務の履行のために、合理的な長さの付加期間を定めることができる（47条1項）とし、売主がこの付加期間内に物品を引き渡さない、または引渡しをしない旨を宣言した場合には、その契約違反が重大かどうかにかかわりなく、買主は契約を解除することができることになる（49条1項）。したがって、引渡しの遅滞の場合における付加期間の経過は、それに続く買主による解除を正当化する根拠となっている。この付加期間は売主のいかなる義務にも適用できるようにみえるが、実際には49条1項と関連して物品の引渡しの不履行の場合にのみ適用されるにすぎない。買主は、その期間内に履行しない旨の通知を売主から受け取った場合でない限り、その期間中契約違反についてのいかなる救済をも求めることはできない。ただし、買主は履行の遅滞について損害賠償を請求する権利を失うことはない（47条2項）。

　売主もまた、買主による義務の履行のために、合理的な長さの付加期間を定めることができる（63条1項）。そして買主が、その付加期間内に代金を支払わずもしくは物品を受領せず、またはその期間内に履行をしない旨を宣言する場合には、その契約違反が重大かどうかにかかわりなく、売主は契約を解除することができる（64条1項）。売主は、その期間内に履行しない旨の通知を受け取った場合でない限り、その期間中契約違反についてのいかなる救済をも求めることができない。ただし、売主は履行の遅滞について損害賠償を請求する権利を失うことはない（63条2項）。

(b) 不可抗力 (force majeure)

　79条によれば、当事者は、自己のいずれかの義務の不履行が自己の支配を超えた障害（impediment）によるものであり、かつその障害を契約締結時に考慮に入れておくことも、その障害もしくはその結果を回避または克服することも合理的に期待しうるものではなかったことを証明したときは、その不履行に対して責任を負わない（1項）。本条は、売主の契約違反における45条1項および買主の契約違反における61条1項が、そのベースとして無過失を出発点とする考え方に対する例外規定として位置づけられる。不履行に対する責任は、契約により

いかようにも定めることができるのが原則である。すなわち、契約は、例外のない絶対責任を定めることも、過失にのみ基づく責任基準（過失主義）を定めることも可能である。また、不可抗力条項が、契約に織り込まれることによって79条のルールに代わることもしばしばである。

　79条1項によれば、不履行の免責を求める売主は、次の3つの要件を満たしていることを立証する責任を負っている。第1に、売主は、その支配を超えた障害の存在を明らかにしなければならない。しかし、支配を超えたという条件を満たすことは実際には相当に厳しい。合理的な商人というものは、自己のビジネス上および金銭的な条件を支配しているとみなされているからである。第2に、売主は、契約締結時にその障害を考慮に入れておくことが合理的に期待しうるものではなかったことを明らかにしなければならない。これもまた非常に難しい証明である。ほとんどすべての潜在的な障害は、ある程度予見しうるものといえる。今日のビジネスの環境においては、戦争、革命やテロのようなもっとも厳しい障害であっても、ますます予見しうるものとなっているからである。第3に、売主は、その障害もしくはその結果を回避または克服することが合理的に期待しうるものではなかったことを明らかにしなければならない。この要件も売主に対し包括的な義務を課するものである。結局のところ、売主の観点からは、自らの利益をよりよく保護するためには、もっと緩い条件の不可抗力条項を工夫して契約に織り込む以外にないと考えられる。

　売主が契約の全部または一部を履行するために第三者を使った場合に、売主がそのような第三者の不履行によって生じた自らの不履行についての責任を免れるためには、売主は、売主自身が履行に対してその支配を超えた障害を予見し回避することができなかったこと、およびその障害は当該第三者にとっても予見・回避することができず、その支配を超えていたことを証明しなければならない（79条2項）。つまり、本条は、第三者の不履行をあたかも売主の不履行であるかのようにみなすことによって売主の免責の例外を制限するものである。

　本条の免責は、障害が存在する期間のみ効力を有するにすぎない（79条3項）。したがって、一時的な障害がなくなれば、売主は再び履行しなければならない。また、本条は、この条約に基づく損害賠償請求以外の権利を行使することを妨げない（79条5項）。本条の免責の効果は、義務の不履行により生ずる損害

賠償責任のみが免除されるのであり、その他の救済は影響がない。したがって、たとえば、大幅な引渡しの遅延が生じた場合、買主には、重大な契約違反として契約を解除する権利を失わない。もっとも、免責の対象としては、契約に定める引渡期日に物品を引き渡す義務のみならず、適合物の引渡義務も含まれるのであり、適合する物品を引き渡すべき売主の義務に影響を及ぼすような障害の発生も予想される。不履行に陥った売主は、障害および自己の履行能力への影響について、障害を知りまたは知るべきであった時から合理的な期間内に、買主に通知を与えなければならない（79 条 4 項）。

　以上の売主による不履行の免責に関する本条の定めは、買主の不履行についても同様に適用される。もっとも、買主の主たる義務である代金支払いに関して、支払不能はそれがたとえ障害に該当すると分類されたとしても、買主はそれを合理的に考慮し、予見しうるものであるとみなされている。つまり、一般的に契約当事者は自らの財務的な不能のリスクを引き受けているといえる。

　なお、当事者は、相手方の不履行が自己の作為または不作為の結果として生じている限り、その不履行を主張することはできない（80 条）。

(2) 履行請求権

(a) 相手方に対する履行請求権

　46 条によれば、買主は、売主に対してその義務の履行を要求することができる。ただし、買主がこの要求と両立しない救済を求めている場合はこの限りではない（1 項）。一方、売主は、買主に対して代金の支払い、引渡しの受領、その他の買主の義務の履行を要求することができる。ただし、売主がその要求と両立しない救済を求めている場合はこの限りではない（62 条）。もっとも、売主は、買主が物品の引渡しの受領を遅滞した場合、または代金の支払いと物品の引渡しが同時に履行されるべきときで、買主が代金の支払いを怠った場合において、売主が物品を占有しまたはその他の方法によりその処分を支配できるときは、その物品につきその状況下で合理的な保存措置をとらなければならない。売主は、買主からその合理的費用の償還を受けるまでその物品を留置することができる（85条）。また、85 条に基づき物品を保存しなければならない売主は、なんらかの適当な方法で物品を売却することができる。ただし、買主に対して、売却の意図に

つき合理的な通知が与えられることを条件とする（88条1項）。

　CISGは、大陸法的な考え方に基づいており、その適用範囲は英米法における よりも広い。コモンローでは、契約不履行に対する救済は損害賠償が原則であ り、損害賠償では十分な救済が得られない場合にのみ、エクイティ（equity）上 の特定履行（specific performance）が裁判所により認められる。CISGは英米法 の考え方との妥協を図っている。すなわち、当事者がこのようなCISGの規定に 従って相手方当事者の義務の履行を要求することができる場合であっても、裁判 所は、このCISGの適用のない類似の売買契約についてそれ自身の法の下で同様 の判決をする場合でなければ、特定履行を命ずる判決を与える必要はないとさ れる（28条）。前述したような両制度による争いについて、CISGでは、買主ま たは売主が相手方に対してその義務の履行を要求することができると規定してお り、大陸法の法律家が勝っているようにみえる。しかし、28条によれば、当事 者が相手方の義務の履行を要求することができる場合であっても、裁判所は、そ のような特定の救済が法廷地法に従って認められるかどうかを検討しなければな らず、それが認められなければ特定履行を命ずる判決を与える必要はない。これ はコモンローの法律家の勝利のようにもみえる。CISGは、大陸法的な考え方を 出発点としながらもコモンローとの妥協を図ったのであるが、このような格好の 悪い妥協の結果は、当事者が選択する法廷地いかんによっており、CISGが意図 した法の調和にとっては満足のいかないものとなっている。

　CISGにおいて、前述したように売主の義務である物品の引渡しは、売主の契 約違反が履行全部の不履行に至る場合に要求される。この場合、市況が変化した 後も履行を強制すると、買主に不当な利得の機会を許すことになるので、買主 に損害軽減義務（77条）が適用されるべきと考えられる。この損害軽減義務は、 買主による履行請求に対する事実上の制約となる。

　46条2項によれば、物品が契約に適合していない場合には、買主は代替品の 引渡しを要求することができる。ただし、その不適合が重大な契約違反を構成 し、かつその要求が、39条の下での通知[7]の際またはその後合理的な期間内に なされたときに限る。このような代替品の引渡しは、売主に厳しい金銭的負担を 課すことになるので、重大な契約違反に対してのみ適用されるべきであり、買主 は、代替品の引渡しを請求するか、契約を解除するかの選択をしなければならな

い。一方、買主は、すでに受け取った物品を返還しなければならないが、買主が物品を受け取った当時と実質的に同じ状態でその物品を返還できないときには、買主は売主に代替品を要求する権利を失うことになる（81条1項）。

　46条（特定履行）の基本的アプローチに相応して、本条は、一定の条件の下における特定履行の原則を採用している。しかし、CISGが28条（特定履行と法廷地法）において規定するのとは異なり、本条に基づく特定履行は裁量的な救済方法ではなく、本条に規定する2項または3項のいずれかの適用がない限り、裁判所は履行を命じることになる。

(b) 不完全な履行に対する請求権

　CISGによれば、物品が契約に適合していない場合において、すべての状況からみて不合理でないときは、買主は売主に対してその不適合を修理により治癒することを要求できる。修理の要求は、39条（不適合の通知）の下での通知の際またはその後合理的な期間内になされなければならない（46条3項）。適合する物品を引き渡す義務のどのような違反であっても、買主はかかる治癒を要求できるが、その治癒がすべての状況からみて不合理であるときには、売主は治癒に応ずる必要はない。

5　契約の解除

(1) 契約を解除する権利

(a) 重大な不履行

　49条1項によれば、買主は、契約もしくはこのCISGに基づく売主の義務のいずれかの不履行が重大な契約違反となる場合、または引渡しの不履行の場合であって、47条1項に基づき買主が定めた付加期間内に、売主が物品を引き渡さない場合もしくは売主がその期間内に引渡しをしない旨を宣言した場合には、契約の解除を宣言することができる。CISGでは「重大な契約違反」の定義規定が置かれている。すなわち、当事者の一方による契約違反は、その契約の下で相手方が期待するのが当然であったものを実質的に奪うような不都合な結果をもたらす場合には、重大なものとする。ただし、違反をした当事者がそのような結果を予見せず、かつ同じ状況の下で同じ部類に属する合理的な者も予見しなかった

場合はこの限りでないとされる（25条）。このように不都合な結果の程度によって、契約違反の重大性いかんが決まってくるが、結局のところ、契約の経済的価値、損害の程度、買主の営業活動に対する支障の程度などの総合的な判断によることになる。

　(b) 解除の通知

　CISGでは、売主が物品をすでに引き渡しているときは、解除権行使の時間的制限が定められている。買主は、遅延した引渡しについてはその引渡し後、合理的期間内に、不適合な物品についてはその違反を知りまたは知るべきであった時から合理的期間内に、その他の場合には47条1項または48条2項に基づく付加期間等の経過後合理的期間内に、解除の宣言をしなければならない（49条2項）。買主が代金をすでに支払っているときには、解除権行使の時間的制限が定められている。売主は、買主による遅延した履行については売主がその履行のなされたことを知る前に、その他の違反については売主がその違反を知りもしくは知るべきであった時からまたは63条1項に基づく付加期間等の経過後合理的期間内に、解除の宣言をしなければならない（64条2項）。

　(c) 履行期前の不履行と適切な履行の相当な保証

(i) 履行期前の不履行（anticipatory non-performance）

　CISGにおいて、当事者の一方が重大な契約違反を犯すことが契約の履行期日前に明瞭である場合には、相手方当事者は契約の解除を宣言することができる（72条1項）。その結果、両当事者はそれぞれ履行義務から解放されるが、相手方は損害賠償を請求する権利を留保することになる。しかしながら、時間が許す場合には、契約の解除を宣言しようとする当事者は、相手方がその履行につき適切な保証を提供しうる機会を与えるため、合理的な通知を与えなければならない（2項）。ただし、前項の要件は、相手方がその義務を履行しない旨を宣言している場合には適用しない（3項）。CISGは、このように不履行当事者に適切な保証提供の機会を与えることにより、その利益保護を図っている。

(ii) 相当な保証（adequate assurance）

　前述したように72条2項は、当事者の不履行が重大な契約違反に至るほどの場合における保証提供の問題であるが、さらに、71条は、全面的に履行しないことが明らかになるほどまでに至らなくても、そのおそれが著しい場合にも、被

害当事者である相手方の履行の停止とともに、不履行となる当事者に保証提供の機会を与えている。

　契約締結後に、次に掲げるいずれかの事由により、相手方がその義務の重要な部分を履行しないことが判明した場合には、当事者は自己の義務の履行を停止することができる。すなわち、相手方の履行能力またはその信用状態の著しい劣悪、または契約履行の準備もしくはその履行における相手方の行動（1 項）である。しかも、このような事由が明らかになる前に、売主が、物品をすでに発送している場合には、たとえ物品を取得しうる証券が買主の手元にあるときでも、売主は物品が買主に交付されるのを妨げることができる。本項は、売主と買主相互間での物品をめぐる権利のみに関係する（2 項）。物品の発送後か否かにかかわらず、履行を停止した当事者は、相手方に対して履行を停止した旨を直ちに通知し、かつ相手方がその履行につき相当な保証を提供したときは、履行を継続しなければならない（3 項）。

(2)　解除の一般的効果と原状回復

（a）解除の一般的効果

　CISG において、契約の解除は、両当事者を契約上の義務から解放する。解除は、契約中の紛争解決のための条項や契約の解除があった場合の当事者の権利義務を規定するその他の契約条項には影響を及ぼさない（81 条 1 項）。

（b）原状回復

　契約の全体もしくはその一部をすでに履行している当事者は、相手方に対して、自己がその契約の下ですでに供給しまたは支払ったものの返還を請求することができる。当事者双方が返還しなければならない場合には、それらの履行は同時に行われなければならない（81 条 2 項）。買主が物品を受け取った当時と実質的に同等の状態でその物品を返還できない場合には、買主は、契約の解除をする権利や売主に代替品の引渡しを要求する権利を失う（82 条 1 項）。ただし、前項は、次の場合には適用しない。物品を返還できないことや物品を受け取った当時と実質的に同等の状態でそれを返還できないことが買主の作為または不作為によるものでない場合、物品もしくはその一部が、38 条（物品の検査）に規定する検査の結果として毀滅または劣化した場合、または買主が不適合を発見しもしく

は発見すべきであったときより前に、物品もしくはその一部が通常の営業過程で買主により売却されまたは通常の用法で消費もしくは改変された場合（82条2項）。

　もっとも、前条に従い契約の解除を宣言する権利や売主に代替品の引渡しを要求する権利を失った買主といえども、契約およびこのCISGに基づくすべての他の救済を求める権利は保持する（83条）。

（c）代金減額

　50条によれば、物品が契約に適合していない場合には、代金がすでに支払われているか否とにかかわらず、現実に引き渡された物品の引渡しの際の価値が契約に適合する物品ならそのときに有していた価値に対する割合に応じて、買主は代金を減額することができる。ただし、売主が37条（不適合の治癒）または48条（不履行の治癒）に従ってその義務の不履行を治癒した場合やそれらの規定に従った売主による履行の受入れを買主が拒絶した場合には、買主は代金を減額することができない。本条の買主の権利は、損害賠償請求権ではなく、買主に生じた経済的損失の有無にかかわらず行使することができる。この代金減額は、損害賠償に代わる手段であり、売主の全部的な契約違反の場合における受け取った代金全額の返却と同様に、金銭による原状回復的救済方法としての性格を有する。もっとも、代金減額権の行使によっても買主に損害が残っている場合には、買主は別に損害賠償の問題として請求することができると考えられる（45条2項）。ところで、本条が実際に適用される範囲はそれほど広くはない。買主が物品を受領し、欠陥品を保持している場合または対象物品の一部を受領している場合に適用があり、たとえば、物品の価格が上昇している場合には、買主は、50条に基づく代金減額ではなく、むしろ直接74条（損害賠償の範囲）に基づく損害賠償を請求することを選ぶのが通常である。

6　損害賠償

(1) 損害賠償請求権

(a) 損害賠償を請求する権利

　損害賠償責任についてのCISGの責任ルールは、ある意味では大陸法概念とコモンロー概念の妥協といえる。CISGの基礎概念として、コモンローの無過失（no-fault）責任の考え方が採用されている。CISGにおいては、45条1項（救済方法一般）は、単に売主の契約違反に対するさまざまな救済方法を列挙しているのではなく、買主の損害賠償請求権の源を示している。買主は、売主のいかなる契約違反に対しても損害賠償を請求することができるのであって、74条から77条（損害賠償）そのものは、責任の程度、つまり損害賠償額の算定に関する規定にすぎず、45条1項は、CISGの損害賠償責任の基礎が契約違反そのものであるという無過失責任の原則を表明していると考えられる。もっとも、このように買主の損害賠償請求権は売主の過失ある違反の証明を必要としてはいないといっても、CISGの責任が絶対的な厳格責任であることを意味しているのではない。79条に基づく例外的な場合には、契約当事者は、不履行が予見不可能でかつ避けることが不可能な状況においてはその履行義務が免除されることがある。61条1項（救済方法一般）も同様に売主の損害賠償請求権の源を示している。買主のいかなる義務の不履行も売主に契約違反に対する損害賠償を請求する権利を与えるのである。

(b) 損害賠償の一般原則

　74条によれば、一方の当事者の契約違反に対する損害賠償は、うべかりし利益の喪失も含め、その違反の結果相手方が被った損失に等しい額とする。この損害賠償は、違反をした当事者が契約締結時に知りまたは知るべきであった事実および事項に照らし、契約違反から生じうる結果として契約締結時に予見しまたは予見すべきであった損失を超えることはできない。本条は、契約違反により引き起こされたすべての損失に対して保護する一般原則である。一方の当事者に契約違反があったこと、相手方が損失を被ったこと、そしてその違反と損失の間に事実的な因果関係があることが必要であり、損害賠償の範囲が当事者の予見可能性

によって画されることになる。

　買主は、具体的にどのような損失を請求できるのであろうか。まず、契約解除を選ばなかった買主が被った直接的な損失に対して損害賠償が認められる。引き渡された物品の価値と適合する物品が有したであろう価値との差額が、または代わりにその欠陥を治癒するのに必要なコストが買主に補償される。付随的損害はこの対象に含まれる。さらに、喪失利益および財産に対する物理的な損害を含む間接的な結果的損害も買主の被った損失として考慮される。売主についても同様に、契約を解除しなかった売主が被った喪失利益を含む直接的な損失に対して損害賠償が認められる。

(2) 損害賠償請求の要件と証明

(a) 損害の予見可能性

　CISGにおいて、損害の予見可能性については、Hadley v. Baxendale [8]における場合と同様の基本的な考え方がとられており、損害賠償の範囲ないし損害賠償額の認定に制限が加えられる。つまり、当事者は、合意の時点において、合意によって引き受けるリスクと潜在的な責任を計算することができたはずであるとみなされる。74条1項における損失は、契約違反の結果起こりうるものとして違反当事者により予見しうるものであったことが要求される。また、喪失利益に対する賠償についても、当事者の損害軽減義務の範囲や管轄裁判所が適用する立証基準によってその額が削減される、あるいは賠償自体が否定されることもしばしばである。

(b) 損害の証明

(i) 代替取引（replacement transaction）における損害の証明

　CISGによれば、契約が解除された場合の特則として、75条および76条が定められている。契約が解除された場合において、合理的な方法で、かつ解除後合理的な期間内に、買主が代替品を購入し、または売主が物品を再売却したときは、損害賠償を請求する当事者は、契約代金と代替取引における代金との差額およびさらにそれ以上の損害があるときは74条に基づく損害賠償を請求することができる（75条）。本条の利点は、買主による再購入の場合、損害を被った買主による再購入自体が損害を確証しており、物品の時価ないし市価を立証する必

要がないことである。上記の要件を満たさない場合には、次の 76 条が適用される。もっとも、理論的には買主に代替品購入の義務はないが、契約を解除して合理的な代替品購入の手当をしない買主については、何もしないで被害を軽減しなかった損失に対する賠償は否定されることになる（77 条）。

　一方、売主による再販売の場合、この代替取引によって得られた再販売代金が契約代金と同等以上に高いものであるときには、損失は生じなかったことになる。また、売主自身の供給が売主に対する需要を超えているときは、そもそも再販売による代替取引というものが起こりえなかったことになり、このような場合における損失は買主の違反による直接的な損失として 74 条の対象となる。

(ii) 時価（current price）による損害の証明

　CISG によれば、契約が解除された場合において物品に時価があるときで、損害賠償を請求する当事者が 75 条に基づく購入または再売却を行っていないときは、その当事者は契約で定められた代金と解除時における時価との差額、およびさらにそれ以上の損害があるときは 74 条に基づく損害賠償を請求することができる。ただし、損害賠償を請求する当事者が物品を引き取った後に契約を解除したときは、解除時における時価に代えて物品を引き取ったときにおける時価を適用する（76 条 1 項）。時価とは、物品の引渡しがなされるべきであった場所における支配的な価格とする。ただし、その場所に時価がない場合には、合理的な代替として資する他の場所における価格を時価とし、物品の運送費用の差を適切に加味する（75 条 2 項）。

(3) 被害当事者の損害軽減義務

　CISG において、損失を避ける合理的な方法をとらなかった当事者は、軽減することができたであろう損失による損害を回復することができない。すなわち、契約違反を主張しようとする当事者は、うべかりし利益の喪失も含め、違反から生ずる損失を軽減するためその状況下で合理的な措置をとらなければならない。当事者がかかる措置をとることを怠った場合には、違反をしている相手方は、損害賠償から、軽減されるべきであった損失額の減額を請求することができる（77条）。本条の損害軽減義務は、契約違反が予期されるような場合にも適用されるべきである。買主に、売主の履行が不履行となることを知る理由がある場合に

は、買主はその状況下で損失を避けるのに必要な積極的な手段を講じることが期待されている。

【注】

1） Michael Joachim Bonell, *An International Restatement of Contract Law - The Unidroit Principles of International Commercial Contracts 3d ed.* (Transnational 2005), at 303-304.

2） 慣習に関する仲裁裁定例 00.10.2000 Arbitral Award No.10022 International Court of Arbitration 参照。

3） Gerhard Dannemann, The "Battle of Forms" and the Conflict of Laws, Francis D. Rose ed., *LEX MERCATORIA: Essays on International Commercial Law in Honour of Francis Reynolds* (LLP, 2000), at 200-206.

4） オランダ法や旧UCC2-207 条において見受けられる。

5） フランス法、スイス法、ドイツ法、UCC2-207 条 3 項において見受けられる。

6） 買主が契約またはこのCISGに定められた義務のいずれかを履行しない場合には、売主は、① 62 条から 65 条までに規定された権利を行使すること、② 74 条から 77 条までの規定に従い損害賠償を請求することができる。売主が損害賠償を請求する権利は、それ以外の救済を求める権利を行使することによって失われることはない。売主が契約違反に対する救済を求める場合に、裁判所または仲裁廷は買主に猶予期間を与えてはならない（CISG61 条）。

7） 買主が、契約または物品の不適合を発見しまたは発見すべきであったときから合理的期間内に、売主に対し不適合の性質を明確にした通知を与えない場合には、買主は物品の不適合について援用しうる権利を失う（CISG39 条 1 項）。

8） 156 Eng. Rep. 145 (1854).

第9章	公正取引

1　製造物責任

(1) 製造物責任の国際的拡大と影響

　消費者物品が製造・販売され、流通し、そして消費者により使用される過程において国境は存在しえない。どの国の消費者もその健康と生活を外国企業の手に委ねざるをえないことがしばしばである。外国企業が市場に持ち込んだ製品により消費者に身体傷害または財産損害が生じた場合、消費者はどのような救済を受けることができるだろうか。このような企業の国際的な製造物責任の問題は、グローバルな国際取引の発展と個人的な消費者の権利保護の高まりにより不可避的に生じてきた。消費者は、複数の国において製造、販売された欠陥製品により身体傷害、財産損害や経済的損失の被害を被ってきた。しかし、製造物の欠陥の考え方が国により異なる、あるいはある国では消費者の保護に手厚いが、他の国ではそれほどの意識はないことがある。消費者が製造物責任訴訟を提起した場合、その成功の可能性についての予測は、それぞれの国の法制度により違ってくる。

　一方でこのような国際製造物責任の問題は、とりわけ国境をもたないグローバルに事業を展開する企業の増加により生じたということもできる。グローバルに事業を展開する企業を先頭とする国際取引の進展に加えて、人と物の海外への移動の容易さは、各国の内外において数多くの製造物責任訴訟を促すこととなった。しかもグローバルに事業を展開する企業にとっては、海外市場において現地法人等の事業活動の拠点を築いている場合は、同時にその海外市場における国内的な責任問題として対処する必要が生じていることになる。

　メーカー、とりわけグローバルに事業を展開する企業であるメーカーの観点

からは、グローバル市場においてマーケティングを展開するためにもっとも厳しい製造物責任法制について検討し、これに対応できるような対策を講じておく必要がある。一方消費者の観点からは、最大の消費者保護を受けるためにどの国において製造物責任訴訟を提起すればもっとも有利かを追求することになる。

(2) アメリカ法における製造物責任

(a) 製造物責任の法的根拠

アメリカにおいて製造物責任の法的根拠は、被害を受けた消費者の保護と救済の必要性に応じて格段に拡大されてきた。すなわち、メーカーの過失による注意義務違反に基づく過失責任は、立証責任が緩和されて過失が推定される。メーカーの保証責任については、欠陥の存在が品質についての明示・黙示の保証義務違反とみなされる。アメリカの製造物責任は、さらに厳格責任へと発展し、製品に欠陥があれば、メーカーは不法行為として損害賠償責任を負うものとされる。この場合、不相当に危険な状態にある製品から損害が生じたことが必要であるとする判例が多いが、単に欠陥があったことの立証で十分とする判例もみられる。

(b) 製品の欠陥と因果関係

製品における欠陥は、設計上の欠陥、製造上の欠陥および警告上の欠陥に分けられる。設計上の欠陥については、通常の知識をもった消費者が予想する程度を超える危険性があるときには欠陥がありとする、消費者期待基準（consumer expectations test）、または製品の危険性がその有用性を上回るときには欠陥がありとする、危険と効用の比較基準（risk-utility test）によって判断される。

ところで、欠陥と損害の間に因果関係がなければならないのはいうまでもない。しかし、製造物責任訴訟において、消費者である原告が損害をもたらした製品もしくはそのメーカーを特定することは容易なことではない。そこで消費者を救済する観点から因果関係の立証を容易にするために、さまざまな理論が提案されるに至っている。これらの理論の適用については批判も少なくないが、それぞれの特定の状況における消費者を救済するために考案されたもので、直ちに一般化することはできないにしても、それらが特定の状況において実際に適用されているという事実を認識しておく必要がある。

選択的責任（alternative liability）論では、原因を与えたメーカーが複数存在

するが、その特定ができない場合、自己が原因を与えていないことを立証することができない限り連帯責任を負わされる。

　業界責任（enterprise liability）論とでもいうべき見解は、Hall v. E.I. Du Pont Nemours & Co., Inc., 345 F. Supp. 353（E.D.N.Y. 1972）の判決に由来している。欠陥のある雷管の爆発によって傷害を被ったHall他13人の子供達が、6社の雷管メーカーを訴えた。被告Du Pont他6社は、アメリカの雷管業界の大部分を構成していた。原告は傷害を引き起こした雷管メーカーを特定することはできなかったが、ニューヨーク東部地区連邦地方裁判所は、傷害を引き起こした雷管が6社のいずれかのものであり、各被告が原告に対する注意義務に違反しており、これらの違反がほとんど同時に起こり、かつ同様の性質のものであることを原告が証拠の優越によって立証できるときは、因果関係についての立証責任は被告に転換されると述べている。

　さらに、マーケットシェア責任（market share liability）論が、Sindell v. Abbott Laboratories, 163 Cal. Rpr. 132（1980）において初めて唱えられた。Sindellは、流産防止の目的で妊娠中の母親に投与された合成女性ホルモンDESによって女性特有のがん症状を発症したとして、11社のDESの製薬会社に対し損害賠償等の救済を求めてクラス・アクション（class action）を提起した。原告Sindellはどの製薬会社が彼女の薬害に責任のある薬を製造したかを特定できなかったことを理由に、カリフォルニア州第一審裁判所は訴えを却下した。カリフォルニア州最高裁判所は、原告の薬害を引き起こしたDESの製薬会社を特定することができなくても、被告とされている製薬会社がDESの実質的な割合を製造していたことを証明することによって、同一のフォーミュラから製造されるDESの製薬会社に原告の薬害の責任を負わせることができると判示して、第一審の判断をくつがえしたのである。各々の被告製薬会社は、原告の薬害を引き起こしたDESを製造しなかったという反証をしない限り、そのマーケットシェアに応じて損害賠償額を負担すべしとされた。科学技術の進歩が消費者に薬害を与え、特定のメーカーをつきとめることができないような代替可能な製品を生み出す、そしてメーカーは、欠陥製品の製造から生ずる薬害のコストを負担することができ、かつその欠陥製品を発見、それに対して保護し、その薬害を警告するのにもっともよい地位にある、と最高裁は述べている。しかし、このようなマーケットシェア

責任論は、必ずしも連邦裁判所および各州裁判所によって好意的に受け入れられるには至っていない。この理論を採用した州も独自にそれを変更している。

（c）製造物責任訴訟における抗弁

加害者であるメーカーは、提起された製造物責任訴訟に対して次のような抗弁を有するが、その損害賠償責任を否定する完全な抗弁となるか、あるいはその減額をどの程度可能にするかは、各州によって、また具体的なケースによって異なってくる。

①技術水準（state of art）

技術水準とは、製造時点で合理的に利用可能な最高の科学技術の水準を意味し、その時点で当時の技術水準に達していれば抗弁となる。厳格責任についてこの抗弁を認めるべきかについては当初見解が分かれていたが、その適用が認められるに至っている。

②被害者の過失（negligence）

被害者である原告側に少しでも寄与過失（contributory negligence）があれば、その損害賠償を認めないのが伝統的コモンローであったが、現在では加害者と被害者における双方の過失の割合を考慮する比較過失（comparative negligence）がほとんどの州で認められている。

③危険の引受け（assumption of risk）

被害者が危険を認識しながら敢えてその危険に近づいている、あるいはその危険を引き受けているとして、加害者側が損害賠償額減額の根拠とする。上記比較過失と同様の考え方に基づいている。

④ユーザーの誤用（misuse）

メーカーの予見不可能な製品の誤用がユーザーによってなされた場合、メーカーに損害賠償責任はないのが原則である。しかし、メーカーが相当な注意を払えば予見することができたような誤用は、完全な抗弁とはなりえないとされている。

⑤改造

メーカーから製品が発送された後、製品に加えられた実質的な改造が損害発生の原因となり、かつそのような改造がメーカーにとって合理的に予見することができない場合には、メーカーには損害賠償の責任はない。

⑥出訴期限（statute of limitation）

　出訴期限は、各州によって、また原告の訴訟原因によって異なる。訴訟原因が過失責任に基づく場合には、原告の被害の日から2年ないし3年、保証違反を訴訟原因とする場合には、製品の販売または引渡しのときから4年ないし6年という州が多い。訴訟原因が厳格責任に基づく場合、特別の出訴期限を制定している州もある。もっとも、原告が被害を被ったことに気がつかなかった、もしくは被害を被ったことを疑わなかったのも当然であった、または製品の欠陥に気がつかなかったような場合には、出訴期限の起算を原告が被害ないし被告の行為と被害との間の因果関係に気がついた時または合理的な注意を払えば気がついたであろう時まで延期することを認めている州が多い。

　(d)　アメリカにおける製造物責任訴訟の有利性

　アメリカという国は、不安全な製品を製造・販売した不法行為者に対して製品の消費者に最大の保護が与えられる国であるといわれる。傷害ないし損害を受けた原告がアメリカの裁判所に訴訟を提起することを選ぶ傾向があるのは次のような要因によると考えられる。

　第1に、ディスカバリー（discovery）手続による証拠開示。消費者である原告はこの手続によってメーカーである被告の証拠を収集することができる。第2に、陪審制度による審理。陪審員は、大規模企業であるメーカーに比べ個人にすぎない消費者に対して一般的に同情的である。第3に、原告弁護士の成功報酬制。消費者に訴訟を提起し維持するために必要な当面の資金がなくても、製造物責任分野における専門の弁護士を雇うことが可能である。第4に、多くの責任理論の集積。製造物責任に関する判例や政策において厳格責任等のメーカーに厳しい法原則が確立されている。第5に、高額の損害賠償判決。懲罰的損害賠償や巨額の慰謝料等による高額の損害賠償の判決が下されている。第6に、クラス・アクションの可能性。これらの要因は重なり合って、原告である消費者にきわめて有利に働くと評価される。

　アメリカにおける製造物責任法制は行き過ぎであり、メーカー等の企業にあまりにも過重な負担を負わせているとして、これまでにもしばしば不法行為法改正の動きがあったが、これらは非経済的損害について連帯責任の制限、懲罰的損害賠償を課するための要件の加重、または中小企業に関しては損害賠償額の上限

などについてであり、上記の基本的な要因の一部に関わるものにすぎない。このような部分的改正が政治的な圧力等によって行われることはあっても、アメリカは今後とも消費者にとってもっとも有利な製造物責任法制を維持するものと考えられる。

　Bewers v. American Home Products Corp., 459 N.Y.S. 2d 666 (1982), rev'd. 472 N.Y.S. 2d 637 (N.Y. App. Div. 1984)において、Bewers他イギリスの3人の婦人とその夫は、American Home Products (AHP)のイギリスにおける100％子会社John Wyeth & Brother Ltd. (JWB)が製造・販売した経口避妊薬の服用によって薬害を被った損害の賠償を求めて、デラウェア州法人でニューヨークに主たる事務所をもつAHPをニューヨーク州の裁判所に訴えた。AHPは、不便宜法廷（フォーラム・ノン・コンヴィニエンス、forum non conveniens）を理由として訴えの却下を申し立てたが、訴えられた不法行為は、避妊薬としての使用に不釣合いな危険性を警告することなく、危険な薬を特定の外国市場に投げ捨てることの意思決定がニューヨークで行われたということであり、ニューヨーク州第一審裁判所は、ニューヨークとの関係は明白かつ実質的であるとしてその申し立てを退けた。ニューヨークは、単に多くの多国籍企業の本拠としてのセンターであるばかりでなく、そのような企業の不法行為から無知な人々を守る法を発展させるリーダーであるべきであると裁判所は述べている。しかしながら、控訴審は、訴訟に関する事実や環境がイギリスにおいて生じており、証人や証拠がすべてイングランドにあるとして、フォーラム・ノン・コンヴィニエンスを認めて第一審の判断をくつがえしたのである。この判決に対しては、イギリスの裁判所がアメリカ法を適用しない（イギリス法を適用する可能性が高い）ときには、アメリカの親会社は責任を回避することができるなどの厳しい批判がなされた。

(3) わが国における製造物責任

　製造物責任とは、製品の欠陥による事故の被害者に対して、メーカー等が負う損害賠償責任のことである。損害には、当該製品自体についての責任と、当該製品以外のものに与えた損害、すなわち生命、身体または財産にかかわる拡大損害があるが、製造物責任法が対象とするのは後者の拡大損害である。

　製造物責任法ができるまでは、製品事故の賠償責任は、民法の債務不履行ま

たは不法行為の問題とされてきたが、債務不履行では、売主が自ら無過失であることを立証しない限り責任を免れることはできず、被害者に有利といえるが、販売店などの流通過程を通して購入することが通常である一般消費者にとっては、メーカーに対しては直接の契約関係がないため、債務不履行責任を追及することができない。不法行為では、当事者間の契約関係の存在は要件ではないので、被害者がメーカー等の責任を問うことができるが、被害者が、メーカー等の過失を立証することが必要になる。しかし、複雑で高度な企業の設計・製造プロセスのどこに問題があったかを被害者が立証することは困難である。実際の裁判においては、挙証責任を転換するという法技術により、被害者側の立証負担を軽減することが行われてきた。このような被害者救済の不十分な問題点を解消するために、民法の特則として製造物責任法が制定された。製造物責任法による法理論面での最大の変化は、不法行為の過失責任原則を変更し、欠陥を責任の要件としたことである。製造物責任法では、被害者は製品の欠陥を立証すればよく、欠陥が過失によって生じたことの立証は不要となった。

　（a）欠陥

　欠陥とは、製品が通常有すべき安全性の欠如である。もっとも、絶対的な安全性が要求されるのではなく、社会通念上許されない製品危険が欠陥とされる。

　製造物責任法は、「欠陥」とは、当該製造物の特性、その通常予見される使用形態、その製造業者等が当該製造物を引き渡した時期その他の当該製造物に係る事情を考慮して、当該製造物が通常有すべき安全性を欠いていることをいう、と定めている（2条2項）。

　製品の範囲には、製品本体だけではなく、取扱説明書、警告ラベル、宣伝、カタログ等の製品に関する情報も含まれ、不適切な情報により危険が生じれば製品の欠陥とされる。

　欠陥は、製造欠陥、設計欠陥、警告・表示欠陥の3種類に区分される。製造欠陥とは、設計や仕様どおりに製造されなかったこと（製造ミス）による欠陥である。設計欠陥とは、安全への配慮が不十分な設計（設計ミス）である。警告・表示欠陥とは、正しい使用方法と危険についての説明の不備である。

(b) 欠陥の判断

欠陥の有無を判断する時点は、消費者側からみれば使用時点であるが、製造物責任法では、メーカー等の責任範囲を画する観点から、製品が流通に置かれた時点とされる。

欠陥を判断する際に基準とすべき主体は通常人である。製品の誤使用がしばしば問題となるが、通常人が合理的に予見しえる範囲の誤使用であれば、それを考慮して設計や指示・警告表示を行うことが必要であり、それが不十分であったため事故が発生した場合には、欠陥と判断される。このため、人間の行動習性（ヒューマンファクター）を十分考慮して、想定される危険な誤使用が生じないよう対策を講じる必要がある。

製造物責任法では、欠陥の考慮事情として、具体的には、以下のような観点から欠陥判断がなされる。

(i) 製品の有用性・効用と危険性

医薬品のように、有効性が副作用の有害性を上回る場合には、欠陥ではない。

(ii) 危険性を回避するための費用と効果

危険性を回避するための費用がわずかであるにもかかわらず、回避策をとってないときは欠陥となる。たとえば、低コストで安全装置を取り付けることができるにもかかわらず、取り付けていないときは欠陥と判断される。もっとも、取り付けることが価格面で著しく商品力を低下させる場合は、一概に欠陥となるとはいえない。自動車のエアバッグのようにオプション化により、欠陥判断を免れることも可能である。

(iii) 技術的可能性

同時期の他社の類似製品の状況、その時点における技術的実現可能性を踏まえて評価がなされる。

(iv) 被害発生の蓋然性と程度

もともとの危険性と比べて改善される安全性が低い場合は、回避策がなくとも欠陥品とはいえないが、指示・警告表示は必要となる。

(v) 通常の使用期間・耐用年数

耐用年数を著しくすぎた後に生じた欠陥は、流通においた時点で欠陥がなく、かつ、通常想定される耐用年数の仕様に耐えられる製品である限り、一般的に欠

陥とはいえない。

(vi)　製品の表示の適正

　適切な表示というためには、情報として具体的で正確であるとともに、適否が判断しやすい直截な表現で製品に適切な表示がなされているか否かが問われる。とりわけ、危険性を伴う場合は、指示・警告表示を行い、事故の発生を回避する必要がある。

(vii)　使用者の損害発生防止可能性

　使用者が指示・警告表示に従って損害の発生を防止することが十分可能であるにもかかわらず、その指示に従わなかった場合は、上記の誤使用と同様の判断がなされる。

(c)　製造物（責任の客体）

　製造物責任法の対象となる製造物は、製造または加工された動産である（2条1項）。無体物、不動産、未加工の農林水産物は対象とはならないが、これらに欠陥があり、事故が発生したときは、民法の不法行為・債務不履行の責任によって処理されることになる。

(d)　製造者等（責任の主体）

　製造物責任法によって責任を問われる製造業者等とは、実際の製造業者のみならず、加工業者、輸入業者、製造業者と表示した表示製造業者および実質表示製造業者を含む（2条3項）。ここで表示とは、製造物に氏名、商号、商標等を表示することを意味する。

　表示製造業者とは、実際に製造、加工、輸入していないが、自らをOEM（相手先ブランドによる生産）販売者や輸入者等として表示した者である。さらに、自らをプライベートラベル（小売業者ブランド）販売者や製造者の明示がない場合の通信販売業者等と誤認させる表示をした誤認表示製造業者も表示製造業者に含まれる。

　実質表示製造業者とは、諸事情から見て、実質的な製造業者または輸入業者と認めることができる表示をした者である。たとえば、製造業者A、販売業者Bと併記表示され、Bが当該製品の業界で有名な製造業者である場合、Bはこれに該当する可能性があるとされる。

　なお、販売業者や修理業者は一般に製造物責任法上の責任はないが、民法上

の債務不履行責任や不法行為責任等は負う可能性がある。

(e) 製造業者の免責事由

製造物責任法では、開発危険の抗弁と設計指示の抗弁について製造業者の免責を認めている（4条）。

(i) 開発危険の抗弁

製品引渡し時点の科学・技術水準では欠陥を知りえなかった（予見不可能であった）ことを、製造業者等が立証すれば免責される。この水準は、当該製造業者等の実際の水準ではなく、入手可能な最高の科学・技術水準である。開発危険の抗弁は、立証責任が製造業者側に転換されているものの、予見可能性の問題であるから、理論的には過失責任にきわめて近いといえる。なお、予見可能性はあったが、結果回避可能性はなかった場合は、開発危険の抗弁は適用されない。

(ii) 設計指示の抗弁

部品や原材料の欠陥の場合、部材製造業者は、それが完成製造業者の設計に関する指示に従ったために生じ、かつ、自らは無過失であったことを立証すれば免責される。

(f) 期間の制限

製造物責任法は、責任期間について、以下のとおり定めている（5条）。

(i) 短期消滅時効

被害者は、損害と賠償義務者を知ったときから3年以内に請求権を行使しなければ時効となると規定されていたが、「民法の一部を改正する法律」が2019年5月の成立し、2020年4月から施行されることに伴い、製造物責任法の関連条文が改正された結果、5年以内となった。これは不法行為の短期消滅時効と同様である。

(ii) 長期の期間制限

製造業者等は、製品引渡し時から10年で免責される。これは除斥期間と解されていたが、上記の改正に伴って、この10年も時効によって消滅すると規定された。民法の除斥期間（20年）を短縮している。ただし、蓄積損害、潜伏損害の場合には、損害が顕在化した時が起算日となる。なお、製造物責任法上の除斥期間が徒過しても、民法上の時効が成立するまでの間は、不法行為に基づく損害賠償請求をすることが可能である。

(4) 製造物責任予防対策

　グローバル市場に向けて製品を供給するメーカーは、それぞれの国の法制度に応じた製造物責任対策を講じることは事実上不可能であり、現在のところ世界の中でもっとも厳しいアメリカの製造物責任法制を前提に対策を検討する必要がある。この意味においてダブルスタンダードは存在しない。メーカーのもっとも基本的な経営理念の1つは、安全な製品を消費者に供給することであり、製品の安全性を確保するために製造設備についてはもちろんのこと、研究設備（たとえば安全性研究所等）にも技術的な投資をすることが第1である。その上でメーカーは、具体的にどのような製造物責任予防対策を構築すべきであろうか。

(a) 企業における組織体制

　製造物責任を含む製品の安全性問題を専門に所管する部門を配置するとともに、この問題を全社的に取り扱う専門委員会を設置することが考えられる。その目的は、製品の品質保証、とりわけ安全性を総合的に推進することにあり、全社的な製品安全性基準の策定と製品安全性審査の実施を主たる任務とする。全社専門委員会の構成は、関係部門の責任者を全社的に網羅する。

　新製品の市場への供給を例にとると、所定の安全性基準に基づいて当該事業部門の最高責任者が販売開始の可否を決定する。その決定が製品の安全性の観点から困難な場合、全社専門委員会に当該製品の安全性審査を依頼する。全社専門委員会に設けられた審査団が安全性審査を実施して販売の可否を勧告する。事業部門の最高責任者がこの勧告を考慮して販売の可否を決定する。この場合、審査団の勧告は単なる勧告ではなく、当該最高責任者がその勧告を無視して製品の販売を決定するということは事実上不可能である。

　上記の製品安全性を所管する部門は、全社専門委員会の運営組織として製品安全性基準および安全性審査等に関する業務を遂行する。

(b) 基本的な予防対策

　企業の製品安全性対策は、製品ないし技術の特性、業種、企業規模、さらにはその経営ポリシーにより大きく変わってくるが、基本的な予防対策は、たとえば次のように考えられる。

　第1に、企業内における基本原則として製品安全性基準を制定し実施する。第2に、企業内における情報伝達として、製品の安全問題の教育を全社的に実

施する。製品安全情報を活用するシステムを構築し、製品品質クレームに対応するシステムを強化する。また関係業界内外における製品安全にかかわる事故例を調査して同種事故の防止に役立てる情報として活用する。第3に、企業内における監視として、製品安全性審査を実施する。たとえば、新製品の市場への供給開始時の監視、製造工程変更時の監視、不良品管理システムおよび異物混入対策における監視等が挙げられる。第4に、製造物責任防止に向けた製品の警告として、危険の内容の明示、危険回避手段の明示、警告文の優先表示等の指導を行う。

（c）契約によるリスク配分

　メーカーが製品の供給先である加工業者またはディストリビューターとの契約において、当該製品の製造物責任について免責を得る、あるいはその責任を分担することは可能である。メーカーは、消費者が提起する訴訟の被告の立場から逃れることはできないが、当該供給契約の相手方に内部的に訴訟費用や防衛行為を転嫁ないし分担させることはできる。加工業者・ディストリビューターが大企業であれば、メーカーにとってはそのリスクを配分することが可能となる。

（d）製造物責任保険

　製造物保険をかけるかどうかは、それぞれの製品の製造物責任のリスクの評価、保険料の高額化、事業経営のポリシーなどを考慮して決まってくるが、適正な保険プログラムをつくるためには次のような点において慎重な検討を要する。①付保対象の範囲について、対象とする製品および国を特定する。②対象とする費用として、被害者への賠償金、応急手当等に要した費用、訴訟費用・弁護士費用、製品そのものの損害、リコール費用などどの範囲まで含めるかを決定する。③責任限度額（填補限度額）として、対人賠償、対物賠償および総限度額を決める。④自己負担額となる免責額を設定しなければならない。

　製造物責任のリスクは保険によりすべてカバーすることが可能といえるほど単純な問題ではない。メーカーは、グローバル市場において国際競争力、すなわち厳しいコスト競争に晒されており、高額な保険料の負担にも自ずと限界が生じてくる。むしろ、いかに保険料の負担を軽減しつつ、製造物責任の予防に取り組むかに腐心しており、また保険プログラムそのものにも付保の限界が存在する。

(5) 製造物責任訴訟対策

（a）訴訟に備えた対策

　日常の事業活動においてすでに製造物責任訴訟対策は始まっており、訴訟の可能性を前提に対応しておくべき行動がある。第 1 に、製品の品質ないし安全にかかわる文書管理の徹底である。ディスカバリーを念頭においた文書管理のルール（たとえば、廃棄すべきものと長期保存すべきものとの区別、保存の期間等）を定めて実行する必要がある。第 2 に、製品の品質・安全についてクレームが生じた場合に迅速に対応しなければならない。単なる営業的なクレーム処理で解決できるのか、大型化する製造物責任問題に発展する可能性があるのかをできるだけ早い段階で見分けることがもっとも重要である。後者の場合は、全社の技術力の総力をあげて原因の究明に当たるとともに、消費者に対する損害填補などの金銭的解決をできるだけ短い期間内に終えるべきである。この段階での対応を誤ると、製造物責任はより深刻かつ大きくなる傾向がある。製造物責任という問題は、メーカーとしての技術的・専門的な判断だけではなく、事業経営上の判断を早くもこの段階において必要としている。

（b）訴訟提起後の対策

　訴訟が提起されたら直ちに専門対策チームを結成する必要がある。訴訟の規模、性格によっては既存の組織体制で対応できる場合もあるが、大型かつ長期の訴訟となる場合は、横断的な全社を挙げた専門対策チームの組織化が必要となる。いかなる訴訟対策チームにも共通のことであるが、明快な役割分担と相互協力、迅速かつ統一した意思決定、円滑な情報交換と意思疎通が行われることが求められる。加えてこの専門対策チームの最高意思決定者を決めておかなければならない。製造物責任訴訟のような訴訟の帰趨は、この最高意思決定者の製造物責任問題についての専門的な判断力および事業経営上の総合的な判断力に基づいた指導力によって大きく左右される。

　外部の製造物責任問題を専門とする現地法律事務所および弁護士の起用は優先事項である。いかに有能な弁護士を見つけるかという難問の次に、巨額となるおそれのある弁護士費用をコントロールしつつ、この弁護士をどのように効率的に使うかという問題が控えている。

　ところで、製造物責任訴訟は、アメリカにおいてはほとんど和解で決着がつ

けられている。ディスカバリーの早い段階で陪審の評決の見通しについて見極めをつけることが重要である。アメリカにおいて製造物責任訴訟の被告となった場合、被告有利の評決が下される蓋然性が低いとの認識に達したら、できるだけ早期にあらゆる機会をとらえて和解を目指すのが賢明である。訴訟手続が進むほど和解のコストは多額になる傾向がある。

2 消費者契約法

(1) 消費者契約の申込みまたはその承諾の意思表示の取消し

(a) 消費者契約法4条1項・2項

4条1項によれば、消費者は、事業者が消費者契約の締結について勧誘するに際し、当該消費者に対して次の各号に掲げる行為をしたことにより当該各号に定める誤認をし、それによって当該消費者契約の申込みまたはその承諾の意思表示をしたときは、これを取り消すことができる。

一　重要事項について事実と異なることを告げること。当該告げられた内容が事実であるとの誤認
二　物品、権利、役務その他当該消費契約の目的となるものに関し、将来におけるその価額、将来において当該消費者が受け取るべき金額その他の将来における変動が不確実な事項につき断定的判断を提供すること。当該提供された断定的判断の内容が確実であるとの誤認

4条2項によれば、消費者は、事業者が消費者契約の締結について勧誘をするに際し、当該消費者に対してある重要事項または当該重要事項に関連する事項について当該消費者に利益となる旨を告げ、かつ、当該重要事項について当該消費者に不利益となる事実（当該告知により当該事実が存在しないと消費者が通常考えるべきものに限る）を故意または重大な過失によって告げなかったことにより、当該事実が存在しないとの誤認をし、それによって当該消費者契約の申込みまたはその承諾の意思表示をしたときは、これを取り消すことができる。ただし、当該事業者が当該消費者に対し当該事実を告げようとしたにもかかわらず、当該消費者がこれを拒んだときは、この限りでない。

本条1項・2項の趣旨は、消費者が事業者の不適切な勧誘行為に影響されて自

らの欲求の実現に適合しない契約を締結した場合には、民法の詐欺が成立しない場合でも、契約の成立についての合意の瑕疵によって消費者が当該契約に拘束されることは衡平を欠くものであるため、消費者は当該契約の効力の否定を主張しうることが適当であり、事業者から消費者への情報の提供に関するあらたな民事ルールを設けることとしたものである。

　消費者は、事業者の一定の行為（誤認を通じて消費者の意思決定に瑕疵をもたらすような不適切な勧誘行為。具体的には、不実告知（1 項 1 号）、断定的判断の提供（1 項 2 号）、不利益事実の不告知（2 項））により誤認をし、それによって当該消費者契約の申込みまたは承諾の意思表示をしたときは、これを取り消すことができることとする[1]。

　1 つ目の要件として、事業者の一定の行為（不実告知（1 項 1 号）、断定的判断の提供（1 項 2 号）、不利益事実の不告知（2 項））が存在すること、2 つ目の要件として、消費者の当該消費者契約の申込みまたは承諾の意思表示が存在すること、3 つ目の要件として、要件 1 と要件 2 の因果関係が挙げられている。消費者に取消権を与えるためには、消費者に意思表示の瑕疵がある（他人から不当な干渉を受け、意思決定が自由に行われなかった）ことが必要である。したがって、要件 1 という先行事実が消費者に誤認を生じさせ、この誤認が要件 2 という後行事実を生じさせるという二重の因果関係（事業者の行為 → 消費者の誤認 → 消費者の当該消費者契約の申込みまたは承諾の意思表示）を規定している[2]。

(b) 消費者契約法 4 条 3 項

　4 条 3 項によれば、消費者は、事業者が消費者契約の締結について勧誘をする際し、当該消費者に対して次に掲げる行為をしたことにより困惑し、それによって当該消費者契約の申込みまたは承諾の意思表示をしたときは、これを取り消すことができる。

(i) 1 号・2 号

> 一　当該事業者に対し、当該消費者が、その住居またはその業務を行っている場所から退去すべき旨の意思を示したにもかかわらず、それらの場所から退去しないこと。
>
> 二　当該事業者が当該消費者契約の締結について勧誘している場所から当該消費者が退去する旨の意思を示しているにもかかわらず、その場所から当該消費者を退

去させないこと。

　1号・2号の趣旨は、消費者が事業者の不適切な勧誘行為に影響されて自らの欲求の実現に適合しない契約を締結した場合には、民法の強迫が成立しない場合でも、契約の成立についての合意の瑕疵は重大で決定的であるため、消費者は当該契約の効力の否定を主張しうることが適当であり、事業者から消費者への不適切な強い働きかけの回避に関するあらたな民事ルールを設けることとしたものである。消費者は、事業者の一定の行為（困惑を通じて消費者の意思表示に瑕疵をもたらすような不適切な勧誘行為。具体的には、不退去（1号）、退去妨害（2号））により困惑し、それによって、当該消費者契約の締結の申込みまたは承諾の意思表示をしたときは、これを取り消すことができることとする[3]。

(ii) 3 号

　三　当該消費者が、社会生活上の経験が乏しいことから、次に掲げる事項に関する願望の実現に過大な不安を抱いていることを知りながら、その不安をあおり、裏付けとなる合理的な根拠がある場合その他の正当な理由がある場合でないのに、物品、権利、役務その他の当該消費者の目的となるものが当該願望を実現するために必要である旨を告げること。
　イ　進学、就職、結婚、生計その他の社会生活上の重要な事項
　ロ　容姿、体型その他の身体の特徴または状況に関する重要な事項

　本号の趣旨は、消費者契約の特性を踏まえた上で、「困惑」を要件としつつ、それと結びつく事業者の不当性の高い行為を類型化することにより、明確かつ具体的な要件をもって消費者の意思表示の取消しを認めるべき場合を規定することが適当であることから、事業者から消費者への不適切な強い働きかけの回避に関する新たなルールを設けることとしたものである[4]。

(iii) 4 号

　四　当該消費者が、社会生活上の経験が乏しいことから、当該消費者契約の締結について勧誘を行う者に対して恋愛感情その他の好意の感情を抱き、かつ、当該勧誘を行う者も当該消費者に対して同様の感情を抱いているものと誤信していることを知りながら、これに乗じ、当該消費者契約を締結しなければ当該勧誘を行う者との関係が破綻することになる旨を告げること。

（iv）5 号

　　　五　当該消費者が、加齢または心身の故障によりその判断力が著しく低下している
　　　　ことから、生計、健康その他の事項に関してその現在の維持に過大な不安を抱い
　　　　ていること知りながら、その不安をあおり、裏付けとなる合理的な根拠がある場
　　　　合その他の正当な理由がある場合でないのに、当該消費者契約を締結しなけばそ
　　　　の現在の生活の維持が困難となる旨を告げること。

（v）6 号

　　　六　当該消費者に対し、霊感その他の合理的に実証することが困難な特別の能力に
　　　　よる知見として、当該消費者またはその親族の生命、身体、財産その他の重要な
　　　　事項について、そのままでは現在生じ、もしくは将来生じ得る重大な不利益を回
　　　　避することができないとの不安をあおり、またはそのような不安を抱いているこ
　　　　とに乗じて、その重大な不利益をするためには、当該消費者も契約を必要である
　　　　旨を告げること。

（vi）7 号・8 号

　　　七　当該消費者が当該消費者契約の申込みまたはその承諾の意思表示をする前に、
　　　　当該消費者契約を締結したならば負うこととなる義務の内容の全部または一部を
　　　　実施し、その実施前の原状の回復を著しく困難にすること。
　　　八　前号に掲げるもののほか、当該消費者が当該消費者契約の申込みまたはその承
　　　　諾の意思表示をする前に、当該事業者が調査、情報の提供、物品の調達、その他
　　　　の当該消費者契約の締結を目指した事業活動を実施した場合において、当該事業
　　　　活動が当該消費者からの特別の求めに応じたものであったことその他の取引上の
　　　　社会通念に照らして正当な理由がある場合ではないのに、当該事業活動が当該消
　　　　費者のために特に実施したものである旨および当該事業活動の実施により生じた
　　　　損失の補償を請求する旨を告げること。

（c）消費者契約法 4 条 4 項

　　4 条 4 項によれば、消費者は、事業者が消費者契約の締結について勧誘する
に際し、物品、権利、役務その他の当該消費者契約の目的となるものの分量、回
数または期間（以下この項において「分量等」という）が当該消費者にとっての
通常の分量等（消費者契約の目的となるものの内容および取引条件ならびに事業
者がその締結について勧誘する際の消費者の生活の状況およびこれについての当

該消費者の認識に照らして当該消費者契約の目的となるものの分量等として通常想定される分量等をいう。以下この項において同じ）を著しく超えるものであることを知っていた場合において、その勧誘により当該消費者契約の申込みまたはその承諾の意思表示をしたときは、これを取り消すことができる。事業者が消費者契約の締結について勧誘をするに際し、消費者がすでに当該消費者契約の目的となるものと同種のものを目的とする消費者契約（以下この項において「同種契約」という）を締結し、当該同種契約の目的となるものの分量等と当該消費者契約の目的となるものの分量等とを合算した分量等が当該消費者にとっての通常の分量等を著しく超えるものであることを知っていた場合において、その勧誘により当該消費者契約の申込みまたはその承諾の意思表示をしたときも、同様とする。

　本項の規定が適用されるための1つ目の要件は、消費者が締結した消費者契約の目的となるものの分量等が、当該消費者にとっての通常の分量等を著しく超えるものであること（過重な内容の消費者契約であること）である。なお、消費者が既に同種契約を締結していた場合には、当該同種契約の目的となるものの分量等と、あらたに消費者が締結した消費者契約の目的となるものの分量等を合算した分量等が、当該消費者にとっての通常の分量等を著しく超えるものであることが要件となる。2つ目の要件として、事業者が消費者契約の締結について勧誘をするに際し、当該消費者契約が過量な内容の消費者契約に該当することを知っていたことが挙げられる。3つ目の要件として、消費者の当該消費者契約の申込みまたはその承諾の意思表示が存在することが挙げられる。4つ目の要件として、要件2（事業者の行為小過量性を知りながら勧誘をすること）と要件3（消費者の当該消費者契約の申込みまたはその承諾の意思表示）の因果関係が存在することが挙げられる[5]。

(d) 消費者契約法4条5項

　1項1号および2項の「重要事項」とは、消費者契約に係る次に掲げる事項（同項の場合にあっては、3号に掲げるものを除く）をいう。

　　一　物品、権利、役務その他の当該消費者契約の目的となるものの質、用途、その他の内容であって、消費者の当該消費者契約を締結するか否かについての判断に

　通常影響を及ぼすべきもの

二　物品、権利、役務その他の当該消費者契約の目的となるものの対価その他の取引条件であって、消費者の当該消費者契約を締結するか否かについての判断に通常影響を及ぼすべきもの

三　前2号に掲げるもののほか、物品、権利、役務その他の当該消費者契約の目的となるものが当該消費者の生命、身体、財産その他の重要な利益についての損害または危険を回避するために通常必要であると判断される事情

（e）取消権を行使した消費者の返還義務

　6条の2によれば、民法121条の2、1項の規定にかかわらず、消費者契約に基づく債務の履行として給付を受けた消費者は、4条1項から4項までの規定により当該消費者契約の申込みまたは承諾の意思表示を取り消した場合において、給付を受けた当時その意思表示が取り消すことができるものであることを知らなかったときは、当該消費契約によって現に利益を受けている限度において、返還の義務を負う。

　消費者が消費者契約法の規定によって意思表示を取り消した場合には、その意思表示は初めから無効であったものとみなされる（11条1項・民法121条）。そのため、取消権を行使した消費者が、当該消費者契約に基づいて事業者からすでに給付を受けていた場合には、これを返還する義務を負うことになる。当該返還義務の範囲については、当該消費者契約によって現に利益を受けている限度において返還すれば足りる（いわゆる現存利益を返還すれば足りる）こととなる[6]。

（f）取消権の行使期間

　7条1項によれば、4条1項から4項までの規定による取消権は、追認をすることができる時から1年間（同条項3項に係る取消権については、3年間）行わないときは、時効によって消滅する。当該消費者契約の締結の時から5年（同号に係る取消権については、10年）を経過したときも、同様とする。

　短期の取消権の行使期間の起算点となる「追認をすることができる時」とは、取消しの原因となっていた状況が消滅した時である（民法124条1項参照）。

（i）誤認類型の場合（4条1項、2項）

　事業者の行った「重要事項について事実と異なることを告げる」（4条1項1号）行為、「将来における変動が不確実な事項につき断定的判断を提供する」（同

項2号）行為、および「ある重要事項または当該重要事項に関連する事項について当該消費者の利益となる旨を告げ、かつ、当該重要事項について当該消費者の不利益となる事実を故意に告げない」（同条2項）行為により、消費者が誤認をしたことに気付いた時が「追認をすることができる時」となる。

(ii) 困惑類型の場合（4条3項）

消費者が、4条3項に規定する事業者の行為による困惑から脱した時が「追認をすることができる時」となる。

(iii) 加重な内容の消費者契約の場合（4条4項）

消費者が過重な内容の消費者契約を締結してしまうのは、当該消費者に当該消費者契約を締結するか否かについて合理的な判断をすることができない事情がある場合であると考えられるため、当該消費者契約を締結するか否かについて合理的な判断をすることができない事情が消滅した時が「追認をすることができる時」となる[7]。

(2) 消費者契約の条項の無効

(a) 事業者の損害賠償の責任を免除する条項の無効（8条）

1　次に掲げる消費者契約の条項は、無効とする。

　　一　事業者の債務不履行により消費者に生じた損害を賠償する責任の全部を免除し、または当該事業者にその責任の有無を決定する権限を付与する条項

　　二　事業者の債務不履行（当該事業者、その代表者またはその使用する者の故意または重大な過失によるものに限る）により消費者に生じた損害を賠償する責任の一部を免除し、または当該事業者にその責任の限度を決定する権限を付与する条項

　　三　消費者契約における事業者の債務の履行に際してされた当該事業者の不法行為により消費者に生じた損害を賠償する責任の全部を免除し、または当該事業者にその責任の有無を決定する権限を付与する条項

　　四　消費者契約における事業者の債務の履行に際してされた当該事業者の不法行為（当該事業者、その代表者またはその使用する者の故意または重大な過失によるものに限る）により消費者に生じた損害を賠償する責任の一部を免除し、または当該事業者にその責任の限度を決定する権限を付与する条項

2　前項1号または2号に掲げる条項のうち、消費契約が有償契約である場合において、引き渡された目的物が種類または品質に関して契約の内容に適合し

ないとき（当該消費契約が請負契約である場合には、請負人が種類または品質に関して契約の内容に適合しない仕事の目的物を注文者に引き渡したとき（その引渡しを要しない場合には、仕事が完了した時に仕事の目的物が種類または品質に関して契約の内容に適合しないとき）以下この項において同じ）に、これにより消費者に生じた損害を賠償する事業者の責任を免除し、または当該事業者にその責任の有無もしくは限度を決定する権限を付与するものについては、次に掲げる場合に該当するときは、同項の規定は、適用しない。

　一　当該消費契約において、引き渡された目的物が種類または品質に関して契約の内容に適合しないときに、当該事業者が履行の追完をする責任または不適合の程度に応じた代金もしくは報酬の減額をする責任を負うこととされている場合
　二　当該消費者と当該事業者の委託を受けた他の事業者との間の契約または当該事業者と他の事業者との間の当該消費者のためにする契約で、当該消費者契約の締結に先立ってまたはこれと同時に締結されたものにおいて、引き渡された目的物が種類または品質に関して契約の内容に適合しないときに、当該他の事業者が、その目的物が種類または品質に関して契約の内容に適合しないことにより当該消費者に生じた損害を賠償する責任の全部もしくは一部を負い、または履行の追完をする責任を負うこととされている場合

　契約条項に基づく事業者による消費者の権利の制限の例としては、現実には、消費者が損害を受けた場合の損害賠償請求権を排除または制限し、消費者に不当な負担を強いる場合がある。そこで、本条においては、消費者が損害を受けた場合に正当な額の損害賠償を請求できるように、事業者が消費契約において、民法、商法等の任意規定に基づき負うこととなる損害賠償責任を特約によって免除または制限している場合に、その特約の効力を否定することとする[8]。

　(b)　消費者の解除権を放棄させる条項の無効

　8条の2によれば、事業者の債務不履行により生じた消費者の解除権を放棄させ、または当該事業者にその解除権の有無を決定する権限を付与する消費者契約の条項は、無効とする。

　(c)　事業者に対し後見開始の審判等による解除権を付与する条項の無効

　8条の3によれば、事業者に対し、消費者が後見開始、保佐開始または補助開始の審判を受けたことのみを理由とする解除権を付与する消費者契約（消費者

が事業者に対し物品、権利、役務その他の消費者契約の目的物となるものを提供することとされているものを除く）の条項は、無効とする。

(d) 消費者が支払う損害賠償の額を予定する条項等の無効

9条によれば、次の各号に掲げる消費者契約の条項は、当該各号に定める部分について、無効とする。

一　当該消費者契約の解除に伴う損害賠償の額を予定し、または違約金を定める条項であって、これらを合算した額が、当該条項において設定された解除の事由、時期等の区分に応じ、当該消費者契約と同種の消費者契約の解除に伴い当該事業者に生ずべき平均的な損害の額を超えるもの　当該超える部分

二　当該消費者契約に基づき支払うべき金銭の全部または一部を消費者が支払期日（支払回数が2以上である場合には、それぞれの支払期日。以下この号において同じ）までに支払わない場合における損害賠償の額を予定し、または違約金を定める条項であって、これらを合算した額が、支払期日の翌日からその支払いをする日までの期間について、その日数に応じ、当該支払期日に支払うべき額から当該支払期日に支払うべき額のうちすでに支払われた額を控除した額に年十四・六パーセントの割合を乗じて計算した額を超えるもの当該超える部分

契約条項に基づく事業者による消費者の義務の加重としては、現実には、消費者契約の解除等に伴い高額な損害賠償等を請求することを予定し、消費者に不当な金銭的負担を強いる場合がある。そこで、本条においては、消費者が不当な出捐を強いられることのないよう、事業者が消費者契約において、契約の解除の際または契約に基づく金銭の支払義務を消費者が遅延した際の損害賠償額の予定または違約金を定めた場合、その額が一定の限度を超えるときに、その限度を超える部分を無効とすることとする[9]。

(e) 消費者の利益を一方的に害する条項の無効

10条によれば、消費者の不作為をもって当該消費者があらたな消費者契約の申込みまたは承諾の意思表示をしたものとみなす条項その他の法令中の公の秩序に関しない規定の適用による場合に比して消費者の権利を制限しまたは消費者の義務を加重する消費者契約の条項であって、民法1条2項に規定する基本原則に反して消費者の利益を一方的に害するものは、無効とする。

消費者契約の実態をみると、8条および9条に規定する条項以外にも、消費者

の利益を一方的に害する条項が存在する。そこで、本条においては、消費者契約の条項が無効となる場合についての包括的なルールを定めている[10]。

(3) 差止請求権

(a) 消費者契約法 12 条（差止請求権の行使）

1　適格消費者団体は、事業者、受託者等また事業者の代理人もしくは受託者等の代理人（以下「事業者等」と総称する）が、消費者契約の締結について勧誘をするに際し、不特定かつ多数の消費者に対して 4 条 1 項から 4 項までに規定する行為（同条 2 項に規定する行為にあっては、同項ただし書の場合に該当するものを除く。次項において同じ。）を現に行いまたは行うおそれがあるときは、その事業者等に対し、当該行為の停止もしくは予防または当該行為に供した物の破棄もしくは除去その他の当該行為の停止もしくは予防に必要な措置をとることを請求することができる。ただし、民法および商法以外の他の法律の規定によれば当該行為を理由として当該消費者契約を取り消すことができないときは、この限りでない。

2　適格消費者団体は、次の各号に掲げる者が、消費者契約の締結について勧誘をするに際し、不特定かつ多数の消費者に対して 4 条 1 項から 4 項までに規定する行為を現に行いまたは行うおそれがあるときは、当該各号に定める者に対し、当該各号に掲げる者に対する是正の指示または教唆の停止その他の当該行為の停止または予防に必要な措置をとることを請求することができる。この場合においては、前項ただし書の規定を準用する。

一　受託者等　当該受託者に対して委託（2 以上の段階にわたる委託を含む。）をした事業者または他の受託者等

二　事業者の代理人または受託者等の代理人　当該代理人を自己の代理人とする事業者もしくは受託者等またはこれらの他の代理人

3　適格消費者団体は、事業者またはその代理人が、消費者契約を締結するに際し、不特定かつ多数の消費者との間で 8 条から 10 条までに規定する消費者契約の条項（8 条 1 項 1 号または 2 号に掲げる消費者契約の条項にあっては、同条 2 項の場合に該当するものを除く。次項において同じ）を含む消費者契約の申込みまたは承諾の意思表示を現に行いまたは行おうとするおそれがあるときは、その事業者またはその代理人に対し、当該行為の停止もしくは予防または当該行為に供した物の破棄もしくは除去その他の当該行為の停止もしくは予防に必要な措置をとることを請求することができる。ただし、民法および商法以外の他の法律の規

定によれば当該行為を理由として当該消費者契約を取り消すことができないとき
は、この限りでない。

4　適格消費者団体は、事業者の代理人が、消費者契約を締結するに際し、不特定
かつ多数の消費者との間で8条から10条までに規定する消費者契約の条項を含
む消費者契約の申込みまたは承諾の意思表示を現に行いまたは行おうとするおそ
れがあるときは、当該代理人を自己の代理人とする事業者または他の代理人に
対し、当該代理人に対する是正の指示または教唆の停止その他の当該行為の停止
または予防に必要な措置をとることを請求することができる。この場合において
は、前項ただし書の規定を準用する。

　本条は、少額でありながら高度な法的問題を孕む紛争が拡散的に多発すると
いう消費者取引の特性に鑑み、同種紛争の未然防止・拡大防止を図って消費者の
利益を擁護することを目的として、一定の要件を満たした適格消費者団体が、事
業者による不当な行為を差し止めることができる旨を規定するものである[11]。

(b) 消費者契約法 12 条の 2 (差止請求権の制限)

　前条、不当景品類および不当表示防止法 (昭和 37 年法律第 134 号) 30 条 1 項、
特定商取引に関する法律 (昭和 51 年法律第 57 号) 58 条の 18 から 58 条の 24
までまたは食品表示法 (昭和 25 年法律第 70 号) 11 条の規定による請求 (以下
「差止請求」という) は、次に掲げる場合には、することができない。

　一　当該適格消費者団体もしくは第三者の不正な利益を図りまたは当該差止請求
　　に係る相手方に損害を加えることを目的とする場合
　二　他の適格消費者団体を当事者とする差止請求に係る訴訟等 (訴訟ならびに和
　　解の申立てに係る手続、調停および仲裁をいう。以下同じ) につきすでに確定
　　判決等 (確定判決およびこれと同一の効力を有するものをいい、次のイからハ
　　までに掲げるものを除く。以下同じ。) が存する場合において、請求の内容お
　　よび相手方が同一のである場合。ただし、当該他の適格消費者団体について、
　　当該確定判決等に係る訴訟等の手続に関し、次条 1 項の認定が 34 条 1 項 4 号
　　に掲げる事由により取り消され、または同条 3 項の規定により同号に掲げる事
　　由があった旨の認定がされたときは、この限りでない。
　イ　訴えを却下した確定判決
　ロ　前号に掲げる場合に該当することのみを理由として差止請求を棄却した確定判
　　決および仲裁判断
　ハ　差止請求する権利 (以下「差止請求権」という) の不存在または差止請求権に

係る債務の不存在の確認の請求（24 条において「差止請求権不存在確認等請求」
という）を棄却した確定判決およびこれと同一の効力を有するもの

2　前項 2 号本文の規定は、当該確定判決に係る訴訟の口頭弁論の終結後または当
該確定判決と同一の効力を有するものの成立後に生じた事由に基づいて同号本文
に掲げる場合の当該差止請求をすることを妨げない。

(4) 適格消費者団体の認定（13 条）

1　差止請求関係業務（不特定かつ多数の消費者の利益のために差止請求権を行使
する業務ならびに当該業務の遂行に必要な消費者の被害に関する情報の収集なら
びに消費者の被害の防止および救済に資する差止請求権の行使の結果に関する情
報の提供に係る業務をいう。以下同じ）を行おうとする者は、内閣総理大臣の認
定を受けなければならない。

2　前項の認定を受けようとする者は、内閣総理大臣に認定の申請をしなければな
らない。

3　内閣総理大臣は、前項の申請をした者が次に掲げる要件のすべてに適合してい
るときに限り、1 項の認定をすることができる。

一　特定非営利活動促進法（平成 10 年法律第 7 号）2 条 2 項に規定する特定非営
利活動法人または一般社団法人もしくは一般財団法人であること。

二　消費生活に関する情報の収集および提供ならびに消費者の被害の防止および
救済のための活動その他の不特定かつ多数の消費者の利益の擁護を図るため
の活動を主たる目的とし、現にその活動を相当期間にわたり継続して適正に
行っていると認められること。

三　差止請求関係業務の実施に係る組織、差止請求関係業務の実施の方法、差止
請求関係業務に関して知り得た情報の管理および秘密保持の方法その他の差
止請求関係業務を適正に遂行するための体制および業務規程が適切に整備さ
れていること。

四　その理事に関し、次に掲げる要件に適合するものであること。

イ　差止請求関係業務の執行を決定する機関として理事をもって構成する理事会が
置かれており、かつ、定款で定めるその決定の方法が次に掲げる要件に適合して
いると認められること。

(1) 当該理事会の決議が理事の過半数またはこれを上回る割合以上の多数決によ
り行われるものとされていること。

(2) 41 条 1 項の規定による差止請求、差止請求に係る訴えの提起その他の差止請
求関係業務の執行に係る重要な事項の決定が理事その他の者に委任されていな

　　いこと。

　ロ　理事の構成が次の（1）または（2）のいずれかに該当するものでないこと。この場合において、2号に掲げる要件に適合する者は、次の（1）または（2）に規定する事業者に該当しないものとみなす。

　　（1）理事の数のうちに占める特定の事業者（当該事業者との間に発行済株式の総数の2分の1以上の株式の数を保有する関係その他の内閣府令で定める特別の関係のある者を含む）の関係者（当該の事業者およびその役員または職員である者その他内閣府令で定める特別の関係のある者をいう。（2）において同じ）の数の割合が3分の1を超えていること。

　　（2）理事の数のうちに占める同一の業種（内閣府令で定める事業の区分をいう。）に属する事業を行う事業者の関係者の割合が3分の1を超えていること。

　　五　差止請求の要否およびその内容についての検討を行う部門において次のイおよびロに掲げる者（以下「専門委員」と称する）が共にその専門的な知識経験に基づいて必要な助言を行いまたは意見を述べる体制が整備されていることその他差止請求関係業務を遂行するための人的体制に照らして、差止請求関係業務を適正に遂行することができる専門的な知識経験を有すると認められること。

　イ　消費生活に関する消費者と事業者との間に生じた苦情に係る相談（40条1項において「消費生活相談」という）その他の消費生活に関する事項について専門的な知識経験を有する者として内閣府令で定める条件に適合する者

　ロ　弁護士、司法書士その他の法律に関する知識経験を有する者として内閣府令で定める条件に適合する者

　　六　差止請求関係業務を適正に遂行するに足りる経理的基礎を有すること。

　　七　差止請求関係業務以外の業務を行う場合には、その業務を行うことによって差止請求関係業務の適正な遂行に支障を及ぼすおそれがないこと。

4　前項3号の業務規程には、差止請求関係業務の実施の方法、差止請求関係業務に関して知り得た情報の管理および秘密の保持の方法その他の内閣府令で定める事項が定められていなければならない。この場合において、業務規程に定める差止請求関係業務の実施の方法には、同項5号の検討を行う部門における専門委員からの助言または意見の聴取に関する措置および、役員、職員または専門委員が差止請求に係る相手方と特別の利害関係を有する場合の措置その他業務の公正な実施の確保に関する措置が含まれていなければならない。

5　次のいずれかに該当する者は、1項の認定を受けることができない。

　　一　この法律、消費者の財産的被害の集団的な回復のための民事の裁判手続の特

例に関する法律（平成 25 年法律第 96 号。以下「消費者裁判手続特例法」という）その他消費者の利益の擁護に関する法律で政令で定めるものもしくはこれらの法律に基づく命令の規定またはこれらの規定に基づく処分に違反して罰金に処せられ、その刑の執行を終わり、またはその刑の執行を受けることがなくなった日から 3 年を経過しない法人

二　34 条 1 項各号もしくは消費者裁判手続特例法 86 条 2 項各号に掲げる事由により 1 項の認定を取り消され、または 34 条 3 項の規定により同条 1 項 4 号に掲げる事由があった旨の認定がされ、その取消しまたは認定の日から 3 年を経過しない法人

三　暴力団員による不当な行為の防止等に関する法律（平成 3 年法律第 77 号）2 条 6 号に規定する暴力団員（以下この号において「暴力団員」という）または暴力団員でなくなった日から 5 年を経過しない者（次号および 6 号ハにおいて「暴力団員等」という）がその事業活動を支配する法人

四　暴力団員等をその業務に従事させ、またはその業務の補助者として使用するおそれのある法人

五　政治団体（政治資金規正法（昭和 23 年法律 194 号）3 条 1 項に規定する政治団体をいう）

六　役員のうちに次のいずれかに該当する者のある法人

イ　禁錮以上の刑に処せられ、または消費者裁判手続特例法その他消費者の利益の擁護に関する法律で政令で定めるものもしくはこれらの法律に基づく命令の規定もしくはこれらの規定に基づく処分に違反して罰金の刑に処せられ、その刑の執行を終わり、またはその刑の執行を受けることがなくなった日から 3 年を経過しない者

ロ　適格消費者団体が 34 条 1 項各号もしくは消費者裁判手続特例法 86 条 2 項各号に掲げる事由により 1 項の認定を取り消され、または 34 条 3 項の規定により同条 1 項 4 号に掲げる事由があった旨の認定がされた場合において、その取消しまたは認定の日前 6 月以内に当該適格消費者団体の役員であった者でその取消しまたは認定の日から 3 年を経過しない者

ハ　暴力団員等

本条に定めるところにより内閣総理大臣の認定を受けた者（適格消費者団体）は、不特定かつ多数の消費者の利益を擁護するために差止請求権という強い権利を付与される存在である。その役割の重要性に鑑み、また、その役割を担うに相応しい実質を備えているか否かにつき、個別の団体ごとに実質的に判断する必要があることから、本法では、適格消費者団体について、内閣総理大臣の認定を受けなければな

らないこととしている[12]。

3 独占禁止法違反

(1) カルテル・入札談合

事業者は、私的独占または不当な取引制限をしてはならない（独占禁止法3条）。

この法律において、「不当な取引制限」とは、事業者が、契約、協定その他なんらの名義をもってするかを問わず、他の事業者と共同して対価を決定し、維持し、もしくは引き上げ、または数量、技術、製品、設備もしくは取引の相手方を制限する等相互にその事業活動を拘束し、または遂行することにより、公共の利益に反して、一定の取引分野における競争を実質的に制限することをいう（独占禁止法2条6項）。

このように、事業者が不当な取引制限（カルテル・入札談合等）をすることは、私的独占と同様に禁止されている。

カルテルとは通常、2以上の同業者が市場支配を目的として価格、生産数量、販売数量などを制限する協定・合意を意味している。これは、価格を不当につり上げることで公正かつ自由な競争が阻害されるため、厳しく制限されている。また、国や地方公共団体等の公共工事や物品の公共調達に関する入札の際、入札参加者が事前に相談して受注事業者や受注額等を決めてしまう入札談合も、不当な取引制限の1つとして禁止されている。

本来個々の事業者がそれぞれ自主的に判断して決定すべき事業活動（価格や数量、設備などの決定）を共同して決定し、それによって、市場において有効な競争が行われないような状態をもたらすような契約、協定、申合せを行うことが禁止されている。

「共同して」とは、同業者の間でなんらかの合意や了解が成立することをいい、紳士協定、口頭の約束、暗黙の了解であっても、「共通の意思の連絡」があれば不当な取引制限に該当する。

「一定の取引分野」とは、特定の商品または役務に関する供給者と需要者との間で取引が行われる場であり、（経済学でいう）市場を意味する。一定の取引分

野は、取引の対象、取引の地理的範囲、取引段階、取引の相手方等を基準として画定される。「競争の実質的制限」とは、競争制限行為によって、市場における競争機能が実質的に制限されること、または市場において競争の有効な機能が失われることを意味する[13]。

(2)　排除措置命令

　公正取引委員会は、不当な取引制限等の違反行為があると認めるときは、違反行為者に対して、当該行為の差止めその他違反する行為を排除するために必要な措置（排除措置）を命じることができる（独占禁止法 7 条、8 条の 2、20 条）。

(3)　課徴金制度等の見直し

　2019 年 6 月 19 日、公正取引委員会の調査に協力するインセンティブを高める仕組みを導入し、事業者と公正取引委員会の協力による効率的・効果的な実態解明・事件処理を行う領域を拡大するとともに、複雑化する経済環境に応じて適切な課徴金を課せるようにするため、改正独占禁止法が成立し、2020 年 12 月25 日に施行された。

(4)　課徴金納付命令

　公正取引委員会は、違法な価格カルテルや入札談合などが行われた場合には、カルテルなどを行った事業者、事業者団体の構成員に対して、カルテルなどの排除措置命令のほかに課徴金納付命令を命じることができる（独占禁止法 7 条の2、8 条の 3）。

　課徴金の適用対象範囲は、価格・数量・市場シェア・取引先を制限するカルテル・入札談合、私的独占および一部の不公正な取引方法である。

　課徴金の額は、次の方法により算出される（独占禁止法 7 条の 2、20 条の 2、20 条の 3、20 条の 4、20 条の 5、20 条の 6）。課徴金＝（カルテル等の実行期間中の対象商品の売上額：10 年を限度）×（不当な取引制限については、10％の算定率、不公正な取引方法（共同の取引拒絶、差別対価、不当廉売、再販売価格の拘束）については、3％の算定率、および不公正な取引方法（優越的地位の濫用）については、1％の算定率）

(5) リニエンシー（課徴金減免）制度

違反行為者（申請者）が、公正取引委員会に対して、自ら関与したカルテル・入札談合について、その違反行為の事実の報告および資料の提出を行い、かつ公正取引委員会の調査開始日以後、違反行為をしていない場合などには、課徴金が減免される。ただし、違反行為者（申請者）が行った報告等に虚偽の内容が含まれていた場合、他の事業者に対して違反行為をすることを強要していた場合などは、減免措置の適用対象から除外される（独占禁止法7条の4、7条の5、7条の6）。

申請順位に応じた減免率に、事業者の実態解明への協力度合い（事業者が自主的に提出した証拠の価値）に応じた減算率を付加する。また、申請者数の上限を撤廃する（すべての調査対象者に自主的な調査協力の機会あり）。

①調査開始前

申請順位	申請順位に応じた減免率	協力度合いに応じた減算率
1位	全額免除	
2位	20%	＋最大40%
3～5位	10%	＋最大40%
6位以下	5%	＋最大40%

②調査開始後

申請順位	申請順位に応じた減免率	協力度合いに応じた減算率
最大3社 (注)	10%	＋最大20%
上記以下	5%	＋最大20%

(注) 調査開始日前と合せて5位以内である場合に適用

(6) 不公正な取引方法

一般消費者の利益を確保するとともに、国民経済の健全な発達を促進するためには、良質・安価な商品・サービスの提供を手段とした公正な競争が行われる必要があり、このため、公正な競争を阻害するおそれ（公正競争阻害性）のある行為が、不公正な取引方法として禁止されている。

この法律において「不公正な取引方法」とは、次の各号のいずれかに該当する行為であって、公正な競争を阻害するおそれのあるもののうち、公正取引委員会

が指定するものをいう（独占禁止法 2 条 9 項）。

　　一　不当に他の事業者を差別的に取り扱うこと。
　　二　不当な対価をもって取引すること。
　　三　不当に競争者の顧客を自己と取引するように誘引し、または強制すること。
　　四　相手方の事業活動を不当に拘束する条件をもって取引すること。
　　五　自己の取引上の地位を不当に利用して相手方と取引すること。

　さらに、公正取引委員会が不公正な取引方法として指定する主な行為類型は、以下の通りである。
　(a)　共同の取引拒絶
　正当な利理由がないのに、競争者と共同して、ある事業者に対して供給を拒絶し、または他の事業者に供給を拒絶させること（課徴金対象）。

　正当な理由がないのに、競争者と共同して、ある事業者に対して購入を拒絶し、または他の事業者に購入を拒絶させること。
　(b)　その他の取引拒絶
　不当に、ある事業者に対して取引を拒絶し、または他の事業者に取引を拒絶させること。
　(c)　差別対価
　不当に、地域または相手方により差別的な対価をもって、商品または役務を継続して供給すること（課徴金対象）。

　不当に、地域または相手方により差別的な対価をもって、商品または役務を供給し、またはこれらの供給を受けること。
　(d)　取引条件等の差別取扱い
　不当にある事業者に対し、取引の条件または実施について有利または不利な取扱いをすること。
　(e)　不当廉売
　正当な理由がないのに、商品または役務をその供給に要する費用を著しく下回る対価で継続して供給すること（課徴金対象）。

（f）不当な利益による顧客誘引

正常な商慣習に照らして不当な利益をもって、顧客を自己と取引するように誘引すること。

（g）抱き合わせ販売等

不当に、商品または役務の供給にあわせて、他の商品または役務を自己または自己の指定する事業者から購入させること。

（h）排他条件付取引

不当に、相手方が競争者と取引しないことを条件として相手方と取引し、競争者の取引の機会を減少させるおそれがあること。

（i）再販売価格の拘束

自己の供給する商品を購入する相手方に、正当な理由がないのに、商品の販売価格を定め、これを維持させる行為、または自己の供給する商品を購入する相手方からの商品の購入者に対して、正当な理由がないのに、商品の販売価格を定め、これを維持させる行為（課徴金対象）。

（j）拘束条件付取引

相手方の事業活動を不当に拘束する条件をつけて、相手方と取引すること。

（k）優越的地位の濫用

自己の取引上の地位が相手方に優越していることを利用して、正常な商慣習に照らして不当に、継続して当該取引以外の商品の購入や経済上の利益の提供をさせたり、不利益な取引条件を設定したりすること（課徴金対象）。

商慣習に照らして不当に、取引先に対し、当該会社の役員の選任について、あらかじめ自己の指示に従わせ、または自己の承認を受けさせること（取引の相手方の役員選任への不当干渉）。

ここで「正当な理由がないのに」とは、行為の外形から、原則としては公正競争阻害性が認められ、例外的に公正競争阻害性がない場合があることを表す趣旨で用いられており、形式的要件を充たせば、原則として公正競争阻害性が認められ、違法となる。また、「不当に」とは、原則として公正競争阻害性があるとはいえないものについて、個別に公正競争阻害性が備わって初めて不公正な取引方法として違法となる。

事例　大手電力カルテル事件

　企業向け電力の供給などを巡ってカルテルを結んだとして、公正取引委員会は、2023 年 3 月、独占禁止法違反（不当な取引制限）で、中国電力、九州電力、中部電力の大手 3 社などに総額 1,010 億円の課徴金納付を命じた。1977 年の制度開始以来、最高額の課徴金である。課徴金は中国電力 1 社で約 707 億円、中部電力とグループの電力小売、中部電力ミライズ（名古屋市）が計 275 億円、九州電力が約 27 億円である。企業活動に不可欠なインフラで幹部同士が「相互不可侵」の協定に合意し、電力自由化政策を骨抜きにした悪質性を重くみた。巨額の負担を課し、公正な競争の阻害に強く警鐘を鳴らした。燃料高や円安で経営環境が悪化する中、特別損失計上などで既に業績に影響が出ている。違反を自主申告した関西電力は課徴金減免（リニエンシー）制度に基づき処分を免れた。

　公取委は電力自由化政策を骨抜きにしかねない行為とみており、公正な市場競争への影響が大きいと判断したもようである。公取委は 3 社や販売子会社に対し、課徴金納付命令のほか、再発防止を求める排除措置も命じる方針である。

　中国電力は 3 月 30 日、滝本社長と清水会長が責任を取って辞任すると発表した。中部電力は同処分の取り消しを求めて提訴すると発表した。提訴すれば通常の民事訴訟と同じ「三審制」審理され、結論が出るまでに、年単位の時間がかかる見通しである。

　各社は関西電力と 2018 年秋ごろ、大規模工場向けの「特別高圧電力」や企業向けの「高圧電力」の供給で互いの管轄区域で営業をしないよう、顧客獲得を制限するカルテルにそれぞれ順次合意し、少なくとも 2020 年夏ごろまで維持した。公取委は 2018 年秋以降、関西電力と九州電力、関西電力と中部電力、関西電力と中国電力—の 3 つのカルテルが順次結ばれたとみている。関西電力のトップ級の役員は 2018 年秋ごろ、各社の役員らとそれぞれ協議し、相手の管轄地域からの撤退を申入れると同時に、関西電力の管轄地域で営業しないようにする協定を持ちかけたという。

【注】

1)　消費者庁消費者制度課『逐条解説・消費者契約法［第 4 版］』（商事法務、2019）133 頁。

2)　同上、148-149 頁。

3)　同上、155-156 頁。

4)　同上、162 頁。

5)　同上、190, 195, 198 頁。

6)　同上、227 頁。

7)　同上、232-233 頁。

8)　同上、241 頁。

9)　同上、275 頁。

10）同上、291 頁。

11）同上、337 頁。

12）同上、357 頁。

13）村上政博『独占禁止法 ［第 2 版］』（弘文堂、2000）69 頁。

第10章 人材管理

1 ハラスメントの禁止

(1) セクシュアルハラスメント

(a) セクシュアルハラスメントの類型

職場におけるセクシュアルハラスメントには、性的な言動に対する労働者の対応により労働者が労働条件について不利益を受ける対価型と、性的な言動により労働者の就業環境が害される環境型がある。

対価型セクシュアルハラスメントとは、職場において、労働者の意に反する性的な言動が行われ、それに対して拒否・抵抗などをしたことで、労働者が解雇、降格、減給などの不利益を受けることである。環境型セクシュアルハラスメントとは、職場において労働者の意に反する性的な言動により労働者の就業環境が不快なものとなったため、能力の発揮に重大な悪影響が生じるなど労働者が就業する上で見過ごすことのできない程度の支障が生じることである。

(b) セクシュアルハラスメント対策

男女雇用機会均等法により、事業主は、職場において行われる性的な言動に対するその雇用する労働者の対応により当該労働者がその労働条件につき不利益を受け、または当該性的な言動により当該労働者の就業環境が害されることがないよう、当該労働者からの相談に応じ、適切に対応するために必要な体制の整備その他雇用管理上必要な措置を講じなければならない（11条1項）。事業主は、労働者が前項の相談を行ったことまたは事業主による当該相談への協力した際に事実を述べたことを理由として、当該労働者に対して解雇その他の不利益取扱いしてはならない（11条3項）。

厚生労働大臣は、3項の規定に基づき事業主が講ずべき措置に関して、その適

切かつ有効な実施を図るために必要な指針を定めるものとする（11条4項）。

(i) 職場におけるセクシュアルハラスメント、妊娠・出産等に関するハラスメントに関する関係者の責務

事業主は、性的言動問題に対するその雇用する労働者の関心と理解を深めるとともに、当該労働波が他の労働者に対する言動に注意を払うよう、研修の実施その他の必要な配慮をするほか、国の講ずる前項の措置に協力するように努めなければならない。事業主（その者が法人である場合にあっては、その役員）は、自らも、性的言動問題に対する関心と理解を深め、労働者に対する言動に必要な注意を払うように努めなければならない。労働者は、性的言動問題に関する関心と理解を深め、他の労働者に対する言動に必要な注意を払うとともに、事業主の講ずる前条1項の措置に協力するように努めなければならない（11条の2）。

事業主は、妊婦・出産等関係言動問題に対するその雇用する労働者の関心と理解を深めるとともに、当該労働者が他の労働者に対する言動に注意を払うよう、研修の実施その他の必要な配慮をするほか、国の講ずる前項の措置に協力するように努めなければならない。事業主（その者が法人である場合にあっては、その役員）は、自らも、妊婦・出産等関係言動問題に関する関心と理解を深め、労働者に対する言動に必要な注意を払うように努めなければならない。労働者は、妊婦・出産等関連言動問題に対する関心と理解を深め、他の労働者に対する言動に注意を払うとともに、事業者の講ずる前条1項の措置に協力するように努めなければならない（11条の4）。

(ii) 職場における妊娠・出産等に関するハラスメント対策

事業主は、職場において行われるその雇用する女性労働者に対する当該女性労働者が妊娠したこと、出産したこと、労働基準法65条1項の規定による休業を請求し、または動向もしくは同条2項の規定による休業をしたことその他の妊婦または出産に関する事由であって厚生労働省令で定めるものに関する言動により当該女性労働者の就業環境が害されることがないよう、当該女性労働者からの相談に応じ、適切に対応するために必要な体制の整備その他の雇用管理上必要な措置を講じなければならない。11条2項の規定は、労働者が前項の相談を行い、または事業主による当該相談への対応に協力した際に事実を述べた場合について準用する、厚生労働大臣は、前2項の規定に基づき事業主が講ずべき措置

等に関し、その適切かつ有効な実施を図るために必要な指針を定めるものとする（11 条の 3 項）。

事例　龍角散事件

　龍角散を 2019 年 3 月に解雇された元法務部長（50 代女性）は、6 月 6 日、解雇は無効だとして地位の確認や賃金の支払いなどを求めて東京地裁に提訴した。「藤井社長によるセクハラを調査した際、事実を捏造したと事実無根の理由で解雇された」と訴えている。訴状などによると、2018 年 12 月、社内の忘年会で藤井社長が女性従業員に抱きつくなどの行為があったと知った元部長は、調査を実施、セクハラがあったとする同席者からの聞き取り結果や、第三者相談窓口を求めるこの女性従業員からの要望などをまとめた。その後、藤井社長に「セクハラを捏造してけしからん」と言われ、自宅待機を命じられた。さらに「女性従業員はセクハラと思っていなかったのに、意向と異なる申告をさせた」などとして、3 月 28 日付けで解雇された[2]。

　訴訟で元法務部長側は「事実無根で、解雇権の濫用だ」と主張し、会社側は「セクハラではなかった」と争う姿勢を示していた。

　この裁判で、元法務部長の弁護士によると、会社が元法務部長に対し解決金 6,000万円を支払うほか、双方が合意したうえで元法務部長が退職することなどを条件に、2021 年 12 月 1 日に東京地方裁判所で和解が成立したということである。当該弁護士は、「解決金の額は、元法務部長が定年まで勤めた場合の給与とほぼ同じであり、解雇権の濫用を前提にしたものと受け止めている」と話している。

---

(2) パワーハラスメント

　労働施策総合推進法（労働政策の総合的な推進ならびに労働者の雇用の安定および職業生活の充実等に関する法律）の一部改正が 2020 年 6 月から施行された。この改正法によれば、国の施策として、「職場における労働者の就業環境を害する言動に起因する問題の解決を促進するために必要な施策を充実すること」を規定しており、パワーハラスメント対策が明記されている[3]。

　職場における優越的な関係を背景とした言動に起因する問題に関して事業主が講ずべき措置等として、①事業主は、職場において行われる優越的な関係を背景とした言動であって、業務上必要かつ相当な範囲を超えたものによりその雇用する労働者の就業環境が害されることのないよう、当該労働者からの相談に応じ、適切に対応するために必要な体制の整備その他の雇用管理上必要な措置を講

じなければならない、②事業主は、労働者が上記の相談を行ったことまたは事業主による当該相談への対応に協力した際に事実を述べたことを理由として、当該労働者に対して解雇その他不利益な取扱いをしてはならない、③厚生労働大臣は、①および②の事業主が講ずべき措置等に関して、その適切かつ有効な実施を図るために必要な指針を定める、としてパワーハラスメント防止対策の法制化が定められている。

事業主が職場における優越的な関係を背景とした言動に起因する問題に関して雇用管理上講ずべき措置等についての指針が公表されている（2020年1月15日）。

職場におけるパワーハラスメントは、職場において行われる①優越的な関係を背景とした言動であって、②業務上必要かつ相当な範囲を超えたものにより、③労働者の就業環境が害されるものであり、①から③までの要素をすべて満たすものをいう。

「優越的な関係を背景とした」言動とは、当該事業主の業務を遂行するに当たって、当該言動を受ける労働者が当該言動の行為者とされる者に対して抵抗または拒絶することができない蓋然性が高い関係を背景として行われるものを指す。「業務上必要かつ相当な範囲を超えた」言動とは、社会通念に照らし、当該言動が明らかに当該事業主の業務上必要性がない、またはその態様が相当でないものを指す。「労働者の就業環境が害される」とは、当該言動により労働者が身体的または精神的に苦痛を与えられ、労働者の就業環境が不快なものとなったため、能力の発揮に重大な悪影響が生じる等当該労働者が就業する上で看過できない程度の支障が生じることを指す。

事業主は、職場におけるパワーハラスメントを防止するため、雇用管理上次の措置を講じなければならない。

(i) 事業主の方針等の明確化およびその周知・啓発

事業主は、職場におけるパワーハラスメントに関する方針の明確化、労働者に対するその方針の周知・啓発として、次の措置を講じなければならない。

なお、周知・啓発をするに当たっては、職場におけるパワーハラスメントの効果を高めるため、その発生の原因や背景について労働者の理解を深めることが重要である。その際、職場におけるパワーハラスメントの発生の原因や背景に

は、労働者同士のコミュニケーションの希薄化などの職場環境の問題もあると考えられる。そのため、これらを幅広く解消していくことが職場におけるパワーハラスメントの防止の効果を高める上で重要であることに留意することが必要である。

①職場におけるパワーハラスメントの内容および職場におけるパワーハラスメントを行ってはならない旨の方針を明確化し、管理・監督者を含む労働者に周知・啓発すること。

②職場におけるパワーハラスメントに係る言動を行った者については、厳正に対処する旨の方針および対処の内容を就業規則その他の職場における服務規律等を定めた文書に規定し、管理・監督者を含む労働者に周知・啓発すること。

(ii) 相談（苦情を含む。以下同じ）に応じ、適切に対応するために必要な体制の整備

事業主は、労働者からの相談に対し、その内容や状況に応じ適切かつ柔軟に対応するために必要な体制の整備として、次の措置を講じなければならない。

①相談への対応のための窓口（以下「相談窓口」という）をあらかじめ定め、労働者に周知すること。

②①の相談窓口の担当者が、相談に対し、その内容や状況に応じ適切に対応できるようにすること。また、相談窓口においては、被害を受けた労働者が萎縮するなどして相談を躊躇する例もあること等を踏まえ、相談者の心身の状況や当該言動が行われた際の受け止めなどその認識にも配慮しながら、職場におけるパワーハラスメントが現実に生じている場合だけでなく、その発生のおそれがある場合や、職場におけるパワーハラスメントに該当するか否か微妙な場合であっても、広く相談に対応し、適切な対応を行うようにすること。たとえば、放置すれば就業環境を害するおそれがある場合や、労働者同士のコミュニケーションの希薄化などの職場環境の問題が原因や背景となってパワーハラスメントが生じるおそれがある場合等が考えられる。

（ⅲ）職場におけるパワーハラスメントに係る事後の迅速かつ適切な対応

　事業主は、職場におけるパワーハラスメントに係る相談の申出があった場合において、その事案に係る事実関係の迅速かつ正確な確認および適正な対処として、次の措置を講じなければならない。

　①事案に係る事実関係を迅速かつ正確に確認すること。

　②①により、職場におけるパワーハラスメントが生じた事実が確認できた場合には、速やかに被害を受けた労働者に対する配慮のための措置を適正に行うこと。

　③①により、職場におけるパワーハラスメントが生じた事実が確認できた場合においては、行為者に対する措置を適正に行うこと。

　④改めて職場におけるパワーハラスメントに関する方針を周知・啓発する等の再発防止に向けた措置を講ずること。なお、職場におけるパワーハラスメントが生じた事実が確認できなかった場合においても、同様の措置を講ずること。

（ⅳ）（ⅰ）から（ⅲ）までの措置と併せて講ずべき措置

　（ⅰ）から（ⅲ）までの措置を講ずるに際しては、合わせて次の措置を講じなければならない。

　①職場におけるパワーハラスメントに係る相談者・行為者等の情報は当該相談者・行為者等のプライバシーに属するものであることから、相談への対応または当該パワーハラスメントに係る事後の対応に当たっては、相談者・行為者等のプライバシーを保護するために必要な措置を講ずるとともに、その旨を労働者に対して周知すること。

　②労働者が職場におけるパワーハラスメントに関し相談をしたこともしくは事実関係の確認等の事業主の雇用管理上講ずべき措置に協力したこと、都道府県労働局に対して相談、紛争解決の援助の求めもしくは調停の申請を行ったことまたは調停の出頭の求めに応じたことを理由として、解雇その他不利益な取扱いをされない旨を定め、労働者に周知・啓発すること。

　さらに、事業主が職場におけるパワーハラスメントの原因や背景となる要因を解消するために行うことが望ましい取組の内容（コミュニケーションの円滑化、職場環境の改善等）、事業主が自らの雇用する労働者以外の者に対する言動

に関し行うことが望ましい取組の内容、事業主が他の事業主の雇用する労働者等からのパワーハラスメントや顧客等からの著しい迷惑行為に関し行うことが望ましい取組の内容（相談対応等）が定められている。

2　労働契約法

労働契約法は、労働者および使用者の自主的な交渉の下で、労働契約が合意により成立し、または変更されるという合意の原則その他労働契約に関する基本的事項を定めることにより、合理的な労働条件の決定または変更が円滑に行われるようにすることを通じて、労働者の保護を図りつつ、個別の労働関係の安定に資することを目的とする（1 条）。

(1)　労働契約の成立
(a)　合意による労働契約の成立
労働契約は、労働者が使用者に使用されて労働し、使用者がこれに対して賃金を支払うことについて、労働者および使用者が合意することによって成立する（6 条）。

本条は、労働契約が労働者と使用者の合意によって成立する諸成契約であることを確認するとともに、下記の成立要件を定めることを通じて事実上、労働契約の定義を行った規定と捉えることができる。諸成契約であることから、労働契約は書面作成・交付等が行われなくとも有効に成立する。労働契約が成立するためには、成立要件として、労働者と使用者の間で「労働者が使用者に使用されて労働」すること（指揮命令に服した労働提供）、および「使用者がこれに対して賃金を支払うこと」（労働提供に対する賃金支払い）について合意することが必要である[4]。

労働契約には、労働の種類・内容や賃金の計算方法等が詳細に定められた上で締結されるものもあれば、労働の種類・内容や賃金の額が漠としたものもありうる。このような現実に照らして、使用者が労働義務や賃金支払の具体的内容を明示せず、これらを後日の決定に委ねたとしても、労働契約はそれ自体として成立するとの立場をとったものである。労働契約法においては、労働契約の締結に

際して労働提供や賃金支払いの具体的内容が不明確になりがちであるという現実を前提に、労働契約の成立自体はこれを肯定しつつ、4条1項により、使用者は、労働者に提示する労働条件および労働契約の内容について、労働者の理解を深めるようにするものとし、4条2項により、労働者および使用者は、労働契約の内容（期間の定めのある労働契約に関する事項を含む）について、できる限り書面により確認するものとする、と定めている[5]。

労働契約成立の時期は、原則として、指揮命令に服した労働提供と労働提供に対する賃金支払いについて意思の合致があれば、その時点で労働契約は成立する[6]。

6条は、労働契約の成立条件を定めたものであると同時に、1条および3条1項の合意原則とあいまって、労働条件が両当事者の合意によって設定される合意原則をも合意していると解することができる。両当事者の合意には、明示の合意と黙示の合意がある。明示の合意とは、当事者間の合意内容が「契約書」「特約書」「念書」などの書面の合意文書に明記されている場合が典型であるが、書面化されていない場合でも採用面接など採用過程のある時点において使用者側の責任者によって明確に当該労働条件が約束され、当該労働者もそれに明確に合意した場合なども、これに該当する。黙示の合意とは、合意内容が当事者間において書面で確認されたり、双方によって口頭で明言されたりはしていないが、両当事者の行動や態度から見て当該労働条件が両当事者に十分に受容されており、契約内容となっている場合をいう。ただし、使用者に対して弱い立場にある労働者は、使用者が提案したり実施したりする労働条件についてなかなか異議を述べがたいのであって、このことを考えると、使用者が望む労働条件が事実上行われているだけでは、黙示の合意を安易に認定すべきではない[7]。

(b) 労働契約の成立と就業規則

労働契約法7条は、「労働者および使用者が労働契約を締結する場合において、使用者が合理的な労働条件が定められている就業規則を労働者に周知させていた場合には、労働契約の内容は、その就業規則で定める労働条件によるものとする。ただし、労働契約において、労働者および使用者が就業規則と異なる労働条件を合意していた部分については、12条に該当する場合を除き、この限りでない」として、労働契約締結に際して、合理的な内容を定めた就業規則は、その周

知を条件に、原則として労働契約の内容となることを定めている。

　本条にいう労働条件については、就業規則で合理的規定を定めることにより契約の内容をなす効力（契約内容規律効）が認められていることから、その範囲について検討する必要がある。これは労働契約上の権利義務として労働契約内容となりうる事項であることが必要であるが、賃金や労働時間等の狭義の労働条件だけでなく、災害補償、人事事項、服務規律、教育訓練、付随義務、福利厚生等が広く含まれる[8]。

　さらに、当該就業規則は周知されていなければならない。本条にいう周知とは、労働基準法上定められた法定周知手続によるものに限られず、実質的周知、すなわち、労働者が知ろうと思えば知りうる状態にしておくことで足りる。実質的周知に該当するかどうかは、周知の客体たる情報が適切・的確であることが要請される[9]。

　就業規則の合理性および周知の要件が満たされていることの立証責任は、当該就業規則の定める労働条件が契約内容となっていることを主張する側が負うと解される。

　7条ただし書は、「就業規則と異なる労働条件を合意していた部分」については、当該合意が優先し契約内容補充効は生じないことを定めたものである。本ただし書は、労働契約締結時における就業規則の労働契約内容規律効（契約内容補充効）に一定の枠をはめ、個別労働契約が機能すべき領域を確保したという重要な意義がある。「就業規則の内容と異なる労働条件」の合意（以下「別段の合意」）が、就業規則の定める条件に達しないものである場合、当該合意は12条により無効とされる。しかし、当該「別段の合意」が就業規則の定める労働条件を上回る、すなわちより有利な場合は、当該合意された労働条件が労働契約の内容となり、就業規則の契約内容補充効は働かない[10]。

　別段の合意については、その合意の存在を根拠に就業規則の補充効の不発生を主張する側が立証責任を負う。

(2) 労働条件の変更

(a) 合意による変更原則

労働契約法8条は「労働者および使用者は、その合意により、労働契約の内容である労働条件を変更することができる」として、3条1項で規定された合意に基づく労働条件変更の原則の理念を具体的に確認している。労働者が労働条件変更に合意している場合には、当該合意自体を根拠として、その労働条件変更は当事者を拘束することになる。この場合、拘束力の根拠は合意自体に求められ、変更の合理性は特段要件とはされていない。労働条件変更の合意には、具体的な変更労働条件について労働者が同意を与える場合（具体的労働条件変更に関する合意）と、使用者に変更権限を与えることに労働者が合意する場合（変更権限付与の合意）がある[11]。

具体的労働条件変更についての「合意」には、明示の合意の他、黙示の合意もありうるが、その認定は慎重かつ厳格になされるべきである。特に、就業規則で設定されていた労働条件の変更については、10条で変更ルールが明定されるに至っているため、たとえば、就業規則の不利益変更に異議を留めず就労していたというだけで、変更された労働条件に当然に黙示に合意していたと考えるべきでない。使用者が労働条件の変更権を有することについて合意する場合（変更権留保）も、当該労働条件変更は変更権限を与えたという合意を根拠に当事者を拘束する。したがって、これも8条の労働条件変更に関する合意の1つといえる[12]。

(b) 就業規則による労働条件変更

労働契約法9条は「使用者は、労働者と合意することなく、就業規則を変更することにより、労働者の不利益に労働契約の内容である労働条件を変更することはできない」とし、3条1項、8条に見られる合意原則の趣旨を、就業規則変更による労働条件変更との関係で具体的に規定したものである。この就業規則変更による労働条件変更についての合意には、8条における合意と同様、具体的変更内容を了知した上での合意（具体的就業規則変更についての合意）と、就業規則変更を通じた労働条件不利益変更を承認する旨の合意（就業規則による労働条件変更権付与の合意）とがある。前者の場合、8条の具体的労働条件変更についての合意と同様、合意が認定されれば、その合意通りに変更の効力が認められることとなる。これに対して、後者の場合は、使用者に就業規則変更による労働条

件変更権限を付与することに同意したものであり、留保変更権行使の場合と同様に、権限付与の合意の吟味に加えて、就業規則変更による変更権行使の権限乱用の吟味の余地が生ずる。いずれにしても、このような合意（特に黙示の合意）の認定は厳格・慎重になされるべきである [13]。

　10 条によれば、使用者が就業規則の変更により労働条件を変更する場合において、変更後の就業規則を労働者に周知させ、かつ、就業規則の変更が、労働者の受ける不利益の程度、労働条件の変更の必要性、変更後の就業規則の内容の相当性、労働組合等との交渉の状況その他の就業規則変更に係る事情に照らして合理的なものであるときは、労働契約の内容である労働条件は、当該変更後の就業規則に定めるところによるものとする。ただし、労働者および使用者が就業規則の変更によっては変更されない労働条件として合意していた部分については、12 条に該当する場合を除き、この限りでない。

　就業規則の周知および就業規則変更の合理性の主張立証責任は使用者が負う。

　変更された就業規則が周知され、かつ、合理的なものと評価された場合、「労働契約の内容である労働条件は、当該就業規則の定めるところによる」。

　つまり就業規則による労働条件変更に同意しない（反対する）労働者も変更後の就業規則の定める労働条件に拘束されることになる。10 条ただし書により、10 条本文の就業規則の合理的変更ルールは、「労働契約において、労働者および使用者が就業規則の変更によっては変更されないとして合意されていた部分」、つまり個別契約で就業規則では変更できない労働条件として合意されていた場合には及ばない旨規定されている。就業規則の合理的変更法理という統一的集団的変更ルールの外延を画し、労働契約原理が機能すべき領域を確保したものである [14]。

　12 条によれば、就業規則で定める基準に達しない労働条件を定める労働契約は、その部分については、無効とする。この場合において、無効となった部分は、就業規則で定める基準による。

　このように、労働契約法が就業規則に最低基準効を付与していることから、就業規則を下回る労働条件を合意してもその効力は否定され、その部分は就業規則の定める基準によって規律されることとなる。最低基準効は労働契約上の労働条件のうち、就業規則の基準に達しない部分のみを無効とする効力であり、それ

以外の部分は有効に存続する。したがって、就業規則より有利な労働条件合意は当然有効である¹⁵⁾。

(3) 法令および労働協約と就業規則との関係

就業規則が法令または労働協約に反する場合には、当該部分については、7条、10条および前条の規定は、当該法令または労働協約の適用を受ける労働者との間の労働契約については、適用しない（13条）。

(4) 労働契約の継続

(a) 出向命令権の濫用

14条は、「使用者が労働者に出向を命ずることができる場合において、当該出向の命令が、その必要性、対象労働者の選定に係る事情その他の事情に照らして、その権利を濫用したと認められる場合には、当該命令は、無効とする」と定めている。

本条は、出向命令権の法的効果と判断要素を示すことにより、出向命令権の濫用的行使を防止するための規定である。

(b) 懲戒権の濫用

15条は、「使用者が労働者を懲戒することができる場合において、当該懲戒が、当該懲戒に係る労働者の行為の性質および態様その他の事情に照らして、客観的に合理的な理由を欠き、社会通念上相当であると認められない場合は、その権利を濫用したものとして、当該懲戒は、無効とする」と定めている。

本条は、懲戒権濫用の法的効果と判断要素を示すことにより、懲戒権の濫用的行使を防止するための規定である。

(5) 労働契約の終了

(a) 解雇権の濫用

16条は、「解雇は、客観的に合理的な理由を欠き、社会通念上相当であると認められない場合は、その権利を濫用したものとして、無効とする」と定めている。

本条は、判例法理により生み出された、いわゆる解雇権濫用法理を明文化し

たものである。

(b) 期間の定めのある労働契約

17 条 1 項は、「使用者は、期間の定めのある労働契約について、やむをえない事由がある場合でなければ、その契約期間が満了するまでの間において、労働者を解雇することができない」と定めている。

「やむをえない事由」の判断は各事案により異なりうるが、典型的には、労働者側の解約については、使用者が経営を存続しがたくなったことや重大な債務不履行を行ったこと、また、使用者側の解約については、労働者が就労不能となったことや重大な非違行為があったことなどがこれに該当しうる[16]。

17 条 2 項は、「使用者は、期間の定めのある労働契約について、その労働契約により労働者を使用する目的に照らして、必要以上に短い期間を定めることにより、その労働契約を反復して更新することのないよう配慮しなければならない」と規定している。

「労働契約法の一部を改正する法律」が平成 24 年 8 月 10 に公布され、施行された。

(有期労働契約の期間の定めのない労働契約への転換)

18 条　同一の使用者との間で締結された 2 以上の有期労働契約（契約期間の始期の到来前のものを除く。以下の条において同じ）の契約期間を通算した期間（次項において「通算契約期間」という。）が 5 年を超える労働者が、当該使用者に対し、現に締結している有期労働契約の契約期間が満了する日までの間に、当該満了する日の翌日から労務が提供される期間の定めのない労働契約の締結の申込みをしたときは、使用者は当該申込みを承諾したものとみなす。この場合において、当該申込みに係る期間のない労働契約の内容である労働条件は、現に締結している有期労働契約の内容である労働条件（契約期間を除く。）と同一の労働条件（契約期間を除く。）について別段の定めがある部分を除く。）とする。

2 項　当該使用者との間で締結された一の有期労働契約の契約期間が満了したと当該使用者との間で締結されたその次の有期労働契約の初日との間にこれらの契約期間のいずれにも含まれない期間（これらの契約期間が連続すると認められるものとして厚生労働省令で定める基準に該当する場合の当該いずれにも含まれない期間を除く。以下の項において「空白期間」という。）があり、当該空白期間が 6 月（当該空白期間の直前に満了した一の有期労働契約の契約期間（当該一の有期労働契約

を含む二以上の有期労働契約の契約期間の間に空白期間がないときは、当該二以上の有期労働契約の契約期間を通算した期間。以下この項において同じ。）が1年満たない場合にあっては、当該一の有期労働契約の契約期間に二分の一を乗じて得た期間を基礎として厚生労働省令で定める期間）以上であるときは、当該空白期間が満了した有期労働契約の敬宇悪期間は、通算契約期間に参入しない。

（有期労働契約の更新等）

　19条　有期労働契約であって次の各号のいずれかに該当するものの契約期間が満了する日までの間に労働者が当該有期労働契約の更新をした場合または当該契約期間の満了後値遅滞なく有期労働契約の締結の申込みをした場合にあって、使用者が当該申込みを拒絶することが、客観的に合理的な理由を欠き、社会通念上相当であると認められないときは、使用者は、従前の有期労働契約の内容である労働条件と同一の労働条件で当該申込みを承諾したものとみなす。

　当該有期労働契約が過去に反復して更新されたことがあるものであって、その契約期間の満了時に当該有期労働契約を更新しないことにより当該有期労働契約を終了させることが、期間の定めのない労働契約を締結している労働者に解雇の意思表示をすることにより当該期間の定めのない労働契約を終了させることとが社会通念上認められていること。

　当該労働者において当該有期労働契約の契約期間の満了時に当該有期労働契約が更新されるものと期待することについて合理的な理由があるものであると認められること。

（期間の定めがあることによる不合理な労働条件の禁止）

　20条　有期労働契約を締結している労働者の労働契約の労働条件が、期間の定めがあることにより同一の使用者と期間の定めのない労働契約を締結している労働者の労働契約の内容である労働条件と相違する場合においては、当該労働条件の相違は、労働者の業務の内容および当該業務に伴う責任の程度（以下この条において「職務の内容」という。）、当該職務の内容および配置の変更の範囲その他の事情を考慮して、不合理と認められるものであってはならない。

3　パートタイム・有期雇用労働法

　パートタイム・有期雇用労働法（短時間労働者および有期雇用労働者の雇用管理の改善等に関する法律）が2020年4月1日から施行された。

　同一企業内における通常の労働者とパートタイム労働者・有期雇用労働者の

間の不合理な待遇の差をなくし、どのような雇用形態を選択しても待遇に納得して働き続けることができるよう、働き方改革関連法（働き方改革を推進するための関係法律の整備に関する法律）が平成 30 年 7 月に公布されたことに伴い、同法に基づいてパートタイム・有期雇用労働法が施行されたものである [17]。

(a) 短時間労働者の待遇の原則

事業主が、すべてのパートタイム労働者について、雇用するパートタイム労働者の待遇と通常労働者の待遇を相違させる場合は、その待遇の相違は、職務の内容、職務の内容・配置の変更の範囲（人材活用の仕組みや運用など）、その他の事情を考慮して、不合理と認められるものであってはならない（8 条）。

(b) 差別的取扱いの禁止

事業主は、職務の内容、職務の内容・配置の変更の範囲（人材活用の仕組みや運用など）が通常の労働者と同一のパートタイム労働者については、パートタイム労働者であることを理由として、その待遇について、差別的取扱いをしてはならない（9 条）。

(c) 賃金の決定方法

事業主は、9 条の対象となるパートタイム労働者以外のすべてのパートタイム労働者について、通常の労働者との均衡を考慮しつつ、その雇用するパートタイム労働者の職務の内容、職務の成果、意欲、能力、または経験などを勘案し、その賃金（基本給、賞与、役付手当等）を決定するよう努めるものとする。

(d) 福利厚生

事業者は、9 条の対象となるパートタイム労働者以外のすべてのパートタイム労働者について、通常の労働者に対して利用の機会を与える福利厚生施設（給食施設、休憩室、更衣室）については、その雇用するパートタイム労働者に対しても、利用の機会を与えるように配慮しなければならない（12 条）。

(e) 事業主が講ずべき措置の内容等の説明

事業主は、すべてのパートタイム労働者について、パートタイム労働者を雇い入れたときは、速やかに、実施する雇用管理の改善に関する措置の内容を説明しなければならない。

また、事業主は、雇用するパートタイム労働者から求めがあったときは、その待遇を決定するに当たって考慮した事項を説明しなければならない（14 条）。

(f) 指針

　厚生労働大臣は、事業者が講ずべき雇用管理の改善等に関する措置等に関し、その適切かつ有効な実施を図るために必要な指針を定めるものとする（15条）。

(g) 相談のための体制の整備

　事業主は、すべてのパートタイム労働者について、パートタイム労働者の雇用管理の改善等に関する事項に関し、その雇用するパートタイム労働者からの相談に応じ、適切に対応するために必要な体制を整備しなければならない（16条）。

【注】

1）『日本経済新聞』2018 年 2 月 15 日。

2）『日本経済新聞』2019 年 6 月 6 日。『朝日新聞』2019 年 6 月 6 日。

3）『日本経済新聞』2020 年 4 月 27 日。

4）荒木尚志・菅野和夫・山川隆一『詳説労働契約法』（弘文堂、2008）85 頁。

5）同上、86 頁。

6）同上、87 頁。

7）同上、88 頁。

8）同上、98 条。

9）同上、101-102 頁。

10）同上、107 頁。

11）同上、109-110 頁。

12）同上、111-112 頁。

13）同上、116-117 頁。

14）同上、128-129 頁。

15）同上、135 頁。

16）同上、155 頁。

17）『日本経済新聞』2020 年 3 月 29 日。

第11章　グループ子会社の管理

1　コントロールする親会社の不法行為責任を拡大する法理論

　グローバルに事業を展開する現代の企業は、国内および海外において複数の子会社を有しており、これらの子会社を通じて活発な事業活動を行っている。このような子会社が、たとえば、環境問題、安全問題、競争法違反などによる不祥事を引き起こした場合、子会社を支配（コントロール）している親会社はどのような責任を負うことになるのであろうか。どのような法理論に基づいて、親会社の責任が問われることになるかを検討する。ここで「子会社の支配（コントロール）」とは、親会社が子会社の株式を50％超所有しており、この所有関係を通じて子会社の事業活動を支配（コントロール）することを意味する。

　親会社を含むグループ企業に責任を負わせる問題は、紛争案件が不法行為法の原則と伝統的な会社法の間における基本的な衝突を背景にして生じるということを認識することによってももっともよく理解できる。この問題は会社法による考慮を超えており、裁判所は、不法行為法と伝統的会社法の間で、被害を受けた原告が効果的な救済を得るかどうかを決定する法のルールを選択することを求められている。不法行為法の原則は、伝統的な会社法に代えて企業体（enterprise）の責任を認知することを支持しているといわれる[1]。

　親会社の責任を伝統的な不法行為の原則により追及することは相当な困難を伴う場合がある。グローバルに事業を展開する親会社は多数の行為者をかかえる複雑な組織である。経営的・管理的なネットワーク内において部門と個人間の相互作用が行われる。不法行為は、法的、技術的、組織的あるいは人的ミスの結果であるかもしれない。真の原因は確定できず、当該不法行為者の特定も不確かであるということが起こりうる。不法行為者は、傷害や損害に至るポリシーを実行

したというよりもむしろそれを認めた個人や部門であり、グローバルに事業を展開する親会社であることがありうる。

　また、グローバルに事業を展開する親会社に対する訴えは、工業的プロセス、劇毒物の使用や集団的不法行為などに至る複雑な技術にかかわり、共同責任や公正という概念を必要とする場合がありうる。伝統的な不法行為法は、危険物質に集団的に晒されることから生じる訴えを取り扱うには適切でないかもしれない。このようなリスクは事故発生前には知られていないことがしばしばである。集団的な傷害は直ちには確定できず、損害額を評価することも困難なことがありうる[2]。

　代理人、外見的権限や義務の引受けのような理論の適用によって、子会社の運営において生じる不法行為は、親会社が代位して責任を負うというよりも親会社が直接責任を負う不法行為として性格づけられたのである[3]。

　このような状況の下において親会社を含むコントロールする会社の責任拡大の法理論がそれぞれ国内および海外においてどのように展開されているか、その方向についてなんらかの示唆を得ることができるかを検討する。

　(a)　子会社の法人格否認

　子会社の行為により被害を被った者が、子会社からは十分な救済が受けられないとして親会社に対してその損害を回復すべく責任を追及する場合、子会社の法人格を否認する法理を適用することが考えられる。

　しかし、法人格否認の法理は例外的な場で働くにすぎず、子会社の不法行為により損害を被った被害者がこれらの要素を証明することはきわめて困難である。被害者救済の観点からは法人格否認の法理にあまり多くを期待できないことになる。そこで一般的に不法行為責任に関しては有限責任を廃止すべきという過激な意見もあるが、アメリカやわが国においても現行の会社法制を維持する以上、これを直ちに容認することはできない。

　有限責任の日和見的な操縦のもっとも悪いケースの多くは子会社の不法行為に対して親会社に責任を負わせることによって打ち破ることができると示唆されるが、これに対しては有限責任回避のインセンティブと機会を生じさせるものと批判されている。たとえば、より限定的に、100％子会社の不法行為については有限責任を廃止する主張もありうる。しかし、100％子会社に対する有限責任の

廃止は、親会社に子会社の株式の少量を他の株主にもたせるだけであり、それで
はどの程度子会社の株式を保有していれば親会社に無限責任を負わせるかの線引
きは難しいとされる[4]。

　むしろこのようなアプローチよりも、裁判所が法人格を否認するケースのク
ラスを拡大することによって一歩無限責任へ近づく方法がありうる。親会社の持
株比率にかかわることなく、子会社に対するコントロールの行使という法人格否
認における基本的な要素を通じて子会社の不法行為に対する親会社の責任を拡大
することは可能であると考えられる。契約責任については有限責任、不法行為責
任については無限責任という[5]いわば二分法によるのではなく、企業の有限責任
という一般的原則は統一的に維持しながら、消費者、公衆や従業員などによるグ
ループ子会社の不法行為責任に対する追及という時代の要請に応えて、法人格否
認の法理を柔軟に適用するアプローチである。法人格否認は、いわば無限責任の
1 つの形態ということもできるのであり、コントロールする親会社が、契約責任
における場合よりも不法行為責任においてより拡大された責任を負うとすること
は可能であると考えられる。

(b)　代理人としての親会社

　コモンローによる代理の法の下、本人（principal）はその代理人（agent）の
不法行為に対して責任を負うことがありうる。グループ企業間の不法行為責任ま
たは契約責任に関するケースにおいて子会社が親会社の代理人として言及される
ことがしばしばあるが、その多くは法人格否認の法理の主張を容易にするために
用いられる隠喩にすぎない。裁判所は、道具や分身のような隠喩と区別をつけな
いで代理人という隠喩を使っており、代理の法を適用しようとするのではないと
考えられる。

　しかし、親会社の人が子会社の日常の業務を指図するのみならず、従業員の
身体的な行為を含むその他経営のすべての面を指図するに至る場合、つまり子会
社が親会社に使用人（servant-agent）として奉仕するような場合には、伝統的な
コモンローの代理人の基準を満たすことにより、親会社はその代理人の不法行為
に対して責任を負うことになる[6]。

　さらに、第三者に対して注意義務を負う者は、その本人の義務を果たすよう
指示された代理人が義務を怠る（negligent）ときには責任を負うことになるが、

これもまたコモンローの代理の法によるものである。親会社の委譲できない義務の遂行を代理人としての子会社が怠ったことに対して、親会社に不法行為責任が課されることがある[7]。もっとも、このようなコモンローによる代理の根拠に基づいて子会社の不法行為責任を親会社に課するケースは実際には限られたものであるといわれる[8]。

(c) 親会社による不実表示

親会社による子会社の財政的な地位に関する不実表示、子会社の債務履行の約束に関する不実表示、子会社以外の誰かが当該債務の背後に存在すると債権者に信じさせる不実表示については、子会社の法人格を否認するという方法をとらなくても当該債権者に対する親会社自身の不法行為として構成することが可能な場合がある。原告債権者としてはいずれの方法でも損害を回復することが目的である。もっとも、不実表示としての要件を備えることが必要であることはいうまでもない。すなわち、不実表示の不法行為としての要件は、①事実についての偽りの表示がなされたこと、②その表示が詐欺的かつ重大であること、③不実表示に対し相手方による信頼がなされたこと、④その信頼が正当化されることである。

さらに、子会社と取引をする者が、企業グループという共通のグループ人格の使用によって不当に誘導され、親会社と取り引きしているのではないことを認識していなかった場合には、取引の相手方に同一性に関する不実表示が生じたことになる。この場合その不実表示が当該債権者を合理的に信じさせるように導いたことが必要とされる。

(d) 契約関係への親会社による介入

特定の環境下において契約違反の誘導あるいはその他ビジネス関係への介入が不法行為を構成する場合がありうる[9]。親会社が、子会社に対し第三者との契約を違反するよう導く、あるいはその他ビジネスの関係に介入する場合、それが経済的な利益を促進するためではなく、相手方を害する意図であり、あるいは不当な手段を用いるときには、不法行為となる可能性がある[10]。

(e) 親会社の注意義務違反

イギリス法の下において、親会社が海外子会社の活動による影響に対して注意義務を負っており、その注意義務違反により損害が生じたとき、親会社が第一

次的不法行為者となる場合がある。海外子会社の活動による損害の可能性が親会社にとって予見しうるまたは予見すべきものであって、被害者が親会社にその責任を負わせるに十分な近因（proximate cause）をもっている場合、原則として親会社と当該海外子会社の間には注意義務が存在する。例として、親会社が海外子会社の活動や健康・環境リスクを熟知しており、これらの活動が遂行される方法や基準に影響するに十分なコントロールを親会社が及ぼす場合がある。

　海外子会社の活動から生じる損害に対して親会社の第一次的責任を追及するためには、海外の被害者は次のような証明が少なくとも必要と考えられる。①親会社が海外子会社の活動、プロセスや技術により生じる健康・環境リスクをよく知っていたこと。②親会社が海外子会社の日常の運営に深くかかわっていたこと。③親会社が当該状況下において適切とされるレベルの注意を果たさなかったこと。④その注意義務違反が、唯一の原因ではないとしても、海外子会社の活動による損害の直接の原因であったこと[11]。

　(f)　親会社の一般的不法行為

　親会社自身の行為が子会社と取引をする者に損害をもたらした場合には、親会社が一般的不法行為の原則の下で責任を負う場合がありうる。

　(g)　親会社による援助・教唆

　海外子会社が第一次的不法行為者である場合に、親会社が子会社の不法行為に対して第二次的責任を負わされることがありうる。親会社が故意に当該不法行為を、たとえば、必要な技術や資源を供給することによって、援助する場合がある。親会社が海外子会社による不法行為を誘導、正当化または奨励する場合がある。親会社が海外子会社と共謀の当事者となることもありうる。このような第二次的責任の根拠は海外子会社の不法行為に対する故意の寄与であり、親会社が当該不法行為において効果的な役割を果たしたことが要求される。援助の場合には親会社による援助と当該不法行為との間の因果関係が、その他の場合には親会社の海外子会社に対するコントロールの程度が問題とされる[12]。

　(h)　親会社による義務の引受け（assumption of duty）

　親会社、子会社および子会社の従業員との間の相互関係の性質から、親会社が、子会社の従業員のための作業場の安全性に関する義務を引き受けており、そして子会社に対して不法行為責任を申し立てる従業員は、親会社がその引き受け

た義務を適切に履行しなかったことを理由として、直接、親会社に対しても独立
の訴訟原因を有する場合がありうる。子会社の従業員の作業に関連する傷害に
ついての多くの判例は、子会社の作業場における安全性に関して親会社が任意
に（voluntarily）引き受けた義務の違反に対して、親会社に直接責任を課してき
た[13]。

　親会社は子会社の経営における安全面の行為に関与することによって子会社
とその従業員に対する義務を任意に引き受けることができるが、子会社の業務の
方向に対するどのような関与が要求されるかが問題と考えられる。

　(i)　共通のコントロール（common control）による責任拡大

　親会社は、そのコントロールが子会社またはグループ企業の不法行為に共通
のコントロールを及ぼすものとして、当該子会社・グループ企業の不法行為に対
して共同不法行為（joint torts）の責任を負う場合がありうる。

　共同不法行為の本来の意味は、協調行為（concerted action）に対する代位責
任であり、共通の計画に従って不法侵入（トレスパス、trespass）を協調して行
う者はすべて全体の結果に対して責任を負わされた。そこには共通の目的と実行
のための相互援助があった。つまり、不法行為を犯すために共通の計画を遂行し
て、不法行為に積極的に参加する、もしくは協力や要請によってそれを促進する
者、または不法行為者に手を貸し、奨励する、もしくは不法行為者の行為を自ら
のためとして容認し採用する者は、すべて等しく責任を負うのである。この場合
明示の合意は必ずしも必要ではなく、黙示の理解でも足りると解されている[14]。
もっとも、共同不法責任を負わせるにはそれぞれの被告が、不法行為を犯すのに
要求される意図もしくは過失（ネグリジェンス、negligence）によって当該不法
行為を行っていることが必要である。このような共同不法行為者は、引き起こし
た損害に対して連帯して（jointly and severally）責任を負うことになる。

2　グループ子会社のコントロールと親会社の責任

　親会社が子会社の事業活動に対してコントロールを及ぼしており、子会社が不
法行為を引き起こした場合、被害者救済の観点から子会社の不法行為について親
会社に対する直接責任の追及を容認する傾向にある。裁判所が親会社の直接責任

を容認する手法として法人格否認の法理を用いることはありうるが、親会社の一般不法行為法上の直接責任として構成する方が簡明であり、親会社の責任を拡大するために裁判所によるこのようなアプローチの採用が増えていくと考えられる。

　さらに、環境法、製造物責任法、雇用関係法、競争法、知的財産法などの規制法規の下では、親会社と子会社を一体のものとしてとらえる、あるいは子会社の行為に対して親会社の責任を直接的に肯定する見解がみられる。このような傾向は、企業グループによる事業活動が国内外において拡大するに従い、ますます強くなると考えられる。

　親会社は、子会社の行為についてのこのような不法行為上の責任および規制法規上の責任を回避しようとするのではなく、むしろこのような責任、つまり一般不法行為法および規制法規による責任として環境・安全上の責任、品質管理ないし製造物責任、雇用関係法上の責任、競争法上の責任、知的財産法上の責任などについては不可避のものとして引き受けることが必要である。そして親会社としては、このような責任問題が生じないように、それが生じた場合にもできるだけ軽減できるように自らの経営上の問題として取り組む、つまり法的積極経営のポリシーをとることが必要になると考えられる。

　したがって、これらの分野における親会社の子会社に対するコントロールの仕方や程度については、子会社におけるかかる問題の発生を予防するような実質的なものとなるべきであり、親会社と子会社の間にいわゆるダブルスタンダードは存在しえないことになる。

事例　クラレ海外子会社火災事件

　火災が 2018 年 5 月、クラレの 100％子会社 Kuraray America Inc. が運営するアメリカのテキサス州 Pasadena の食品包装向けの樹脂などを製造するエバール工場で、定期修理後、設備を再稼働する際に発生した。当時は定期修理と能力増強の工事のため従業員と外部の委託事業者従業員の合計 266 名が現場にいた。このうち 19 名が救急車で、2 名がヘリコプターで病院に運ばれた。いずれも命に別状はなかった。配管に高い圧力がかかったことが原因で安全バルブが外れ、エチレンガスが流出し、溶接の花火で火災が起った。火はすぐに消し止められた。

　この事故に関連し、身体的または精神的傷害を受けたことを理由として、160 名超の外部委託業者の作業員等から、クラレに対して損害賠償等を求める民事訴訟がテキ

サス州ハリソン群巡回裁判所に提起された。入院は 21 名で、そのうち、合理的に見積もりが可能な原告 13 名分との間で合意したという。残り 150 名程度は身体的傷害が軽いか、またはそれがなく、精神的傷害を受けたことを理由の訴えと思われる。もっとも大きな被害を受けた者を含む 13 名の原告と協議を行った結果、本件訴訟の早期解決を図るべく、和解に関する基本合意に至ったものである。

クラレは、2019 年 10 月に一部の被害者和解金 92 百万ドル（約 100 億円）を支払うことで合意した。クラレは特別損失（訴訟関連損失）として、これを含め 140 億円を計上した。さらに、2019 年 10 月、11 月には残りの被害者に対する和解金として損害賠償費用約 480 億円を特別損失に計上した 。従業員、業者への補償としては非常に多額であった。

3　グループ子会社の内部統制システムとコンプライアンス・システム

(1) グループ子会社の内部統制システム

内部統制システムとは、一般に企業内部において、違法行為や不正行為、過誤などを未然に防止するとともに、組織が健全かつ効率的に業務を遂行するため、各業務において所定の基準や手続を定め、これらに基づき業務の管理・監視・保証を行うための一連の仕組みである。

アメリカのトレッドウェイ委員会組織委員会（The Committee of Sponsoring Organizations of the Treadway Commission）が 1992 年に公表した「内部統制 ─ 統合的フレームワーク（Internal Control - Integrated Framework）」は、内部統制の目的として、①事業経営が有効的かつ効率的に行われ、それを保証する仕組みであること、②財務報告の信頼性、とくに財務諸表等の会計報告が適確に作成され、システム的にそのような状況が構築されていること、③事業経営にかかわる法令が遵守されていること、が挙げられている。

わが国においても、業務の適正を確保するという側面から取締役会の株主に対する責任を定めるものとして会社法、および投資家に対する適正な情報の提供という側面から会社の情報開示を規制するものとして金融商品取引法が、内部統制システムに関する規定を設けている。

会社法では、大会社である取締役会設置会社、指名委員会等設置会社および監査等委員会設置会社は、取締役（指名委員会等設置会社の場合は、執行役）の

職務の執行が法令および定款に適合することを確保するための体制その他株式会社の業務ならびに当該株式会社ならびに親会社およびその子会社からなる企業集団の業務の適性を確保するために必要なものとして法務省令で定める体制の整備（いわゆる内部統制システム）を取締役会で決議することが義務づけられている（会社法 362 条 4 項 6 号・5 項、399 条の 13、1 項 1 号ハ、416 条 1 項 1 号ホ）。

　会社法施行規則（100 条 1 項）によれば、会社は取締役会において、内部統制システムに関し、①取締役の職務の執行に係る情報の保存および管理に関する体制、②損失の危険の管理に関する規程その他の体制、③取締役の職務の執行が効率的に行われることを確保するための体制、④使用人の職務の執行が法令および定款に適合することを確保するための体制、および⑤当該株式会社ならびにその親会社および子会社から成る企業集団における業務の適正を確保するための体制について決定することが要求されている。

　企業集団内の内部統制システムについては、親会社が整備して終わりとするのではなく、企業集団内で共有化することが必要である。親会社とグループ子会社との関係は、とかく個別の関係に終始し、グループ全体としての視点が忘れがちとなる傾向が見受けられる[15]。

　現代の企業は数多くの子会社を含むグループ企業から構成されており、親会社が子会社をコントロールしている限り、企業グループとしての内部統制システムの整備を検討する必要がある。どのような行動憲章や理念を企業グループとしての共通のものとするか、親会社は子会社における業務について法制度等を考慮してどのようにコントロールすべきか、親会社と子会社間の情報の流れをどのように構築するか、そして親会社は子会社の内部統制をどのように監視するかなど、企業グループの内部統制システムの整備を図らなければならない。

(2)　グループ子会社のコンプライアンス・システム

　親会社は、親会社自身におけるコンプライアンスのみならず、子会社などのグループ会社におけるコンプライアンスについてもグループの経営ポリシーとして実行することが求められる。グループ子会社のコンプライアンスもまた当該グループの企業価値の評価にかかわってくるからである。親会社は、グループ子会社のコンプライアンス違反に対して親会社としての責任を問われることになる。

親会社は、グループ子会社をコントロールしている限り、グループとしてのコンプライアンス・システムを統一的に実行しなければならない。

　親会社および子会社から成る企業集団における業務の適正を確保するための体制としては、「第2章　コンプライアンス経営」において前述したコンプライアンス・プログラムの作成と実施、コンプライアンス・マニュアルの作成と実施、プログラム運営の組織、プログラムの啓蒙と訓練、プログラムの監視と風化の防止、内部通報制度などコンプライアンス・システムの構築が挙げられ、親会社は、自らのコンプライアンス・システムと同様のものが子会社においても構築され、実施されるよう子会社を指導・監督することが必要である。

【注】

1）　Phillips I. Blumberg, *The Corporate Groups: Tort, Contract, and Other Common Law Problems in the Substantive Law of Parent and Subsidiary Corporations* (Little, and Brown Company, 1987, 2001), at 162.
　　伝統的会社法はいわゆるentity lawとされており、エンタープライズ法enterprise lawと対比される。

2）　Binda Preet Sahni, *Transnational Corporate Liability: Accountability For Human Injury* (Cameron May, 2006), at 180, 188.

3）　Blumberg, supra note 1, at 157-158.

4）　Henry Hansmann & Reinier Kraakman, *Toward Unlimited Liability for Corporate Torts, 100 Yale L.J.* 1879 (1991), at 1931.

5）　Id. at 1919.

6）　Phillips I. Blumberg, *The Corporate Entity in an Era of Multinational Corporations, Vol. 15 No. 2 Delaware Journal of Corporate Law* (1990), at 307.

7）　Restatement (Second) of Agency s. 214 (1958).

8）　Blumberg, supra note 6, at 311.

9）　Restatement (Second) of Torts s.767 (1979).

10）　江頭憲治郎『会社法人格否認の法理』（東京大学出版会、1980）260-261頁。

11）　Jennifer A. Zerk, *Multinationals and Corporate Social Responsibility* (Cambridge University Press, 2006), at 216-217, 222.

12）　Id. at 226-227.

13）　Blumberg, supra note 6, at 316, 319.

14）　Prosser & Keeton, *The Law of Torts Fifth ed.* (West Group, 1984), at 323.

15）　高橋均『グループ会社リスク管理の法務』（中央経済社、2014）38頁。

第12章

紛争管理

1　クレーム処理

(1) クレームの発生と内容

　企業の事業活動が円滑に行われて、当該事業活動にかかわる者やその影響を受ける者すべてにとってそれぞれが満足のいく成果を享受することができるということは現実にはありそうにもない。むしろ企業は、事業活動に伴ってさまざまな苦情やクレームを受けるのが通常である。企業は、その事業活動によりこのようなクレームが企業の内外から発生することを前提として、日常の活動においてどのようにクレームに対応すべきか備える必要がある。なお、企業は、その事業活動において、クレームを受けるばかりではなく、クレームを申し立てる場合があるが、ここでは前者の立場におけるクレーム対応を検討する。

　クレームの発生源としては、次のように大きく分けて、①製品やサービスの取引の相手先である買手企業や顧客、②製品・サービスの買手である消費者、③事業活動の拠点における地域住民、④事業活動を所管する官公庁、⑤当該企業の株主、⑥当該企業の従業員、などを挙げることができる。

　企業の事業活動に対するクレームの内容は、その業種や規模により当然変わることになるが、上記発生源に応じて、①支払いや引渡時期等の契約上の取引条件や取引にかかわる情報などに関するもの、②品質や製造物責任などに関するもの、③安全や環境などに関するもの、④取締法規の遵守や違反などに関するもの、⑤株主の権利行使などに関するもの、⑥雇用条件などに関するもの、などさまざまである。

(2) クレームの性質と原因

　企業が、最初にクレームを受けた時点では当該クレームの性質がどのような
ものかは必ずしも明らかでないことが多い。クレームを申し立てる者は、単に道
義的またはビジネス上の問題として責任を追及しようとしているのか、あるいは
契約上または法律上の根拠に基づいて責任を追及しようとしているのか判然とし
ていないのが通常である。申立者自身が認識しておらず、この意味におけるク
レームの性質は、企業側の反応により、あるいは企業側とのやりとりの過程の中
で明らかになってくる場合も多く見受けられる。申立てを受けた企業としては、
その時点で当該クレームがいずれの性質を帯びたものか、あるいはいずれの方向
へ向かうものか、できるだけ冷静に考察することが必要である。

　企業においてクレームを受ける窓口となる所管部門は、関連事業部門、品質
検査・管理部門、安全・環境部門、総務部門、人事・労務部門などであるが、最
初にクレームの性質を判断する役割を担うことになる。その判断がその後のク
レーム対応に大きく影響するからである。

　クレーム申立者に対する態度としては、所管部門は、まず真摯に誠意をもっ
て、いかなるクレームであってもその申立てを聞きとることが基本である。その
上で、当該クレームが、単なる言いがかりや難癖の類ではなく、その申立てが合
理的なものであると考えられる場合には、クレームの原因がどこにあり、どのよ
うなものかを解明する作業に直ちに着手することが必要である。その原因がすぐ
に解明できる場合もあるが、少し複雑なクレームでは原因の究明は必ずしも容易
なことではない。

　まず所管部門内で原因の究明に当たることになるが、申立者側に一方的に原
因がある、あるいは企業側に一方的に原因があると断定できる場合は、事後のク
レーム処理の方向性は明らかであろう。しかし、企業側に原因があると判断で
きる場合であっても当該所管部門のみで原因を究明することは困難な場合が多
く、とりわけ申立者側、企業側の双方の複合的原因と疑われる場合には、当該所
管部門の手に負えることではなく、関係部門の専門家を糾合した専門調査チーム
を発足させて、原因究明に当たる必要がある。当該クレームが技術的な問題にか
かわる場合には、最初の段階から全社的専門調査チームを立ち上げることが必要
である。さらに、双方の複合的原因とみられる場合あるいは申立者側の原因とみ

られる技術的な問題を明確にする必要がある場合は、申立者側と企業側の共同調査チームによる原因究明が行われなければならない。できるだけ早い機会に、当該企業は、申立者に対して共同調査を申し入れて、双方の専門家による科学的かつ冷静な調査・分析を行うことが必要である。共同調査によって、いずれの側にどのような原因があり、どの程度の責任があるかが判明することが期待される。もっとも、科学的な調査・分析にもかかわらず、双方の専門家の見方が分かれる場合があるが、双方の専門家が共同調査チーム内における議論として意見交換するという位置づけが必要と考えられる。

(3) クレームに対する処理判断基準

　前述したように、クレームを受ける所管部門の窓口の役割と対応は、その後の処理に大きく影響することになり、その意味において責任は重大である。当該窓口が陥りがちな初期対応における過ちは特に、①所管部門の窓口担当または責任者がクレームの性質と影響度を見誤る、②所管部門の窓口担当で処理しようとしてクレームをこじらせる、あるいは③所管部門内で無理に解決しようとする場合に見受けられる。このように初期対応に誤ると、当該クレームが一気に拡大ないし複雑化して、「紛争」に至る例が多く見受けられる。

　各所管部門においては、クレームへの対応に関する知見の蓄積から、その手順や処理判断の基準についてルールができているのが通常と考えられるが、それが特定の個人のいわばノウハウとなっている、あるいは明文化されていない場合には、組織的な対応ができないおそれが生じる。また当該所管部門内において個別のクレームへの初期対応に当たる者は複数でなければならず、かつその初期対応をチェックするシステムを設けておくことが必要である。

　各所管部門としては、適切な初期対応のために、所管部門内で共有化する明文化したガイドラインが必要と考えられ、法務部門の協力の下で、クレーム対応マニュアルを作成し、これに従ってクレーム対応が組織的に、システムとして行われなければならない。もっとも、当該マニュアルは、申し立てられたクレームの性質や程度を判断する手がかりを提供し、その処理の基本的な手順を述べているにすぎず、その判断が困難な場合やその影響度が大きい場合には、法務部門をはじめとする関連部門との協議の必要が生じてくる。協議をいつどのような段階

するかという判断に迷いが生じることがある。この判断が遅れたばかりに、当該クレームの対応が後手になり、クレームを拡大ないし複雑化する例が数多く見受けられる。法務部門としては、できるだけ早期に協議するように、当該マニュアルで明確に指示するとともに、社内法務教育において周知徹底する必要があり、かついつでもクレーム対応について相談に応じる用意がある旨を表明し、その体制を整えておかなければならない。

その際に、社内の関連委員会、たとえば、品質管理委員会、製品安全委員会、環境委員会、情報管理委員会、コンプライアンス委員会などの全社的専門委員会との連携が必要である。各委員会は、所管の問題については全社的な責任を負っていることから、当該クレームの性質や程度に応じて、関連の委員会へ当該クレームを報告することにより、全社的・専門的な見地から当該クレームを検討することが可能となる。これらの委員会には法務部門が参加しているのが通常であり、法務部門は積極的に関与することが必要と考えられる。

(4) 企業側の主張と交渉

前述したように原因調査がなされ、その結果が判明した段階で、当該クレームに対して企業側から説明と主張がなされることになる。この説明と主張は、科学的調査・分析に裏付けられたものであり、関係する契約や法に基づく論理的かつ合理的なものでなければならない。当該所管部門は、このためには法務部門および関連部門との十分な協議を経る必要があり、その上で当該クレーム申立者との交渉を開始することになる。

(5) 紛争の内容

前述したクレームの交渉が企業側の主張に沿って収束すれば、ここでいう「紛争」にまでには至らないが、当該交渉がもつれた場合には、紛争に発展することになる。

『会社法務部【第10次】実態調査の分析報告』[1]によれば、企業活動に伴う紛争として多い順に、取引契約関係が段違いにもっとも多く、次の段階として労務・労災関係、倒産関係、知的財産権関係（著作権を除く）、消費者関係（景品表示法を含む）が続き、第三段階として独禁法関係、著作権関係、環境関係、事

業提携・合弁関係、情報管理関係、会社法関係、税務関係が挙げられている。紛争の増加についての今後の見通しとしては、取引契約関係が圧倒的に多く、続いて、労務・労災関係、知的財産関係（著作権を除く）、消費者関係（景品表示法を含む）、倒産関係の順となっている。ここでは会社側が逆に取引先や第三者にクレームを申し立て、交渉がこじれて「紛争」にまで至った場合も含まれており、いわば双方向のクレームが発展した紛争の内容であると考えられるが、企業がクレーム申立てを受けた場合のクレームについてどのような内容が多いかを暗示していると推察される。

(6) 紛争の処理方法

　上記実態調査の分析報告によれば、紛争処理方法で重視する手段としては、当事者間の話合い（相対関係）が1位で他の選択肢に比べて突出して高く、次いで訴訟開始後の和解、3位が判決等、その他ADR（調停・仲裁）となっている[2]。

　上記の紛争の内容から判断すると、企業が抱えている紛争は基本的にビジネスにかかわる紛争であり、紛争の当事者間で相対の交渉により迅速かつ円満に解決を図ることが最優先であり、ビジネスの要請に合致する解決方法であるといえる。一方で、このような相対の交渉は、ビジネスそのものの交渉でないことはもちろん、まったくビジネスから離れた交渉でもない。紛争当事者の双方の主張は、関係する契約や法に基づいた論理的ないし法的主張であって、この意味でどちらが法的な武装ができているかにより優劣が決まってくるのが基本と考えられる。その上で当該紛争に特有な事情があれば、当事者間のビジネス的な力の差が紛争の解決に反映されることになる。

　相対の交渉における紛争の相手方に対する主張は、関連する契約や法に基づいて論理的に組み立てられたものでなければならい。法務部門は、交渉チームに参加することも含めて、所管部門や関連部門を引っ張っていく重大な役割を担っているのである。

　前述したクレームをめぐっての交渉は、文字通り相対の交渉によるものであるが、当該所管部門の責任者のレベルにおける交渉にすべてが委ねられると考えるべきではない。当該クレームの性質や程度、さらにはそれまでの交渉の経緯に応じて、企業間の場合には経営トップ間の交渉が交渉の最後の手段として設定さ

れる必要があると考えられる。経営トップが、それぞれの企業の事業活動という
大局的な観点から解決を図ることにより、妥協を含めた解決に成功する可能性が
生まれてくるのであり、成功に至る例も数多く見受けられる。

　このような相対の交渉が決裂した場合には、通常、訴訟に移行することにな
る。交渉において主張や説明を尽くしたが、相手方から訴訟を提起された場合、
あるいは相手方が不合理にも解決に応じないなどの場合には、訴訟によりそれぞ
れの主張の是非を決せざるをえない。その他の紛争処理方法として調停や仲裁
（ADR）も用いられるが、国内紛争においては訴訟がより多く選択されている。
もっとも、上述のように訴訟が開始した後、和解に至る例も2位の選択肢とさ
れている。

　また、紛争の内容や性質あるいは経営者の考え方により、あるいは勝訴に確
信があるときには、訴訟で黒白を決したいということからむしろ訴訟を選択する
場合があると考えられる。

2　国際訴訟

　企業間の国際訴訟は、類型的に、①外国企業が原告として、わが国企業を外
国の裁判所に提訴する場合、②外国企業が原告として、わが国企業を日本の裁判
所に提訴する場合、③わが国企業が原告として、外国企業を外国の裁判所に提訴
する場合、④わが国企業が原告として、外国企業を日本の裁判所に提訴する場
合、に分けられる。これらの関係を規律するルールを概観する。

(1)　準拠法の選択

　準拠法の選択とは、渉外的法律関係についていかなる地の法により規律する
かを決める問題である。

（a）当事者自治の原則

　契約の準拠法をどのように決定すべきかについて、沿革的には、あらかじめ
一定の客観的な連結点により準拠法を決定するという客観主義がとられ、契約締
結地法、契約履行地法や当事者の属人法などが準拠法とされていた。しかし、契
約の内容や種類の多様化とともに客観主義による準拠法の決定が困難になり、契

約における意思自治の考え方が浸透するとともに、抵触法レベルにおける渉外的契約の準拠法の決定についても当事者による自治を認めるべきという考え方が普及してきた。また、この考え方は当事者の予見可能性を高め、裁判所などの手間を省けることになる。このようにして当事者自治の原則は国際的に認められるに至った。

　しかしながら、複雑化した競争社会を規制するために国家による私的自治への介入、すなわち契約の自由に対する実質的な制限が認められるようになるに従い、抵触法レベルにおいてもこのような当事者自治の原則に対して批判がなされ、当事者自治の制限説が主張された。

　質的制限説によれば、当事者が自由に準拠法を指定できるのは、当事者の任意の選択を許している任意法規の範囲内に限られる。しかし、強行法規と任意法規の区別は、実質法上のものであり、任意法規が何かはいずれかの国の実質法を準拠法とする決定があってはじめて判明するので、抵触法的指定ではなく実質法的指定の問題とされる。よって当事者は、当事者自治により強行法規を含めて自由な準拠法決定を行うことができる、と批判された。

　量的制限説によれば、当事者による準拠法指定の対象となる実質法は無制限ではなく、契約と一定の実質的関係を有する、契約締結地などの法に限られる。しかし、当事者の自由な準拠法指定を認めたのは、契約における意思自治を認めたからであり、量的に制限する根拠に乏しい、と批判された。

　また、附合契約について当事者自治を認めない考え方も主張される。しかし、附合契約に対する規制は準拠実質法による規制で十分であり、著しい不公正が生じる場合には公序による制限を認めるのが通常である。抵触法レベルにおける当事者自治を否定する理由とまではならない、と批判されている。

　最近の立法例においては、当事者自治を原則としながら、消費者契約や労働契約のような特定の類型の契約については例外とする、あるいは当事者による選択がない場合には客観的に準拠法を決定する補充的方法を定めておくという方法もとられている。また、強行法規の特別連結理論によれば、経済的弱者を保護する必要のある契約については、契約の準拠法とならなかった国の強行法規であっても、当該契約関係と密接な関係を有する一定の国の強行法規が特別連結により適用される。このような理論が、条約や立法例において認められるに至ってい

る。

(b) わが国抵触法による規律

(i) 当事者による準拠法の選択

　法の適用に関する通則法（以下「適用通則法」という）は、契約の準拠法の選択について当事者自治の原則を認めている。すなわち、法律行為の成立および効力は、当事者が当該法律行為の当時に選択した地の法による（7条）。

　国際契約においては、当該契約関係を規律する準拠法に関して、当事者間の合意により準拠法条項として規定するのが原則である。しかしながら、交渉によっても利害が一致しない場合がしばしば生じる。そのような場合には、「当事者による準拠法の選択がないとき」として、適用通則法のルールが適用されることになる。

　伝統的な準拠法単一の原則（契約の成立や効力などをすべて1つの準拠法によるべしとする原則）に対して、当事者の意思の尊重や期待の保護の観点から、契約を分割してそれぞれに準拠法を指定する分割指定も認めるのが最近の見解である。

　当事者は、法律行為の成立および効力について適用すべき法を変更することができる。ただし、第三者の権利を害することとなるときは、その変更を第三者に対抗することができない（9条）。もっとも、法律行為の方式については、契約締結時に決定された準拠法に固定されている（10条1項）。

　明示の準拠法選択がないとき、従来、契約をめぐる諸事情からみて当事者間に合意が存在することが認められる場合には、黙示の準拠法選択が認められていたが、この解釈は、適用通則法の下においても基本的に維持されると解されている。

(ii) 当事者による準拠法選択がないとき

　当事者による準拠法の選択がないときは、法律行為の成立および効力は、当該法律行為の当時において当該法律行為にもっとも密接な関係がある地の法による（8条1項）。このように適用通則法は準拠法選択における客観的連結の一般原則を採用しているが、これを補充するために特徴的給付の理論を取り入れている。この理論は、現代の契約の多くが金銭的給付を対価として、それ以外の給付が反対給付としてなされることに着目し、金銭的給付は契約の個別的特徴を示さ

ないが、その反対給付が当該契約の特徴を示すものと解し、反対給付の義務を負う者の常居所地法（あるいは事業所所在地法）を原則として当該契約の準拠法と解する[5]。

　もっとも、適用通則法は特徴的給付による指定が類型的な特定であるとして推定にとどめている。すなわち、法律行為において特徴的な給付を当事者の一方のみが行うものであるときは、その給付を行う当事者の常居所地法（その当事者が当該法律行為に関係する事業所を有する場合にあっては当該事業所の所在地の法または主たる事業所の所在地の法）を当該法律行為にもっとも密接な関係がある地の法と推定する（8条2項）。

(iii) 消費者契約

　消費者契約について、消費者保護のために当事者自治の原則が制限される。適用通則法11条1項によれば、消費者契約の成立および効力について、消費者の常居所地法以外の法が準拠法として選択された場合であっても、消費者がその常居所地法中の特定の強行規定を適用すべき旨の意思を事業者に対し表示したときは、当該消費者契約の成立および効力に関しその強行規定の定める事項についてはその強行規定をも適用する。この場合、その強行規定の定める事項についてはもっぱらその強行規定が適用されるのではなく、当事者が選択した法に加えて、消費者の常居所地法上の特定の強行規定が累積的に適用されることになる。消費者契約の成立および効力について準拠法が選択されなかった場合には、消費者の常居所地法が当該消費者契約の成立および効力の準拠法となる（11条2項）。ただし、能動的消費者についての適用除外、消費者の常居所地の誤認および消費者性の誤認による適用除外が定められている（11条6項）。

(iv) 労働契約

　労働契約についても労働者の保護のために当事者自治の原則が制限される。適用通則法12条1項によれば、労働契約において労働契約の最密接関係地法以外の法が選択された場合であっても、労働契約について選択された地の法に加えて、労働者が当該労働契約のもっとも密接な関係がある地の法中の特定の強行規定を適用すべき旨の意思を使用者に対し表示したときは、当該労働契約の成立および効力に関しその強行規定の定める事項についてはその強行規定をも適用する。労働契約の最密接関係地法を認定するに当たっては、当該労働契約において

労務を提供すべき地の法が当該労働契約の最密接関係地法と推定され、その労務を提供すべき地を特定することができない場合には当該労働者を雇い入れた事業所の所在地の法が最密接関係地法と推定される（12条2項）。

労働契約において準拠法選択がなされなかったときは、労働契約の成立および効力については、当該労働契約において労務を提供すべき地の法を当該労働契約にもっとも密接な関係がある地の法と推定される（12条3項）。

(2) 国際裁判管轄

国際裁判管轄とは、渉外的民事事件についてどの国が裁判を行うべきかを決める問題である。国際訴訟の類型に関する上記④の場合において、当該訴訟についてわが国裁判所に国際裁判管轄が認められるかが問題となる。

わが国において国際裁判管轄について理論的な見解は次のように分かれている。①逆推知説。国内管轄規定によりわが国のいずれかの裁判所の裁判籍が認められるときには、そこからわが国の国際裁判管轄が逆に推知される。この見解に対しては、わが国の国際裁判管轄が肯定されるのが先決であるという、論理的に逆転しているとの批判や国内土地管轄からは過剰な国際裁判管轄を引き出すことになるという批判がある。②管轄配分説。この問題は、国際的な裁判管轄の場所的な配分の問題として条理によるべきである。この見解については、理念として正しいが、裁判管轄のルールとしてはあいまいすぎるとの批判がある。そこで、わが国内の裁判管轄の場所的配分のルールである国内土地管轄規定を同じ場所的配分のルールである国際裁判管轄に類推適用すべきと主張される（修正類推説）。しかし、具体的にどのような修正を加えるべきかは明らかではない。③利益衡量説。国際裁判管轄の判断においては、単に管轄規則のあてはめに終始するのではなく、原告の利益、被告の利益や当事者の対等性など事件ごとに個別的な利益衡量が必要である。この見解については、法的安定性を欠いているとの批判がある[6]。

マレーシア航空事件（最高裁昭和56年10月16日判決）において、最高裁はわが国の国際裁判管轄について次のように判示した。外国法人である被告がわが国となんらかの法的関連を有する事件については例外的にわが国の裁判権が及ぶ場合もある。この例外的扱いの範囲については、当事者間の公平、裁判の適正・

迅速を期するという理念により条理に従って決定するのが相当であり、被告の居所、法人の事務所・営業所、義務履行地、被告の財産所在地、不法行為地など、民訴法の規定する裁判籍のいずれかがわが国内にあるときは、これらに関する訴訟事件につき、被告をわが国の裁判籍に服させるのが右条理に適う。

　その後下級審裁判所は、わが国で裁判を行うことが当事者間の公平、裁判の適正・迅速を期するという理念に反する「特段の事情」がある場合を除き、民訴法の規定する裁判籍のいずれかがわが国内にあれば国際裁判管轄を認めるという考え方（修正逆推知説）を発展させてきたが、最高裁は、ファミリー事件（最高裁平成 9 年 11 月 11 日判決）においてこの考え方を確認するに至った。

　2012 年 4 月 1 日、財産権上の訴えについて国際裁判管轄の規定を新設することを内容とする改正民事訴訟法が施行された。財産関係に関する具体的な国際裁判管轄は以下のとおりである。

①被告の住所地・主たる営業所所在地

　当事者間の公平の理念から「原告は被告の法廷に従う」の格言により、被告がわが国に住所または主たる事業所・営業所を有する場合には、わが国に国際裁判管轄が認められる（民事訴訟法 3 条の 2、1 項、3 項）。

②契約債務履行地

　契約事件について債務履行地がわが国にある場合には、わが国に国際裁判管轄が認められる（民事訴訟法 3 条の 3、1 号）。

③不法行為地

　不法行為事件についてわが国に不法行為地がある場合には、わが国に国際裁判管轄が認められる（民事訴訟法 3 条の 3、8 号）。隔地的不法行為の場合は、加害行為地、結果発生地のいずれについても国際裁判管轄が認められる。

④不動産所在地

　不動産については、所在地の登記制度との関係などから、被告の不動産がわが国にある場合には、わが国に国際裁判管轄が認められる（民事訴訟法 3 条の 3、11 号）。

⑤併合請求管轄

　請求の客観的併合については、併合される複数請求の一の請求についてわが国の国際裁判管轄が認められる場合、当該一の請求と他の請求との間に密接な関

連があるときに限り、わが国の裁判所に訴えを提起することができる（民事訴訟法3条の6）。請求の主観的併合については、客観的併合の場合と同様に、併合される請求間の密接関連性を要求するほか、訴訟の目的である権利または義務が数人について共通であること、または同一の事実上および法律上の原因に基づくことを要件として、国際裁判管轄が認められる（民事訴訟法3条の6、38条前段）。

⑥応訴管轄

　被告が本案について応訴し、国際裁判管轄欠如の抗弁を提出しなかった場合には、当事者間の公平の見地から当該裁判所に国際裁判管轄が認められる（民事訴訟法3条の8）。

⑦合意管轄

　当事者は、合意により、いずれの国の裁判所に訴えを提起することができるかを定めることができる（民事訴訟法3条の7、1項）。国際裁判管轄の合意は、一定の法律関係に基づく訴えに関する書面による合意でなければ、効力を生じない（民事訴訟法13条の7、2項）。管轄合意は、専属管轄規定に反するものであってはならない（民事訴訟法3条の10）。外国裁判所の専属管轄の合意は、その裁判所が法律上または事実上裁判権を行うことができないときは援用できない（民事訴訟法3条の7、4項）。

　裁判管轄の合意は一般的には認められるのが原則であるが、その条件などは国により異なっており、裁判管轄に関する一般的な条約も成立するには至ってない。

　わが国の最高裁は、チサダネ号事件（最高裁昭和50年11月28日判決）において合意管轄について次のように判示した。わが国の国際民事訴訟法上の条理解釈として、外国裁判所に専属管轄を認める合意は、日本の専属管轄に属する事件でないこと、および当該外国裁判所がその外国法上当該事件につき管轄権を有すること、という2要件を満たせば原則として有効であるが、合意がはなはだしく不合理で公序法に違反するときなどの場合は格別である。

　ハーグ国際私法会議において包括的な裁判管轄に関する条約の締結に向けて努力がなされたが、その成立には至らず、2005年に小規模な条約として「管轄合意に関する条約」が採択された。この条約によれば、専属的管轄合意により指

定された裁判所が、当該国の法により合意が無効である場合を除き、国際裁判管轄を有する、そして指定された裁判所が下した判決は、他の締約国において承認・執行が義務づけられている。

(3) 外国判決の承認と執行

　国際訴訟の類型に関する前述①の場合において勝訴した原告、③の場合において勝訴した原告は、当該外国判決の承認および執行に関して、下記のようにわが国の民事訴訟法および民事執行法の適用を求めることになる。

　国家は外国判決の効力を内国で認める国際法上の義務を負っていないが、当事者の権利を国際的に実現すること、内外判決の矛盾を防止すること、司法エネルギーを節約することなどの理由から、多くの国は一定の条件の下で外国判決を承認している。

　外国判決の承認とは、外国判決が判決国で有する既判力や形成力を内国でも認めることであり、判決効の内容や範囲は原則として判決国法により定まる。これに対して執行力は、判決内容の強制的実現を判決国執行機関に命じるものであるから、そのまま承認することはできず、内国において執行判決により承認要件の充足を審査した上で改めて付与されなければならない（民事執行法 24 条）。

　わが国は、外国判決の効力の承認のためになんらの特別の手続を必要とせず、一定の要件を充足する限り自動的に承認する制度を採用している。民事訴訟法 118 条は外国判決承認の要件を以下のように定めている。

①外国裁判所の確定判決であること

　当該外国判決は、判決国法上、通常の不服申立て手段に服するものであってはならず、外国裁判所が私法上の法律関係について終局的になした裁判でなければならない。

②外国裁判所が国際裁判管轄を有すること

　外国裁判所が国際裁判管轄を有すること（間接管轄）が必要であり、その有無は承認国であるわが国の直接管轄（わが国裁判所の国際裁判管轄）の基準に照らして判断されなければならないとするのが一般的な見解である。一方で、間接管轄は直接管轄とは異なり、外国ですでに終了した手続に対する事後的評価にかかわるものであり、直接管轄よりも緩やかな基準で判断すべきであると主張されて

いる。

③敗訴の被告が適正な送達を受けたこと

　敗訴の被告が訴訟の開始に必要な呼出しもしくは命令の送達（公示送達その他これに類する送達を除く）を受けたことまたはこれを受けなかったが応訴したことという要件は、防御の機会なくして敗訴した被告の保護を図る趣旨である。判決国とわが国との間に送達条約（1965年民事または商事に関する裁判上および裁判外の文書の外国における送達および告知に関する条約）などの条約上の取り決めがある場合、それを遵守しない送達については適式性を否定する見解が主張されている。

　一方で、コモンロー系の国において代理人である弁護士が訴状を名宛人に直接交付する、あるいは直接郵送するという方法については、条約上の正規の送達方法ではないが、それによって被告が訴訟の開始を了知し、適時に対応できたかどうかを個別の事情を勘案して認容しようとする見解もある。

④判決の内容および訴訟手続がわが国の公序に反しないこと

　外国判決の内容および訴訟手続がわが国の公序に反するときは、外国判決は承認されない。公序違反か否かの審査においては、判決主文のみならず、理由中の判断や審理で提出された証拠資料なども審査の対象となりうる。もっとも、実質的再審査は禁止されており、承認国の公序維持の立場から承認国内における外国判決の効力を否定する限度にとどまる。

⑤相互の保証があること

　相互の保証とは、判決国がわが国裁判所の同種の判決を民事訴訟法118条と重要な点で異ならない要件の下で承認するとき、わが国は当該外国判決を承認するものであり、外国におけるわが国判決の効力を確保しようとする政策的な要件である。しかし、その実効性や要件充足の判断の困難性などの観点からその存在意義が疑問視されている。

(4) 訴訟対策

　企業の法務部門は、国際訴訟の類型に関する上記①および③の場合において、外国裁判所に提訴されそうなときあるいは外国裁判所に提訴しようとする場合にはこれらに備えて、国内訴訟への対応について前述したように、直ちに訴訟対策

に着手しなければならない。なお、上記②および④の場合においては、国内訴訟に準じて対応することになる。

　全社的な訴訟対策チームの迅速な立上げ、証拠資料の収集・検証・分析、関係者のヒアリング・検証・分析、調査の実施などは、国内訴訟の場合と同様であり、これらの共同作業を踏まえて、訴訟戦略を立案することが必要である。

　弁護士の起用については、国内訴訟とは異なる観点からの検討が必要である。すなわち、国際訴訟の場合、海外の法廷地において活動している有能な弁護士を起用しなければならない。また、その起用の仕方も、国内の法律事務を経由する方法と現地の法律事務所を直接起用する方法がある。国際法務の経験や知見が少ない企業の場合は前者の方法に頼らざるをえないとも考えられるが、費用と時間の両面で大きな負担がかかることになるので、現地の法律事務所を直接起用することが望ましい。グローバルに事業を展開する企業の法務部門は、いつ何時に生じるかもしれない国際訴訟に備えて、日頃から海外の法律事務所とのネットワークをつくっておく必要がある。

　また、どのような海外法律事務所を起用するかは、当該紛争の規模や性質などの観点を勘案することになるが、その専門分野に着目して、たとえば、環境法、知的財産法や競争法など、当該紛争にかかわる特定の分野に強い法律事務所を起用する必要がある。

【注】

1)　経営法友会法務部門実態調査検討委員会『会社法務部［第 10 次］実態調査の分析報告』（商事法務、2010）51-52, 54-55 頁。

2)　同上、58-59 頁。

3)　法の適用に関する通則法 7 条 1 項（当事者による準拠法の選択）の下での黙示の意思の解釈あるいは 8 条 1 項（最密接関係地法）の解釈により、結果として仲裁地法が適用される可能性は高いと考えられる。

5)　櫻田嘉章『国際私法第 5 版』（有斐閣、2006）213 頁。

6)　本間靖規・中野俊一郎・酒井一『国際民事手続法第 2 版』（有斐閣、2012）40-42 頁。

法令索引

【A～O】

OECDのコーポレートガバナンス原則………41

【あ】

一部改正……………………………………267

【か】

改正会社法（2005年7月施行）……………10

改正コーポレートガバナンス・コード………6

改正商法（2003年4月施行）………………34

改正独占禁止法……………………………259

改定コーポレートガバナンス・コード………34

企業価値・株主共同の利益の確保または向
上のための買収防衛策に関する指針（2005
年5月27日経済産業省・法務省）………125

企業結合審査に関する独占禁止法の運用指針
（令和元年12月17日改定）………………134

国際物品売買契約に関する国連条約（The
United Nations Convention on Con）…202

【さ】

サーベンス・オクスレー法…………………22

製造物責任法………………………………236

1934年証券取引所法………………………22

送達条約（1965年民事または商事に関する
裁判上および裁判外の文書の外国における
送達および告知に関する条約）…………304

【た】

男女雇用機会均等法………………………265

独占禁止法（私的独占の禁止および公正取引
の確保に関する法律）……………………134

【な】

2014年改正会社法……………………………5

【は】

パートタイム・有期雇用労働法（短時間労働
者および有期雇用労働者の雇用管理の改善
等に関する法律）…………………………278

パリ条約（商標法（昭和34年法律127号）
……………………………………………196

法の適用に関する通則法…………………298

【ま】

民事訴訟法…………………………………301

【や】

有限責任事業組合に関する法律（2005年8
月施行）……………………………………12

ユニドロワ国際商事契約原則………………211

【ら】

労働契約法…………………………………271

労働施策総合推進法（労働政策の総合的な
推進ならびに労働者の雇用の安定および職
業生活の充実等に関する法律）…………267

判例索引

【A〜B】

Bewers v. American Home Products Corp.
............................236

【た】

チサダネ号事件（最高裁昭和 50 年 11 月 28
日判決)............................302

【は】

判例（東宝株式会社ほか 1 名に対する件（昭
和 28 年 12 月 7 日東京高等裁判所判決))
............................146

ファミリー事件（最高裁平成 9 年 11 月 11 日
判決)............................301

【ま】

マレーシア航空事件（最高裁昭和 56 年 10 月
16 日判決)............................300

事項索引

【あ】

相手方パートナーの全持株買い取りによる子
会社化............................97
新しいパートナーの参加............................96
アメリカ法における製造物責任............................232
一定の取引分野の画定の基本的考え方............141
一方のパートナーの撤退と新しいパートナー
の参加............................96

【か】

外国判決の承認と執行............................303
開示されるべき企業情報............................49
会社分割............................102
解除の一般的効果と原状回復............................225
価格............................215
課徴金制度等の見直し............................259
課徴金納付命令............................259
合併............................100, 137
株式交換・株式移転............................102
株式譲渡............................100
株式譲渡制限............................79

株式保有............................135
カルテル・入札談合............................258
監査等委員会設置会社............................5
監査役会設置会社............................3
企業側の主張と交渉............................294
企業結合の形態と競争の実質的制限............147
「競争を実質的に制限することとなる」の解釈
............................146
協調的行動による競争の実質的制限
............................171, 175
協調的行動による競争の実質的制限について
の判断要素............................164
共同株式移転............................138
共同事業者の援助義務............................83
グループ子会社のコンプライアンス・システム
............................289
グループ子会社の内部統制システム............288
クレームに対する処理判断基準............................293
クレームの性質と原因............................292
クレームの発生と内容............................291
経営管理機構............................81

経営ポリシーとコンプライアンス ················24
契約の解釈 ····································206
契約の不履行一般 ·························217
契約の申込 ································206
契約を解除する権利 ····················223
経理ポリシー ·······························82
交渉による買収と敵対的買収 ············103
合同会社の運営 ····························10
合同会社の特徴 ····························10
合弁会社におけるデッドロック ···········90
合弁会社の経営管理機構 ··················86
合弁会社の目的 ····························76
コードの目的 ·······························7
国際裁判管轄 ······························300
雇用ポリシー ·······························83
コンプライアンス・プログラムの内容 ········17
コンプライアンス・プログラムの目的 ········17
コンプライアンスの実効性 ················24

【さ】

差止請求権 ··························197, 253
事業活動の段階における提携の形態 ·········63
事業形態の選択 ····························73
事業譲渡 ································101
事業提携の法的関係による形態 ············66
事業譲受け等 ······························139
指名委員会等設置会社 ·····················4
社外取締役の活用 ·························39
準拠法の選択 ······························296
消費者契約の条項の無効 ··················250
消費者契約の申込みまたはその承諾の意思表
　示の取消し ·······························244
商品の範囲 ································142
情報開示のインセンティブと抑制要因 ········44
情報開示の機能 ····························46
情報開示の充実 ····························8

女性の活躍促進を含む社内の多様性の確保···7
新会社の設立 ······························76
信用回復の措置 ····························199
製造物責任訴訟対策 ·······················243
製造物責任の国際的拡大と影響 ············231
セクシュアルハラスメント ················265
訴訟対策 ································304
その他の当事者の義務 ·····················215
損害の額の推定等 ·························198
損害賠償請求権 ······················197, 227
損害賠償請求の要件と証明 ················228

【た】

対象範囲 ································203
単独行動による競争の実質的制限 ·····169, 172
単独行動による競争の実質的制限についての
　判断要素 ·······························151
地理的範囲 ································144
適格消費者団体の認定 ·····················255
投資銀行 ································105
当事者間の基本的契約関係 ················204
独立社外取締役 ····························8
取締役会会長とCEOの分離 ················40

【な】

内部監査・検査部門の機能 ················40
内部双方向監視システム ··················25
内部通報 ································7

【は】

買収契約の基本構造 ·······················108
買収の一般的プロセス ·····················104
排除措置命令 ······························259
パワーハラスメント ·······················267
被害当事者の損害軽減義務 ················229
非公知性 ································187

秘密管理性 ……………………………180

秘密保持契約 …………………………107

不公正な取引方法 ……………………260

不正競争 ………………………………188

プログラムの実施 ………………………19

分割　137

紛争の処理方法 ………………………295

紛争の内容 ……………………………294

法務・コンプライアンス部門の機能 ………26

法令および労働協約と就業規則との関係…276

【ま】

申込の承諾 ……………………………208

問題解消措置の類型 …………………176

【や】

有限責任事業組合の運営 ………………13

有限責任事業組合の特徴 ………………12

有用性 …………………………………186

【ら】

履行期と履行地 ………………………217

履行請求権 ……………………………221

履行の質など …………………………213

リニエンシー（課徴金減免）制度 …………260

労働契約の継続 ………………………276

労働契約の終了 ………………………276

労働契約の成立 ………………………271

労働条件の変更 ………………………274

【わ】

わが国における製造物責任 ………………236

■著者紹介

井原　宏（いはら　ひろし）

京都大学法学部卒業、ケンブリッジ大学大学院比較法研究課程修了、住友化学法務部長、日本ライセンス協会理事、経営法友会代表幹事、筑波大学大学院教授（社会科学系）、筑波大学大学院ビジネス科学研究科長、明治学院大学法学部教授、明治学院大学学長補佐、弁護士（東京弁護士会）、一般社団法人 GBL 研究所代表理事会長、筑波大学監事、国際取引法学会代表理事会長を歴任。現在、国際取引法学会理事・名誉会長（創設者）、筑波大学名誉教授、京都大学博士（法学）。

［主要著作］

『企業の国際化と国際ジョイントベンチャー』（商事法務研究会、1994）、『現代国際取引法』（商事法務研究会、1999）、『国際事業提携アライアンスのリーガルリスクと戦略』（商事法務研究会、2001）、『グローバル企業法　グローバル企業の法的責任』（青林書院、2003）、『国際契約法』（大学教育出版、2006）、『国際知的財産法』（有信堂高文社、2007）、『国際取引法』（有信堂高文社、2008）、『国際売買契約ウイーン売買条約に基づくドラフティング戦略』（編著、レクシスネクシス・ジャパン、2010）、『判例　ウイーン売買条約』（編著、東信堂、2010）、『グローバル企業法』（東信堂、2011）、『国際ジョイントベンチャー契約　国際ジョイントベンチャーのリスクとリーガルプランニング』（東信堂、2013）、『現代企業法務1　国内企業法務編』（編著、大学教育出版、2014）、『グローバルビジネスロー　基礎研修1　企業法編』（編著、レクシスネクシス・ジャパン、2015）、『企業経営のための経営法学』（大学教育出版、2021）、『国際技術ライセンス契約 そのリスクとリーガルプランニング』（東信堂、2021）、『国際取引法　上巻』（東信堂、2022）、『国際取引法　下巻』（東信堂、2023）、『国際取引法講義』（大学教育出版、2023）など。

企業経営のための経営法学　第2版

2021 年 2 月 15 日　　初　版第 1 刷発行
2024 年 4 月 15 日　　第 2 版第 1 刷発行

■著　　者 ── 井原　宏
■発 行 者 ── 佐藤　守
■発 行 所 ── 株式会社**大学教育出版**
　　　　　　　〒700-0953　岡山市南区西市 855-4
　　　　　　　電話(086)244-1268代　FAX(086)246-0294
■印刷製本 ── モリモト印刷㈱
■Ｄ Ｔ Ｐ ── 林　雅子

ISBN978-4-86692-292-8